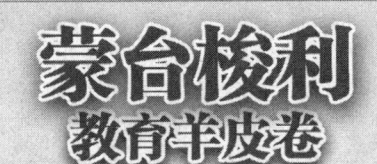

玛利亚·蒙台梭利是20世纪闻名遐迩的意大利幼儿教育家。她所创立的0~6岁儿童教育法及其整个教学体系，是在半个多世纪的不断实验和探索中逐步总结、完善起来的。她那有别于传统教育的教学理念、对幼儿身心发展的精辟理解，既为教育领域带来了一场深远的革命，也用一种独特的幼儿教育方法让世人受益。

影响世界五代孩子成长的教育经典

揭示童年的秘密,传授最优秀的教育方法,给孩子一个自由发展的人生

# 蒙台梭利
## 教育羊皮卷

华业/主编

● 儿童是"成人之父" ●

● 只有发现和解放儿童,我们才能拥有更好的未来 ●

meng tai suo li jiao yu yang pi juan

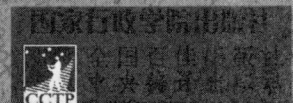

图书在版编目(CIP)数据

蒙台梭利教育羊皮卷/华业编著.—北京：
国家行政学院出版社,2011.8
ISBN 978-7-5150-0161-6

Ⅰ.①蒙… Ⅱ.①华… Ⅲ.①学前教育-教育理论
Ⅳ.①G610

中国版本图书馆 CIP 数据核字(2011)第 164162 号

| | |
|---|---|
| 书　　名 | 蒙台梭利教育羊皮卷 |
| 作　　者 | 华　业 |
| 责任编辑 | 张　山　和　谐 |
| 出版发行 | 国家行政学院出版社　中央编译出版社 |
| 电　　话 | (010)66122478 |
| 编 辑 部 | (010)68929356 |
| 经　　销 | 新华书店 |
| 印　　刷 | 北京燕旭开拓印务有限公司 |
| 版　　次 | 2011 年 8 月第 1 版 |
| 印　　次 | 2011 年 8 月第 1 次印刷 |
| 开　　本 | 710mm×1000mm　1/16 开 |
| 印　　张 | 17 |
| 字　　数 | 220 千字 |
| 书　　号 | ISBN 978-7-5150-0161-6/G·007 |
| 定　　价 | 33.80 元 |

# 前言

玛利亚·蒙台梭利是20世纪闻名遐迩的意大利幼儿教育家。她所创立的0~6岁儿童教育法及其整个教学体系，是在半个多世纪的不断实验和探索中逐步总结、完善起来的。她那有别于传统教育的教学理念、对幼儿身心发展的精辟理解，既为教育领域带来了一场深远的革命，也用一种独特的幼儿教育方法让世人受益。

作为其教育方法的核心理念，无论是智力教育、感官教育，还是道德教育，蒙台梭利教育法都以尊重孩子自由的充分发展为基础，给予孩子独立成长的空间。相对于传统教育方法，蒙台梭利教育法主要有六大特点：

一、以人为本。不是像旧式教育那样，把个体当做某种被动的静止的物体来对待，采取填鸭式的教育，而是把个体还原为真实的活生生的人，充分重视每个孩子的主观能动性，通过观察去发现孩子的本能需求。这种需求在蒙台梭利看来，就是一个人的内在潜力。

二、尊重自由。孩子既然作为一个个鲜活的、富有创造性潜质的个体，就理应受到尊重，给予孩子自由活动的时间和空间。父母在其中的任务，只能是细心地观察，耐心地等待，然后适当地引导，绝不能简单粗暴地干涉孩子的行为。

三、抓住孩子的"敏感期"。蒙台梭利强调，自出生之后到6岁之前，是孩子心智发育的关键期，它直接影响了孩子今后的发展。在这个时期，孩子的心智会在不同方面表现出敏感性，这种敏感性能够让孩子如同棉花吸收水分一般吸收外在世界的信息，包括各种图像、词汇、感觉等，并形成一种智力结构，从而提高孩子适应世界、认识世界和改造世界的能力。在蒙台梭利看来，这种敏感期现象也是幼儿"有吸收力的心灵"的一种表现。如果这一敏感期被错过，孩子在今后就必须花若干倍的努力才能做到相同的程度。蒙台梭利希望父母重视这一关键时期的教育，在日常生活中细心观察孩子的行为，发现孩子关键期的来临。

# 蒙台梭利教育羊皮卷
## QIAN YAN 前言

　　四、提供"有准备的环境"。在蒙台梭利看来，要保证孩子的自由活动不沦为散漫，而导向积极的、有深刻教育意义的方向，就应该为孩子准备一个特别的"儿童之家"，在这里，孩子们被提供特别的物件，从而在玩耍的过程中满足了发展的本能需求，收获了知识和技能，丰富了感官能力，拓展了心智。

　　五、注重心灵教育。这种心灵教育与旧式教育所采取的方法完全不同，所建立于其上的基础也存在本质上的区别。蒙台梭利的心灵教育是属于蒙台梭利教育法整个体系的一个有机组成部分，当孩子发展的本能需求得到满足，兴趣得到培养和拓展，感觉获得了各种训练，孩子的心灵教育在其中也就获得了实现。简言之，蒙台梭利教育法中的心灵教育是孩子的一种自我教育。孩子的责任心、注意力、独立性、自信心等优秀品质，都是在这一训练中不知不觉培养起来的。而在旧式教育当中，心灵教育不是被忽视，就是缺乏真正的内涵，大多是死板僵硬的教条。

　　六、采取丰富而灵活的教学方法。蒙台梭利教育法不同于传统应试教育的地方表现在教学方法上的灵活，它不是管束孩子，不是照本宣科，让孩子循规蹈矩地学习，而是为孩子提供"有准备的环境"，让孩子从日常生活入手，充分利用这一环境，自动自发地投入学习，既收获了知识，锻炼了能力，又感受到快乐，培养孩子内在的秩序感和纪律性。

　　值得一提的是，蒙台梭利教育法虽然与人类学、心理学等人文学科领域的研究成果密切相关，理论性较强，但其指导方法也同样具有很强的操作性，而且最为重要的是，它牢牢地建立在科学研究和实践的基础之上，因而为阅读者提供的不只是具体操作或教育原则，还有整体的认识和方法论，它不是要求我们一定要完全按照它所说的去做，而是要我们从中有所领悟，从而结合具体情况进行实践。对于为人父母者，能够在实践中领会蒙台梭利教育法的真谛，进而在育儿过程中生发出新的认识和感受，也是本书最希望带给读者的核心价值。

# 目 录

## 第一章 新生儿的秘密——人类生命成长的特殊规律

当一个新生儿降生时,具有一种适应环境的神秘本能和特殊的心理规律。当世界呈现在他们面前,各种知识不仅进入了他们的大脑,而且也成了他们的一部分。他们正是借助自身"有吸收力的心灵"而建立了自己的精神世界。

1. 新生儿最重要的工作 ······(2)
2. 新生儿的真正需要 ······(4)
3. "精神胚胎"的发育 ······(8)
4. 儿童的心灵指引着成长 ······(10)
5. 与生俱来的学习天赋 ······(13)
6. 具有吸收力的心灵 ······(17)
7. 敏锐而热忱的观察者 ······(20)
8. 大脑及心智发育的关键期 ······(22)
9. 一个不断"再生"的过程 ······(25)

## 第二章 儿童的敏感期——抓住儿童心智发展的最佳时机

儿童是怎样从一无所知到适应这个复杂世界并学到各种知识,获得各种智力的呢?这与敏感期密切相关。正是这种敏感,使儿童以一种独特、强烈的方式对待事物。但如果孩子在这一时期得不到恰当的发展,就会失去智力发展的最佳时机。

1. 认识儿童的敏感期 ……………………………………………(30)

2. 把握孩子敏感期的总原则 ……………………………………(31)

3. 秩序敏感期(0~4岁) …………………………………………(33)

4. 感官敏感期(0~5岁) …………………………………………(36)

5. 语言敏感期(0~6岁) …………………………………………(37)

6. 动作敏感期(0~6岁) …………………………………………(41)

7. 细节敏感期(1.5~4岁) ………………………………………(43)

8. 社会规范敏感期(2.5~6岁) …………………………………(45)

9. 书写敏感期(3.5~4.5岁) ……………………………………(45)

10. 阅读敏感期(4.5~5.5岁) ……………………………………(46)

11. 文化敏感期(6~9岁) …………………………………………(48)

## 第三章 感官教育——完善孩子的心理感觉

　　感官是心灵之窗,它对智力发展具有头等重要性。智能的培养首先依靠感觉。感官教育在幼儿心理发展中具有特别重要的意义,它不仅可以使孩子对事物的印象清晰、纯正,更能提高孩子的审美能力、创造力、想像力,促进其心智发展,塑造其人格。

1. 感官教育是一切教育的基础 …………………………………(50)

2. 感官教育的目的 ………………………………………………(52)

3. 感官教育的注意事项 …………………………………………(54)

4. 触觉训练 ………………………………………………………(57)

5. 视觉训练 ………………………………………………………(60)

6. 色彩感知训练 …………………………………………………(64)

7. 听觉训练 ………………………………………………………(67)

8. "宁静"的课堂 …………………………………………（68）

9. 嗅觉和味觉训练 ………………………………………（71）

10. 立体感觉训练 …………………………………………（72）

11. 自由绘画 ………………………………………………（74）

12. 艺术美感教育 …………………………………………（76）

## 第四章 日常生活教育——增强孩子的自主生存能力

　　长期以来，为幼儿包办一切已成为家庭教育的一大弊端，这不仅体现出成人对儿童的奴役，而且窒息了幼儿有益的自发的活动能力。日常生活练习的重要性就在于，它是以满足幼儿内在发展、锻炼运动能力、促进独立性、理解力、注意力、意志力、秩序感、责任感等方面的发展为目的。

1. 日常生活教育的意义和目的 …………………………（80）

2. 作为"动物"的儿童 ……………………………………（82）

3. 提供一个"有准备的环境" ……………………………（84）

4. 把运用手的权利还给孩子 ……………………………（86）

5. 手工锻炼和技艺训练 …………………………………（88）

6. 喜欢行走是儿童的天性 ………………………………（90）

7. 在行走中走向独立 ……………………………………（92）

8. 去户外散步，带上孩子 …………………………………（94）

9. "儿童之家"的行走练习 ………………………………（95）

10. 有规律的生活方式 ……………………………………（96）

11. 让孩子学会生活自理 …………………………………（97）

## 第五章 语言教育——书写能力与阅读理解能力的培养

　　语言不是上天的赋予,而是人类思想、智慧的产物,儿童学习语言,首先是在无意识状态下开始的,而发展完成之后就成了大脑的一部分。说话、书写及阅读的重要性就在于,它们能完善儿童的个性,提高儿童认识、理解、思考及改造世界的能力。

1. 儿童语言能力的发展 ……………………………………（102）
2. 训练发音与掌握词汇 ……………………………………（105）
3. 口语语法的学习 …………………………………………（108）
4. 拼字练习 …………………………………………………（110）
5. 书写前的准备练习 ………………………………………（112）
6. 从拼字到主动书写 ………………………………………（115）
7. 阅读训练法 ………………………………………………（117）

## 第六章 数学教育——数字敏感度与逻辑思维能力的培养

　　如果能够在儿童时期把"精确"的观念深深植入其"具有吸收力"的大脑中,数学课对于孩子们来说就不再是一种煎熬,从而也避免了其对数学的心理障碍的产生。更重要的是,这种"精确"的数学教育能锻炼孩子的运算能力、逻辑思维能力和注意力,培养孩子对数字的敏感。

1. 儿童追求准确的倾向 ……………………………………（122）
2. 数的概念 …………………………………………………（123）
3. 简单加减法运算 …………………………………………（125）
4. 单位组合练习 ……………………………………………（126）

## 第七章　自然文化教育——在大自然中汲取精神养分

孩子的生命需要大自然的力量,他的精神生命也需要与天地万物接触,以便直接从生动的大自然的造化能力中吸取精神养分。人类从远古时代就开始了与自然的接触,并在自然劳动中学会了运用双手,认识和改造自然。可以说,自然世界是培养人类智慧的老师。

1. 自然是最好的老师……………………………………………（130）
2. 参与园艺活动…………………………………………………（131）
3. 都市儿童的自然教育…………………………………………（133）
4. 环保意识的培养………………………………………………（134）
5. 世界是一张巨大的"字母表"…………………………………（136）

## 第八章　运动促健康——孩子身心均衡发展的基础

如果一个正在发育中的儿童不运用他的运动器官,他的发展就会受阻。在心理发展过程中,身体的运动是不可或缺的。运动绝不只是机体呼吸、消化和血液循环方面发挥正常作用的辅助物,不仅有益于身体健康,培养孩子的协调性,还能激发勇气和自信,提高人的热情,影响个性的塑造。

1. 身体的协调性来自运动………………………………………（140）
2. 运动促进心智的发展…………………………………………（141）
3. 遵循身体发育规律安排锻炼内容……………………………（143）
4. 平衡性和协调性的训练………………………………………（144）
5. 三种促进生理发育的体操……………………………………（146）

## 第九章　科学膳食——充足的营养让孩子更健康

0~6岁孩子的成长发育几乎可以用"迅猛"来形容。在这一阶段，不管是婴儿还是幼儿，脂肪、糖分、各种维生素和矿物质的补充都不能忽视，尤其是蛋白质、钙等营养素的补充。由于这一阶段孩子的消化吸收功能不健全，为了让孩子获得充足的营养，应提供利于消化的食物，同时尽量保证食物的色香味，并逐渐培养孩子定时定量、细嚼慢咽等用餐习惯。

1. 儿童饮食安排的总原则…………………………………（150）
2. 一日三餐的膳食分配……………………………………（152）
3. 0~3岁幼儿期的营养供给………………………………（153）
4. 4~6岁幼儿期的营养供给………………………………（155）
5. 培育孩子良好的饮食习惯………………………………（156）

## 第十章　独立即发展——孩子需要自由的活动空间

儿童与生俱来对某些事物或事情更加感兴趣，他们愿意投入其中，并从中获得快乐。独立性的培养即是建立在这一基础之上。独立性就是让孩子根据自己的意向选择进行活动，若成人擅自干涉，便会阻碍儿童大脑和个性的发展。父母需要做的仅仅是，为孩子提供合适的环境，并细心观察孩子的行为，适时地加以引导。

1. 儿童自由的内涵…………………………………………（160）
2. 孩子有自主的选择倾向…………………………………（161）
3. 工作，健康成长的必需…………………………………（163）
4. 绝不擅自干涉孩子………………………………………（165）

5. 训练孩子独立能力……………………………………（168）
6. 行动造就独立的人格………………………………（171）
7. 集中注意力的重要性………………………………（172）
8. 培养孩子注意力的方法……………………………（173）
9. 想像力与创造力……………………………………（181）

## 第十一章 纪律的自然建立——让孩子自动自发地工作

真正的纪律不同于旧式教育里那种绝对的、不容辩驳的高压政策下的"不许动"的原则，甚至不用刻意去表现一种纪律性，当儿童遵从自己内心的某种要求，热衷于某件工作时，他们的激情、高度集中的注意力、细心和耐心、毅力和持续性、自动性和创造精神，便充分体现了纪律的真正内涵。

1. 纪律必须通过自由来实现…………………………（188）
2. 发自孩子内心的"服从"……………………………（191）
3. 奖励和惩罚绝非最佳方式…………………………（193）
4. 纪律源自"自发的工作"……………………………（195）
5. 教师和家长的任务…………………………………（198）
6. 正常的孩子具有自制力……………………………（202）

## 第十二章 道德教育——培养孩子分辨善恶的"内部感官"

满足儿童的精神需求便是对道德作出的一项巨大贡献。实际上，当我们的孩子能够自由地专心于选定的刺激物，在他们能完成抽象的工作以及集中精力，潜心思考时，秩序和平静已在他们身上得到发展。在这之后，典雅的举止，对美的欣赏力，对音乐的敏感，以及他们之间友好的关系便像泉水一样涌现。

1. 组织与自由的辩证统一 ……………………………………（206）
2. 父母是孩子的观察对象 ……………………………………（209）
3. 分辨善恶的"内部感官" ……………………………………（212）
4. 爱是儿童心智发展的核心 …………………………………（215）
5. 善待孩子对成人的热爱 ……………………………………（219）
6. 发展孩子爱的天赋 …………………………………………（221）

## 第十三章 儿童心理健康——父母的自省与职责

  一个儿童之所以不能正常地成长，一是受到了成人的压抑，二是被环境所束缚。成人往往会对此作自我辩护……实际上，问题的解决并不在于成人应掌握更多的知识或者提高文化水平，而是必须找到正确的出发点，给予孩子成长的环境，避免以自我为中心，摒弃自我保护，真正做到尊重孩子的需求，倾听孩子的心声，与孩子建立一种良性的互动。

1. 成年人对儿童的"专制" ……………………………………（224）
2. 惩罚是对儿童权利的剥夺 …………………………………（227）
3. 孩子"脾气暴躁"的病根 ……………………………………（228）
4. 儿童的占有欲与破坏欲 ……………………………………（231）
5. 贪食、厌食与儿童心理失衡 ………………………………（233）
6. 孩子的尊严同样不可忽视 …………………………………（235）
7. 儿童之家的"指导员" ………………………………………（237）
8. 家庭里的"儿童之家" ………………………………………（239）
9. 给为人父母者的建议 ………………………………………（241）

# 目录

## 第十四章 性格的形成——如何让儿童成长为健康的社会人

凭借一种与生俱来的学习能力,孩子通常会对外在事物产生某种兴趣,并且非常愿意去主动做一些事情。这一点可以从孩子用来表达他自己的各种方式上得知。而成人,如果盲目、粗鲁、不适当地介入,就会把孩子的努力毁掉。因此必须允许孩子进行"自我塑造"。这是教育孩子的一个基本理念,也是教育方法的核心指导原则。

1. 儿童的性格发育特点 …………………………………… (244)
2. 性格的形成取决于儿童自己 …………………………… (245)
3. 强壮型与弱小型性格偏离 ……………………………… (246)
4. 精神营养缺乏症 ………………………………………… (249)
5. 儿童的社会生活同样重要 ……………………………… (251)
6. 成人必须学会控制自己 ………………………………… (254)

# 第一章
## 新生儿的秘密——人类生命成长的特殊规律

*meng tai sue li*
*jiao yu yang pi juan*

当一个新生儿降生时，具有一种适应环境的神秘本能和特殊的心理规律。当世界呈现在他们面前，各种知识不仅进入了他们的大脑，而且也成了他们的一部分。他们正是借助自身"有吸收力的心灵"而建立了自己的精神世界。

# 1. 新生儿最重要的工作

婴儿出生之后最重要的工作就是适应。他们不像动物那样天生就具有某种既定的行为模式。

跟其他哺乳动物一样，人的胚胎最早生出的器官也是一个小囊。它的发育如同一个奇迹，因为它可以独立地秘密完成所有使命。这些细胞在多种转化中依然能做到准确无误。然而，这一造物的奇迹却被小心地隐藏了起来。这些不为人知的秘密，随着儿童心灵的成长，才逐渐显现。像生殖细胞在发展中遵循的某种模式一样，这种深藏的秘密也只能在不断发展的过程中才能被发现。

降生的小生命绝不仅仅是个物质机体。他就像一个生殖细胞一样，他自身也有既定的心理法则，他的机体不仅仅是各种器官在发挥功能。正如每一个受精的卵细胞本身包含了整个有机体的发展蓝图一样，这个新诞生的小生命不管属于什么物种，他本身就有一种心理本能，使他能适应环境。

当一个新的生命降生时，他自身就包含着一种神秘的本能，这个本能将指导他如何活动，形成什么样的特性及怎样适应环境。每一种动物都有最适合它生长的外界环境，都有自己与众不同的机体特性，使它能对世界整体系统的完善做出贡献。一个动物在世界中所处的位置从它一出生就能得到确认，比如，蚂蚁总是辛勤地工作，而蝉只能孤独地吟唱。

与低等动物一样，新生儿也有其特殊的心理规律。如果认为人类尊贵的心理世界远比其他生物高级，就断定人类没有心理发展的过程，这种观点是很荒谬的。儿童不受那种在非理性生物中发现的既定本能的支配，因而有着很大的发展空间。由于每个儿童将有不同的发展，适合他们成长的外界环境也应该为他们精心地量身定做。同时，儿童也是十分娇嫩的，就像所有幼小的生命一样，他们的心灵需要受到保护。

心理学家经常说"出生的痛苦之旅"，这句话不是针对母亲而是对婴儿而言的。这些儿童遭受痛苦却不能表述。婴儿只能通过哭泣来表达其痛苦旅程的结束。

婴儿不由自主地突然来到这个陌生世界。这里的环境与他以前的生活环境完全不一样。他必须适应新的环境，而又无法用语言描述这一辛苦的适应过程。

怎样才能在这种新的环境中生活？如何忍受可怕的噪音？怎样才能完成在母体里由母亲器官完成的功能？怎样才能学会呼吸和消化？怎样才能忍受巨大的天气变化呢？要知道母亲的体温是恒定的。

我们必须帮助新生婴儿适应这个世界。刚刚出生的婴儿也有恐惧感。如果把刚出生的婴儿放到水里洗澡，你就会发现他们也会做"抓"的动作，好像害怕自己掉到地上似的。这是一种对恐惧的典型反应。那么自然界又是如何帮助新生儿的呢？当然会有一些措施，例如，母亲会本能地将孩子抱到胸口，这样可以防止婴儿受到阳光的直射。所有这些事情好像母亲已经在潜意识里感觉到了外界对婴儿的伤害。母亲紧紧抱住婴儿，给他温暖，不让他受到伤害。

动物的物种本能是在刚刚出生时被唤醒的。并不是艰难的环境刺激了动物适应环境的本能，而是动物的这些行动促进了其发展。这一现象发生在动物身上，也必定适用于人类。

这是一种潜在力量的觉醒。这些潜在的力量会帮助儿童做很多创造性的工作。因为在身体发育的每一重大变化阶段，我们都能看到一些明显的标志——婴儿出生后与母亲脐带的断开就是标志之一。这一最初的阶段非常重要，那种神秘的潜在力量就是在这一时期开始觉醒的。

人类必须在社会生活逐渐展开的时候对这些做好准备。儿童在出生之后必须在这些问题上与他所生活的社会相适应。儿童不是出生时就具有这些东西，而是出生之后逐渐形成的。婴儿出生之后最重要的工作就是适应。因为他们不像动物那样天生就具有既定的行为模式。

身体还远没有发育成熟的婴儿必须不断地完善自己，直到他成为一个真正的人。虽然婴儿已经出生，但他还会继续他的胚胎生命，以此来完成他一系列人类本能的形成。

既然在婴儿身上没有什么预先存在的东西，他就不得不自己构建自己的精神生命，建立自己对外表达的机制。

婴儿这个弱小的生命甚至还不能支持自己脑袋的重量，但他即将开始一个重要的旅程。由学会站立到学会走路，婴儿逐渐把自己融入到这个世界中。

婴儿成长的起点不是在身体方面，而是在精神方面。人类发展最重要的方面是心理方面的发展。因为人类的活动必须通过精神的指导和控制来进行。智慧是人与动物的最大区别，智慧的形成应该是第一要务，其他方面只能排列其后。

婴儿出生之后，器官成长还远远没有完成，骨骼没有完全硬化，运动神经也没有被髓磷脂所覆盖，无法传递大脑发出的指令。因此，婴儿的身体还处于反应迟钝阶段，仅仅具有了一个雏形而已。

# 2. 新生儿的真正需要

婴儿是在一个没有任何干扰、恒温的液体环境下长大的，因而需要的是一个幽静的环境。对一个新生儿的保护，不仅仅是使他避免受到伤害，同时也应该采取措施使他的心理适应周围的世界。

新生儿出生时所面对的环境并不是一个自然环境，而是一个已经被人们彻底改造过的环境，具体地说，就是人们为了自己更安逸地生活，而建立起来的一个与自然环境相去甚远的人类环境，它包括社会环境和家庭环境。

当这些弱小的生命从一种环境进入到另一种环境时，他们不得不为此做艰难的挣扎。但是人们似乎没有意识到这一点，也不曾真正为新生儿做了什么。一个人在他的一生，没有一个时期像在出生时一样经历那样剧烈的冲突和挣扎，并承受那样大的痛苦。

许多人认为如今的世界已十分关心新生儿了。但我们究竟是怎样关心的呢？事实上，当一个婴儿降生的时候，所有人往往更倾向于关心婴儿的母亲。她确实受苦了！但新生儿就没有受苦吗？人们更关心的是母亲是否受到了强光和噪音的干扰，但是来自毫无光亮和声音之处的婴儿又得到了什么保护措施呢？

婴儿需要的是一个幽静的环境。他本来是在一个没有任何干扰、恒温的液体环境下长大的，但是就在一瞬间，他原来静谧、幽暗的环境改变了，变得与原来的环境截然不同。他娇嫩的身体触到的是粗糙的硬物，并且还受到粗心大意的成年人的生硬对待。

在他出生之后，满屋的人都不敢碰这个新生儿，因为他实在太娇小脆弱了，于是，他们把他托付给有经验的人照看。可是他们已有的陈旧经验并不适合如此精细的工作。只用一双强有力的手去牢牢抱住婴儿是不够的，他必须被正确地托抱。托抱是需要经过一定的训练才能掌握的一种技巧。有时候婴儿可能因为呼吸困难需要供氧，或者因为止血机能受损造成皮下出血，但是，我们仍不能把一个婴儿和一个患病的成年人相混淆。新生儿的需要与病人不同，这种需要是迫切想使自己在身体上和心理上适应陌生环境。

但新生儿往往得不到符合婴儿真正需要的照料。在过去，医生并没有为他们做出什么特殊的考虑。当婴儿拼命地哭泣时，也没有人把那当回事儿，听到他哭的那些人还认为，眼泪能清洗眼睛、抽泣能增加肺活量呢。

婴儿一出生以后全身就立刻被包裹。出生不久，他就被紧紧地包在襁褓中。从前在母亲子宫里蜷曲着的幼小身体现在被拉直，就像上了石膏一样不能动弹。好在人们在这方面的认识已有所提高。紧裹的襁褓已经见不到了，取而代之的是轻薄的衣服。照此发展下去，让婴儿不穿衣服是否更合适？

婴儿应该像许多宗教画中描绘的天使那样裸露着。当然，由于胎儿一直生活在母亲体内，当他出生后显然需要保暖。但这种温暖主要应该来自外界的环境而不是他的衣服。实际上这些衣服不能为他提供热量，只是保存他体内已有的温度而已。

虽然现在许多国家在这方面已经取得了一定的进展，但世界上还没有一个国家能充分重视新生儿的真正需要。从孩子出生的那一刻起，成人的心理就被这样一种思想支配：管住这个小孩，别让他弄坏任何东西，别让他惹麻烦。但这多少是一种自私和误解。只有当人们更好地了解了儿童以后，他们才会找到更好的方法来照料儿童。

对一个新生儿的保护，不仅仅是使他避免受到伤害，同时也应该采取措施使他的心理适应周围的世界。这正是初为人母人父者需要学习的。那些家境富裕的父母，依然为孩子准备华丽的摇篮和绣着花边的小衣服，但这些东西所意味的，仅仅是奢侈的环境，而并非婴儿的真正幸福。对于婴儿，最好是能呆在听不到街道噪音的房间里，而且房间里的光线和温度都要能够及时调控。

我们对新生儿的态度不应是怜悯，而应是怀着一种虔敬，把小生命的心灵看成一个我们无法完全了解的神秘世界。

如果我们把对婴儿的照料和对母亲的照料比较一下，并想像一下照顾他们的方式有何不同，我们就会发现自己错在哪儿了。我们让母亲拥有绝对的安静，为了不打扰她而把她的孩子抱走，只是在喂奶时才抱回来；对婴儿呢，我们给他穿上漂亮的衣服，并且用花边和丝带把他打扮起来，这些使他不得安宁。

我们把婴儿从摇篮里抱到肩上，接着把他放下来，送到他母亲的身边。在我们折腾孩子时，谁曾想过让一位母亲去遭受如此的劳累？有人认为这样做是理所应当的，因为婴儿并没有痛苦或欢乐可言，对他过分小心是愚蠢的。对于那些不省人事、危在旦夕的成年人，我们又应该怎么办呢？他们更需要的是身体上的帮助，而不是思想感情上的关切。

然而，如果我们也这样对待婴儿，那实在是毫无道理。我们对人的生命中的第一个时期尚未充分发掘，好在我们也不断认识到了这样做的重要性。正如现在我们所知道的，婴儿如果在出生后第一个月里遭受到痛苦与压抑，他的一生都会受到影响。

过去的许多人不太去关心新生儿，尽管新生儿刚刚经历了人生最艰难的危险阶段。尤其是许多初为人父母者，当孩子来到人世时，虽然他身上蕴藏着一种能使我们生活的世界更加美好的力量，人们却几乎不知道如何照料他。

简要地说，周围环境不应与新生儿出现隔阂。对于刚刚出世不久的婴儿来说，父母需要注意以下七点：

（1）在最初几天，应该让婴儿与母亲尽可能多地交流和接触。在温度、光线和噪音方面都不应该与婴儿出生前有太大的变化。婴儿在母亲子宫里的环境是安静和黑暗的，温度恒定。现在有的医院已经把母亲和婴儿放在一个玻璃房子里，里面的温度受到严格控制，并逐步变化到与外界温度相同。玻璃是蓝色的，因此光线也很柔和。

（2）触摸和移动婴儿应该遵循严格的规定：绝不要突然将婴儿放入水中洗澡，那样婴儿会受到过大的刺激。

（3）不应该像以前那样过快地给婴儿穿衣服，不考虑他们的感受，像对待一个没有知觉的东西一样。我们应该做的是尽可能少地触摸婴儿，没有必要给他们穿衣服。

（4）我们也不应该突然将他抱起和放下。这样做不仅仅是从健康方面考虑。

（5）我们应该把他们放在一个没有杂物，并且足够温暖的房间里。

（6）抱动婴儿的方式也有所改变。我们应该用一个像吊床一样的鸭绒被抱动婴儿，动作要很轻。

（7）虽然新生儿离开了母体，可我们应该仍将母亲和婴儿看做一个可以互相交流的整体，并根据自然规律帮助儿童适应世界。

## 3. "精神胚胎"的发育

"精神胚胎"是指儿童的精神成长，是一个与他在子宫中的孕育过程完全不同的阶段。

人类似乎有两个胚胎时期。一个是在出生前，这是所有动物都具有的。另一个是在出生后，这一时期则是人类所特有的，从而使人类与动物有了很大的区别。这个"胚胎时期"即儿童的精神成长时期，是一个与他在子宫中的孕育过程完全不同的阶段。这一出生后的建设性活动，在被称之为"形成时期"的一段时间内完成，即"精神胚胎"。

在这一"形成时期"成长的儿童，不但具有学习成年人的能力，如力量、智慧、语言等，他还会根据周围环境塑造自己的性格。总结起来，儿童的精神胚胎的发育有以下六个重要特征：

（1）儿童具有一种与成年人完全不同的心理类型。儿童与周围环境的关系也与我们同周围环境的关系不一样。成年人可以记住环境中的东西并对其加以思考，儿童则对环境进行吸收。儿童不仅仅是记住周围的事物，这些事物还形成了他们心灵的一部分。儿童根据自己的所见所闻来塑造自我。成年人对所见所闻可能无动于衷，但这些所见所闻可能会成为儿童个性的一部分。

（2）儿童具有一种特殊的学习周围知识的敏感性。他的观察和吸收能力使他可以逐步适应周围环境。儿童是在童年时期这一特定阶段无意识地完成这一过程的。

（3）儿童生命的第一阶段是一个适应的阶段。这种适应与成年人的适应也有很大不同。儿童的这种特殊适应能力将儿童的出生地变成他将要永久生存的地方，它促成了儿童的成长，并且让他适应了当地社会秩序、气候等，这一点可以从儿童唯一能说得流利的语言就是母语这一现象得到最直接的证明。而一个生活在国外的成年人，则达不到儿童那样的适应程度。

（4）爱自己的家长，这也是在儿童时期形成的。对于成年人来说，他们仅仅是具有这种喜爱而已；而对于儿童，则有着心理的吸收能力。

（5）儿童会长成一个与他所处时代相符的典型的当地人形象。适应当地的行为方式也是一个人在童年时期形成的。没有人天生就适应某一地区的传统和习俗，这些都是后天形成的。因此，我们对儿童的行动有了一个更加全面的了解。他的行为发展不但适应时间和地域的要求，也会适应当地的风俗习惯。

（6）儿童吸收学习得来的具有个性的东西都永久地存留在他们的头脑之中。虽然这些具有个性的东西因为某种原因，以后不再使用，但它们仍然存在于潜意识当中。前面已说过，儿童时期学习吸收的东西会永久地成为他们个性的一部分，因而其间形成的东西是无法完全剔除的。这对于他们的肢体和器官来说也是一样的。成年人在儿童时期所学习的东西会在他身上打下永久的烙印。

任何想改变成年人的努力都是徒劳的。当我们说"这个人没有教养"或某个人举止懒散时，我们会很容易伤害他，或者令他感到耻辱，同时也让他意识到自己的缺点。但是他们不会从根本上改变这些缺点，因为这些缺点是根深蒂固的。

我们也可以据此解释儿童对他所处时代的适应。儿童会很快适应他所降生的世间的文明水平。不管这种文明程度的高低，他都会把自己变成一个与这种文明相适应的人。

## 4. 儿童的心灵指引着成长

通过心灵的指引，婴儿渐渐地长大，并且能够从事复杂的活动。心灵会不断地下命令，以使其不受固定本能的支配。

新生儿不只是一个由一些器官和组织混合而成的生命体。成人应该对新生儿的心理活动给予特别的关心。如果他一出生就有了心理活动，那么在成长过程中，他的心理将会发生巨大变化。如果我们不仅把"教育"理解为促进儿童智力的发展，而且还将它理解为促进他们心理的发展，我们就可以确信无疑地说，儿童的教育应该始于他们诞生之时。

从婴儿的意识和潜意识活动中，我们可以发现，他们的心理活动已经存在了。即使我们只使用较为浅显的、基本的概念来解释婴儿的心理生活，我们也必须承认：婴儿的本能，不仅对他的身体成长和营养吸收起作用，而且对各种心理活动的成熟也起作用。

正如前面所言，婴儿要比其他动物发展得慢。他不能说话，无法站立，需要别人不断地照看，而其他幼小的哺乳动物，则几乎一出生或只需很短的时间就能站立、行走，寻找妈妈，学会同类的语言。婴儿诞生时，这种能力几乎没有发展。虽然婴幼儿在很长一段时间里都处于这种软弱无力的状态，但其心理深深地隐藏，不像动物的本能那样表露无遗。儿童不受固定的和预定的本能束缚。这一事实表明，他有天生的自由和更大的行动空间。

不妨说，人与动物之间的差异就在于：动物就像成批生产的物品，每个个体都具有该种的特性。人则如同手工制作的物品，每个人都有所不同，都有自己的独特之处，就像一件与众不同的艺术品一样——作为艺术品，必然要耗费更多的心血。

我们都知道，创造性工作带着某种神秘的品质，而婴儿个性和心理的形成也是如此。儿童是一个谜。儿童拥有最丰富的潜力，只是我们不知道一个儿童将如何发展。

哪怕再多的人不相信人类的本能，能够指引人类发展的恰恰就是隐藏于儿童中的那种个人能量。儿童的精神生活是独立于、优先于和能够激发所有外部活动的。

仅仅因为婴幼儿不能站立，或者不能自然地协调他的运动，就认为他的肌肉软弱无力，这是错误的。一个新生儿在移动他的四肢时，显示了他肌肉的力量。吸吮和吞咽是复杂的活动，它包含了大量的肌肉协调动作。初生的婴儿也能像其他动物一样完成这些动作，只是在其他的活动中，婴儿不再受本能的束缚而已。而且就婴儿而言，本能所支配的动作并不占主导地位。当他的肌肉在变得越来越有力时，他的身体也在等待着意志的支配和调遣。

当那些小动物还是幼崽的时候，我们就已经清楚它长大后会是什么样了。羚羊的腿将是轻快和敏捷的，河马的脚步将是笨拙和沉重的，狮子会变得凶猛，而兔子将是胆小的草食性动物。但在人类这里，不同的人长大后则是千差万别。

在婴儿时期明显的弱小状态，实际上是孕育各种不同个性的温床；

在幼儿时含糊的声音，终将会成为一种语言，尽管当时还无法确知是哪种语言；

在尽力去注意周围的人时，他们会模仿所听到的声音，起初是音节，然后是词，并由此学会了说话；

在与外界环境接触的过程中，他们会积极调动自己的意志，锻炼自己的各种能力。

婴儿在相当长一段时间内的这种弱小状态，在某些人看来竟然是没有任何特殊意义的事实。但这种态度，是会危害儿童的精神生活的。它会误导人们这样去认为：不仅婴儿的肌肉不活跃，软弱迟钝，而且没有精神生活。而后，成年人就会自以为是地确信，是通过他们的照料和帮助，婴儿才奇妙地成长起来的。

成人们把这种帮助视为一种职责，并把自己想像成儿童的塑造者和精神生活的建立者。他们设想通过对儿童的指导和建议增进儿童的情感、智力和意志。在这样做的时候，成年人声称他们拥有一种神圣的力量，他们相信自己是儿童的守护神。

但事实真是这样吗？当我们了解到儿童有着自己发展的方式和规律时，我们就会对成人们的自我判定表示怀疑。要知道，在儿童体内存在着一种微妙的力量，成年人一旦做出不合时宜的干预，这种力量的发挥就会受到阻碍。从远古时代起，人们就开始干预人的发展的自然规律，他们的行为阻碍了儿童天性的发展，也扭曲了人的本性。

人们所面临的最大问题之一，就是他们没有认识到，儿童拥有一种积极的精神生活，尽管儿童在当时并没有表现出来，而且他还必须经过相当长的一段时间来秘密地完善这种精神生活。

儿童就像生活在地牢里的灵魂。他们希望见到光明，渴望在阳光下诞生，缓慢而又结实地茁壮成长。然而在现实中，却始终有一个力大无比的巨人站在边上，把他们压垮。

成长中的婴儿像一个精神的胚胎，他需要一个特殊的环境。正如一个肉体的胚胎需要母亲的子宫，并在其中发育一样，精神的胚胎也需要外界环境的保护。这种环境应充满爱的温暖，有着丰富的营养，这个环境里的一切都乐于接纳它，而不是伤害它。

成人只有最终认识到这一点，才会改变对待婴儿的态度。当我们看着像玩具一样的小身躯时，当我们在孩子的身上倾注了所有关爱时，我们才开始真正理解罗马诗人朱维诺尔所说的话："应该向婴儿致以最崇高的敬意。"

婴儿的心灵发育充满了创造性。这个不断变化着的敏感的小生命在不停地尝试着体验一种自我意识的觉醒。他通过感官去感受外部环境，并通过他的肌肉去接触外界环境。

一个人的精神也与他所处的外界环境存在着一种交流。正是外界环境塑造了一个人。当婴儿向他周围的环境妥协时，就此与环境融合。

通过心灵的指引，婴儿渐渐地长大，并且能够从事复杂的活动。但是婴儿心中也保持着一种警惕，以维护自己心灵的"统治权"，以免由于惰性而丧失活力。心灵还会不断地下命令，以使其不受固定的本能支配，而陷入混乱。了解了这一点之后，父母应该为子女做点什么呢？作为父母，应该把婴儿的这种神秘力量看做是某种神圣的东西，应该欢迎它表现出来，因为正是在这个儿童的创造性时期，孩子的个性被确定了下来。

# 5. 与生俱来的学习天赋

大自然给予了人类其他动物没有的能力，即学习的天赋。人类可以学习做各种各样高难度的技巧动作，但这些都不是因运动器官的成熟而得来的，而是来自于反复的实践。

儿童的成长包括很多方面，每一方面都遵循一定的规律。对婴儿出生后发展的研究发现，当婴儿的头盖骨长成，前部骨缝消失之后，整个身体结构就开始发生变化，骨骼的硬化也逐渐完成。人体的平衡器官小脑在刚出生时是非常小的，这时也以很快的速度开始成长，直到与大脑半球比例协调。身体成熟是一个与神经系统发展变化同步协调进行的过程。如果小脑没有足够的成熟，儿童就无法保持平衡，无法稳坐和站立。为了逐渐成熟，运动器官渐渐接受大脑的指令，并且以一种模糊的方式运动，以便从周围环境中汲取经验。通过这些经验和练习，儿童的运动变得更加协调，直到能够完全正确地完成大脑的指令。

婴儿与其他幼小的哺乳动物完全不同，这些小动物出生之后就可以走、跑、跳，它们很快就能学会做具有难度的动作。人不是一出生就能够协调运动的，它需要一个过程。在儿童的大脑里没有什么预先设定的东西，他必须自己摸索。

但大自然给予了人类另一种更重要的能力，即学习的天赋。人类可以学习做各种各样高难度的技巧动作，如体操运动、飞行、舞蹈、演奏、编织，等等。显然，这些都不是因为运动器官的成熟而得来的，而是从运动经验和实践中获得的，换句话说，是教育的结果。每个人都从相同的起点学习这些技巧，是人自己将动作技巧发挥至极。

对于儿童，我们必须对他们成长的几个部分加以区别。为了阐明观点，首先要接受这样一个事实：虽然身体为运动提供了物质基础，虽然身体必须达到一定的成熟程度，但心理发展状况却不依赖于这些。因为我们知道，人类是首先发展其心理。器官的发展在心理发展之后开始，并由心理所控制。但器官能够运动之后，心理还会进一步发展。这种心理发展是在运动过程中从周围环境中获取经验得来的。因此，如果一个儿童的运动器官长成之后被限制运动，他这方面的心理发展就会受到阻碍。虽然心理的发展没有界限，它却在很大程度上取决于运动器官的使用和作用的发挥，但运动器官却一直是自主发展的。

在这一时期，我们只能观察到，所有婴儿都非常相似。他们刚刚出生时都是以同样的规律成长。他们的大脑发育与胚胎差不多。细胞的分裂通常经历相同的阶段，我们很难找出一个胚胎与另一个胚胎之间的差别。

因此我们说，不论是天才的艺术家、受人拥戴的领袖，还是圣人或普通人，他们都是由"精神胚胎"发展而来的。只是我们无法预测这些后期发展过程和这些不同的结局。

在这一阶段，我们能做的只是帮助生命发展。这是人类适应过程的第一阶段，是人类心理发展历程的开始。如果在这一阶段能够根据人类的需要给予某种程度的帮助，他今后的个人能力就会有很大提高。

因此，只有一种方法可以对弱小的儿童进行教育。如果教育从出生之后就开始，那么教育就必须适应这一时期的条件。教育的程序对于印度婴儿、中国婴儿、欧洲婴儿都是一样的，对于不同社会阶层的婴儿也是一样的。我们只能谈一种遵循人类自然成长规律的方法。所有儿童都具有相同的心理需求，在成长过程中都要经历相同的阶段。

所有这些都不是我们主观所能决定的，而是大自然建立的法则，教育必须遵循，尽力满足生命的需要和规律。婴儿的宁静和愉悦，以及他的不懈努力都是最好的见证。

胆怯的儿童总是喜欢呆在别人的附近，尤其是母亲的附近。儿童不喜欢外出，更喜欢呆在家里。外界那些本应该让他高兴的事物，对他来说似乎充满了恐惧。他对新的环境感到非常陌生，本应该吸引他的周围环境似乎拒绝了他。如果婴儿出生的早期就对他赖以生存的周围环境有一种畏缩感，这肯定会妨碍他的正常成长，这个儿童将来肯定会桀骜不驯，并且与这个世界格格不入。对于儿童来说，学习吸引周围事物，永远是一个困难而无法完成的事。这样的儿童爱哭，经常求助于他人，看起来很懒，并且显得压抑。长大之后，他们与社会格格不入，不愿见到陌生人，非常胆小。这种人参与生存竞争的能力很弱，他们需要鼓励和帮助。在成长发育过程中没有得到应有照顾的儿童，在他们长大成人之后会报复社会。

自然主义者认为，在刚刚出生后的几天内，母亲无微不至的关爱能唤醒动物的生物本能。我们也可以据此对儿童的心理有更加深入的了解。

母亲和儿童要面临不同的危险，但他们的困难是相同的。对于儿童来说身体的危险虽然很大，但与心理的危险相比，身体的危险就小得多。虽然没有遗传的行为模式可以遵循，但儿童有学习这种行为模式的潜力。这种潜力能够通过对周围环境的学习发挥出来。

由此，我们提出"星云"的概念，把这种婴儿从周围环境中吸收知识的创造力比作天体发源的"星云"。天体中星云之间的距离非常远，几乎达到了没有密度的程度。但从遥远的星体看去它们就具有了一定的密度。与之相比，儿童从"星云"中获得了接受刺激、学习语言的能力。这种语言不是儿童天生就会的，而是儿童通过周围环境、在一定规律支配下逐渐学习吸收的。由于儿童对语言这种"星云"式能力的作用，儿童可以区别不同语言的发声。正是由于这种潜能，儿童才逐渐学会使用语言，并且以同样的方式学习吸收社会习惯和传统，使他成为其所生活群体的一部分。

儿童不是遗传了某种语言模式，而是遗传了通过某种潜意识活动吸收学习语言的能力。这种潜能有如生殖细胞中的基因，可以精确地控制细胞长成一个复杂而精密的器官，这就是"语言星云"。它并不决定儿童一定要学习某种特定语言，它要求儿童学习生活环境中的语言。由于遗传的作用，刚出生的动物很快就可以发出它所属物种的声音，而儿童则需要很长时间才能从周围的环境中学会语言。这是人与动物的一个本质区别。如果一个荷兰儿童在意大利长大，他会说意大利语而不是荷兰语。同样，与儿童对周围环境的适应能力有关的"星云"及他的行为模式，并不是因为父辈行为模式的遗传。正如卡瑞尔所说："科学家的儿子不会通过遗传得到父亲的知识，如果他被弃于一个荒岛，他就会像克鲁玛努人一样。"

当然，这里所说的"星云"仅仅是一个比喻。大脑的工作形式与星体是完全不同的。对于我们来说，心理组织是一个动态的整体，通过从周围环境中主动地吸收知识来完善自己的结构。它是由一种有目的的行动指导的。如果儿童逐步适应周围的环境，那么很显然，个体的心理生命就是建立在出生后最初几年的基础之上的。

这样一个例子可能会对父母有些帮助。有一个年轻人长得很漂亮，聪明健康。但他不听话，也不爱学习，是一个"问题男孩"，没有人愿意理他。他出生后的几天内有过严重的营养不良，体重急剧下降，几乎成了皮包骨。除了刚出生后的这两周，他以后的发育成长都很正常。然而，虽然他是一个强壮的孩子，但他可能已经注定要成为一个犯罪分子。

因此，在婴儿出生后的短时间内，我们务必像其他高等动物那样，给予婴儿特殊照顾。这里不仅仅是指婴儿出生后的第一个月、第一年对婴儿的关心，也不仅仅是在身体上对他的关心。我们的目的是提醒父母和家庭注意这一问题的重要性。我们必须恰当、准确地遵循规律，正确而适当地给予新生婴儿应有的照顾。

## 6. 具有吸收力的心灵

儿童具有一种从无到有地学习的心理能力，他们的智慧与成年人不同。成年人是通过大脑学习知识的，而儿童则是通过心理能力直接吸收知识。

婴儿大脑有一种与成人不同的力量，这种力量的创造性非常巨大。婴儿不但能完成语言的创造，同时也完成了发音器官的发育成长。他必须时时刻刻为智力等因素的发展做身体方面的准备。

这些伟大的工作都不是在有意识的情况下完成的。我们成年人知道自己需要什么，儿童却不知道。如果我们称成年人的行为是有意识的，那么儿童的行为就是无意识的，但是这种无意识并非我们想像的那样。一个无意识的头脑可以具有不同寻常的智慧。正是这种无意识的智慧帮助婴儿取得了进步。

这一过程开始于婴儿对环境知识的吸收。婴儿是如何吸收周围知识的呢？首先是因为周围的事物唤醒了婴儿的注意力和热情，使他们产生了对事物的特殊敏感性。婴儿与周围事物的互动也就随之产生了。儿童并不是通过主观思想，而是通过他们的天赋来吸收环境知识的。

语言就是最明显的例证。儿童学习说话的时候发生了什么呢？

通过仔细观察就可以发现，儿童天生就具有听取人类声音的能力。不过有人会问，在他周围数千种声音之中，为什么他会专门听取和学习人类的声音呢？如果婴儿仅仅听取人类的声音，仅仅学习人类的语言，那么人类语言留给婴儿的印象，肯定比其他声音留给婴儿的印象更深。这种印象肯定非常强烈，并且会产生强烈的情感共鸣，婴儿体内的神经随之产生很大的热情，这种神经又促使婴儿自己将这种声音发出来。

打个比方，音乐会上优美的旋律会改变听众的表情，听众的头和手也会随着旋律的节拍运动。在婴儿无意识的大脑里也可能产生这种反应。婴儿对语言声音的这种反应，比人对音乐的反应要强烈得多。我们几乎看不到他们的舌头在动，看不到他们的脸颊和发声器官在动。他们的每一个器官都在静止中准备学习发声。这在他无意识的大脑里产生了很大的影响。

儿童又是如何准备学习语言的呢？语言是怎样成为其心理人格的一个固定部分的呢？

婴儿时期学习的语言被称为母语。母语与他后来学习的语言有非常明显的区别，这种区别就像真牙与假牙的区别一样。

接下来，这些最开始没有任何意义的声音，又是如何赋予含义和思想的呢？儿童不但学习了单词和单词的意思，他事实上也学习了句子和句子的结构。

那么，所有这些又都是如何发生的呢？我们说："儿童记住了这些东西。"但是想要记住这些东西必须有记忆力，而儿童却没有。相反，他必须建立起记忆力。人在知道语序影响语义之前，他必须先学会推理。这种能力也是儿童所缺乏的。

成年人的大脑无法完成儿童大脑所完成的东西。从无到有地学习一种语言，需要一种特殊的心理能力。儿童就具有这种心理能力，他们的智慧与成年人不同。

可以说，成年人是通过大脑学习知识的，而儿童则是通过心理能力直接吸收知识。儿童在生活过程中逐渐学会了他的母语，一种精神的化学反应在他们体内进行。相反，成人仅仅是作为一个接受者而已。知识输入了我们的大脑，我们又把它们储存起来，却没有建立直接的联系，就像一个花瓶与它里面装的水没有直接联系一样。

相反，儿童经历了一个转型的过程，知识不仅仅进入了他们的大脑而且促使了大脑的形成，成了大脑的一部分。儿童通过他们周围的环境建立了他们的精神世界。我们称这种心理类型为"有吸收力的心灵"。成人无法想像婴儿的心理能力是怎样的，但它的优势无可否认。如果我们具有婴儿的这种能力，在嬉戏玩耍之间就能够学习一种新语言，那该多好！

自婴儿降生之后，无意识的学习过程就开始了，婴儿逐渐形成他的个人力量，建立起自己的思想，直到它成为记忆的一部分。最后，在6岁的时候，儿童突然具有了理解力。

如果观察一个3岁儿童，我们会看到他总在说着什么。这就意味着他正在通过活动完成其无意识心理先前吸收的东西。上面已经说过，婴儿必须建立起记忆力。这也是儿童不得不形成的一种能力。

成人要做的，就是帮助儿童心理发展过程中的心理形成，帮助和加强儿童的多种能力。我们的工作不只是教授知识，而且更重要的，是对婴儿的大脑发展提供帮助。如果我们做好准备，正确地对待儿童的智力，理解他们的需要，进而延长他们具有这种吸收知识能力的阶段，这将是一件意义重大的事情！当我们懂得这些能力属于一种无意识心理，只有通过活动及所获得的生活经验才能变为有意识时，我们就会意识到儿童幼年的心理是不同于我们的，我们不能够通过文字教学来达到目的，也不能直接干涉儿童所经历的从无意识到有意识的过程。换句话说，教育的任务只能是为儿童的生活及其心理发展提供帮助，而不是强迫儿童记忆词语或概念。

儿童1岁半这一时期，可能是教育的一个转折点。这一时期为上肢与下肢的协调做了准备。儿童的个性也将得到发展，因为随着2岁"语言爆炸"期的到来，他将会达到一个真正的完全发展期。在此之前，儿童1岁半时，他已经开始努力表达自己的思想了。这是一个不断努力和建设性地工作的时期。

在这一时期，我们要特别注意不打乱生命的自然规律。如果自然清楚地表明这是一个不断努力的时期，那么我们就必须准备对这种努力提供帮助。

儿童的这种"吸收力的心灵"可以接纳任何东西，并最终把这些东西通过行为体现出来。儿童是具有忍耐力的。他们来到这个世界，不管出生于何种环境，他们都会在那个环境中逐渐成长，适应生活。出生于热带的儿童会逐渐适应热带的生活环境，到了其他的生活环境就会出现不适应的情况。

## 7. 敏锐而热忱的观察者

儿童是世上敏锐而热忱的观察者,他们的内在敏感性可以吸收许多的影像,不光是物体的影像,也包括动作,以及事物之间的关联性。

儿童天生是敏锐的观察家。这是孩子最不可思议的地方。我们以为孩子观察不到的事物,孩子几乎都看到了。他们对暗示的敏感性,可以理解为是一种内在敏感性的表现。即使是感官对象,只要它们有吸引力,就能够对儿童产生一种强有力的暗示,就会像磁铁一样引出各种各样的活动。这种内在的敏感性有助于儿童的心理发展,我们可称之为"对周围环境的喜爱"。

儿童也是一个热忱的观察者,他们特别容易被成人的行为吸引,并乐于模仿成人。因此,在这一方面,成人应该承担一种责任。成人能够鼓舞儿童去行动,就像一部打开的书,儿童能够从中学会如何引导自己的行为。但如果成人想提供正确的指导,就必须始终平静地、慢慢地行动,这样,正在注视他的儿童才能看清他行动的所有细节。如果成人不这样,而是按照自己的习惯去做,那么,他不但没有鼓励和教导儿童,反而把自己的行为模式强加给了儿童,并通过暗示的力量代替了儿童。

奇怪的是,许多成人为什么仍然还相信一定要用鲜艳的颜色、夸张的手势和高分贝的声音,才能吸引孩子的注意?这一点实际上也不难解释,他们之所以那么做,是因为他们不知道孩子有很强的观察力,可以吸收许多的影像,不光是物体的影像,还包括动作的影像。除此之外,还有事物之间的关联性。当我们还没注意到的时候,孩子也许早已完成了许多的观察吸收。

举例来说，有一个4周大的婴儿，出生以后还没有踏出房子外面一步，这个婴儿只看见过两个男人，一个是他的爸爸，另一个是他的叔叔，而且他们两个从来不曾同时出现。之后有一天，婴儿同时看见爸爸和叔叔时，婴儿惊奇看着其中一个，然后再看另一个，就这么看了好长一段时间；两人也就很安静地站在婴儿面前，让他有时间仔细观察。假若两人离开了房间，或是说话分散了婴儿的注意力，这个婴儿恐怕就再也不会有让他印象如此深刻的经验了。两个男人最后还是离开了，但他们都是慢慢地走开，好让婴儿有时间逐一观察他们，让婴儿确信爸爸和叔叔是不同的两个人。爸爸和叔叔在这里做的就是帮助孩子建构他的内在能力，来达到教育的目的。

还有一些例子，是和还不会说话或走路的孩子有关。有一个成人抱着一个几个月大的婴儿，婴儿在饭厅看到一幅画了许多水果的画。婴儿看着画，接着做出假装吃东西的样子。这个婴儿当时还在喝奶，但是他曾经看过成人吃水果。抱着婴儿的成人看见孩子模仿得那么开心又很有兴趣的样子，就抱着他站在画前，一直到婴儿兴趣索然才离开。这个成人真是我们所称的"教育家"，孩子借着模仿成人的动作，在进行内在的练习。在另一个例子里，小孩看见大厅的芭蕾舞者雕像后，立刻跳起舞来。因为孩子曾经看过别人跳舞的样子，所以他知道雕像的姿势就是跳舞的动作。

孩子对房间里的一些特定东西，特别感兴趣。如果有人把原本不在房间里的东西放在房间里，孩子马上就会发现，还会追问那是什么。对于父母来说，应该早在儿童的感官开始对外界环境累积印象时，对他进行观察，因为只有在那时，生命才开始依靠环境发展起来。

感觉提供了第一个刺激。一个婴儿如果想得到一样物品，他就会探出整个身体去拿。只是随着动作的逐步发展和协调，他才能分解各种运动，为得到所需要的物体，他只要伸出手就可以了。

在一个4个月大的婴儿身上可以看到另一个类似的例子。这个孩子的眼睛一直盯着一个正在讲话的成人的嘴唇。这个婴儿嚅动的嘴唇和头的固定姿态，表明他已经被那个成人的声音所吸引。到6个月大时，这个孩子已经能掌握一些独立的音节了。

　　愿意帮助儿童的人不必求助于复杂的观察或幻想的解释，只是他必须有帮助儿童的愿望和一些有关儿童的常识。

　　从一些明显的例子中，我们可以发现这种观察是多么简单。由于婴儿还不能站立，许多人认为他总喜欢躺着。婴儿应当从他的环境中，即从上到下的某个空间中，得到他的第一个感觉印象，但是他不可能盯着上面看。他凝视着房间的天花板，天花板就像他的床单一样洁白而单调。他应该有机会看到那些能满足他的心灵需要的东西。父母常常想用某种东西把儿童从单调的环境中吸引开来。结果，他们把环等物品拴在绳子上，让它们在婴儿的头上晃动。儿童一直在注意观察外界环境，但由于他无法转动头部，就只好用眼睛盯着摇摆不定的物品。由于儿童处于一种不自然的姿势，物体也在没有规律地晃动，因此，儿童所做的运动也是不自然和有损害的。

　　比较好的办法是，把儿童放在稍微倾斜的平面上，这样他就能看到周围的一切。更好的办法是，把儿童放在花园里。在那儿，他会看到鸟、花，以及微微摇动的小草。

　　儿童应该在不同的场合都被放在一个地方的同一个位置上，这样他就可以重复看到同样的东西，并学会如何识别这样东西及它相应的位置。

# 8. 大脑及心智发育的关键期

　　婴儿生命的最初三年是脑神经细胞形成树突的关键期。人类智力的高低，不是决定于脑细胞数量的多寡，而是树突网络的密集程度。这一时期也是幼儿心智及个性发展的关键期，作为父母，应保护和关心儿童。

0～3岁是婴儿脑部发展的黄金期。为了更清楚明白地了解婴儿大脑的发育，我们从胎儿脑部发展的过程开始论述。

当母亲怀孕3周时，婴儿的脑细胞开始了成长。

怀孕8周，胚胎的大脑皮层已可分辨。

怀孕15周，脑细胞长成。

怀孕27周，大脑皮层快速成长。

怀孕32周，脑神经细胞数目已接近成人的脑细胞。其中，具备感觉、思考等中枢神经功能的神经细胞约有四五亿，其他则属于胶质细胞。

为了达到大脑复杂化的功能，许多树状突起会分化出来，其中最长的支称为轴突。前端会分支，而与另一支神经细胞连接。如此，四五亿个脑神经细胞相互连接，交错成脑部网络。

这样的变化发生在婴儿生命的最初三年，这三年无疑就是脑神经细胞形成树突的关键期。而胶质细胞，则扮演了保护树突的重要功能，这一过程称为"髓鞘化"。髓鞘化愈发达，就愈能胜任复杂艰巨的工作；而愈使用大脑，髓鞘化程度也愈强。

人们认为人类的智商（IQ）是与生俱来的，也以为头脑的好坏取决于脑容量，但医学研究早已证实了正常新生儿的脑神经细胞约为160亿个，和成人相差无几。而且，这些脑细胞的功能，在3岁前约完成60%，8岁前完成80%。前面已经说过，婴儿大脑的神经细胞数量在母体32周以后，就已接近成人。根据研究，新生儿的脑重量约390克，已达成人脑重量的25%，但新生儿的体重却只有成人体重的5%。脑重量随年龄而增长，速度先快后慢，到了3岁，脑重量即达成人脑重量的75%，之后发展渐趋缓慢。

值得注意的是，幼儿的脑重量增加，并不是脑神经细胞（神经元）增殖的结果，而是脑神经细胞结构的复杂变化。而人类智力的高低，也不是决定于脑细胞的多寡，而是树突网络的密集程度。树突网络的形成，主要来自感官经验的刺激，如果缺乏适当刺激的环境，幼儿的脑部网络就无法形成，而由头脑支配的语言、动作、情绪等发展就会受阻。因此，掌握幼儿学习的敏感期，给予足够的刺激，即能使孩子的大脑更加灵活，为日后的心智发展建构起优良的网络结构。

　　从经验研究的角度来看，0~3岁也是儿童个性和心智发展极其重要的阶段，出生不久的新生儿经常从父母那里得到抚爱，往往性情比较温和、友爱，易形成信赖感。相反，如果新生儿得不到父母或看护人的亲近，那么他的心理发展就会受到极大摧残，从而造成智力低下、性情粗暴、行为野蛮。

　　孤儿院的孩子，出生后一年半就开始对人冷漠，面部表情呆板，长大后攻击性强，爱发脾气，爱破坏东西。这说明孩子喜欢活动，如果看护人过分制止，也会导致孩子产生粗暴行为。由此可见，父母对孩子的爱确实能够给其未来的成长提供非常好的背景。出生后亲子之间的接触，以及家庭环境对孩子的感情、智力和以后的行为有着重要的影响。

　　婴儿生命的最初三年，是一生智力发展的关键阶段，因为此时是一个人从"无"到"有"的阶段。在这一阶段的每一分钟，对孩子们而言，都具有相当大的影响。我们不能只寄希望于3岁以后的教育，或让孩子一生中最具决定性的宝贵时间被保姆虚掷。父母应该是孩子的第一位老师，家庭更是孩子生活最久的场所，对孩子影响也最大。所以，父母应尽力引导，使孩子最重要的时期不被荒废。在家庭启蒙工作的方法上，最重要的一点就是，父母必须有充分的准备。而且这项神圣的天赋任务所需的准备工作，必须在孩子出生前就周全地完成了。因为婴儿在诞生之始，其眼、耳等感官，就已经不断地接收来自周围环境的刺激。

　　与孩子接触最早、最密切的是母亲，母亲是孩子智力和品格的第一位导师。如果能用合乎科学的教法来促进孩子的智力和品格，必然能够奠定他们身心发展的良好基础。

　　但必须注意，父母并不是子女的创造者，而只是他们的监护人。他们必须以承担某种崇高使命的心态去保护儿童，关心儿童。为了这个使命，父母应该净化他们对子女的爱，应尽力去明白这份爱是内心深沉情感的表露，绝不应该对它留有私心或稍加怠慢。

# 9. 一个不断"再生"的过程

从心理学的角度讲，儿童不同阶段之间的变化非常明显，成长就恰似一个不断"再生"的过程。当一个心理个性阶段结束时，另一个阶段随之而来。

一些心理学家对儿童从出生到大学毕业这一过程进行了系统研究，他们认为这一时期可以明确地分为不同的阶段，这些阶段之间的界限非常明确。有趣的是，它们与身体成长的不同阶段也密切关联。

**1. 第一个阶段：0~6岁**

虽然这一阶段完全不同于以后的阶段，但在这一时期心理的类型基本保持不变。这一阶段可以分为两个小的时期：0~3岁和3~6岁。

（1）0~3岁阶段

即婴儿降生后的精神胚胎发育阶段，各种能力独立发展，如语言、手的运动、腿的运动等。一些感觉能力也逐渐形成，心理的各种控制能力也各自独立出现。但各种器官尚未发育完全。成人无法了解儿童的心理，因而无法直接对儿童施加影响。事实上，也没有学校会接受这一年龄段的儿童。

（2）3~6岁阶段

儿童心理类型保持不变，但儿童开始变得容易受到成人的影响。这时生命好像重新开始，因为在这一时期，意识出现，并开始发挥作用。无意识和有意识两个阶段似乎有一个明显的界限。在无意识阶段不可能有记忆存在。只有在意识出现的时候，我们才可能有一个固定的人格，才有记忆的能力。3岁之前是各种功能的建立阶段，3岁之后是各种功能的发展阶段。这也是我们为何很难记起3岁之前的事情的原因。心理分析学者一直在努力唤起人们对这一期间的记忆，但几乎没有人能够想起3岁之前发生的事情。但最为重要的一点是，在这个第一阶段，儿童是完全依赖于成人的。他们没有任何自我保护能力，除非成年人遵循自然和科学的规律，否则我们可能会成为儿童发展的巨大障碍。

在这一阶段，儿童的人格发生了巨大变化。但我们只能通过新生婴儿与6岁孩子的对比才能看出这一变化。有一个事实大家无疑都清楚，那就是6岁的孩子已经有足够的智力去上学了。因此，从3岁到6岁，儿童已经能够有意识地对周围环境进行研究，开始了一个真正的创造、建设阶段。儿童前一阶段创造的潜在能力现在已经开始渐渐地展现出来了，这都有赖于儿童有意识经验的作用。这些经验不仅仅是玩耍，或者一系列偶然行为，它们都是为成长服务的。儿童那双受智慧支配的双手开始了人类特有的活动。如果说第一阶段儿童只能被动地观看这个世界，默默地为心理打基础的话，那么在第二阶段里，他就已经开始有效地发挥个人意愿了。如果第一阶段他受内在的一些非人为力量指导的话，那么在第二阶段，他就可以自主决定自己的行为。

现在开始的另一个发展类型就是对以前所获得的东西进行完善。语言就是一个非常明显的例子，因为它的自然发展会一直持续到5岁左右。虽然它在儿童两岁半的时候就已经出现了，但它是在这时进行完善的，因为现在儿童不仅能够说单词，而且能够说一些合乎语言的句子了。当然，儿童现在还具有那种特殊的感觉能力，这种感觉能力会加强儿童对声音的准确记忆，并丰富他的词汇表达能力。

因此，儿童这时有两种倾向：一是加强自己对环境中行为的意识，另一个是完善已经形成的各种能力。这表明3~6岁这一时期是一个通过行为进行"建设性完善"的时期。

2. **第二个阶段：6~12岁**

这一阶段没有其他变化伴随发生。不过儿童获得了保护自己的意识能力。如果他感觉受到了成年人的管制，他就会通过语言进行抗议，或做一些恶作剧，虽然儿童这样做的真正目的并不是为了保护自己。他们要做的是了解自己周围的环境，找到自己发展的方式。那么他要发展什么呢？他要发展的就是那些前一阶段创造出来的各种能力。

在这一阶段，儿童通常表现得平静而快乐。从精神上讲，儿童正处于一个健康、强壮和非常稳定的时期。这种稳定表现在精神上，也表现在身体上，它是儿童阶段后期一个非常明显的特征。打个比方也许更好理解：如果一个对人类毫不了解的外星人来到地球，假设他们没有碰到真正的成年人，他们很可能会把这些十几岁的孩子当成成年人。从身体方面说，在这两个心理阶段之间也有明显的变化。这些变化是显而易见的。换牙就是其中一例。

**3. 第三个阶段：12~18 岁**

这一阶段的人有相当大的变化。它也可以分为两个小的阶段：12~15 岁和 15~18 岁。这一阶段也有身体方面的变化，身体在这一阶段基本长成。18 岁的人已经基本发育完成，18 岁之后不再会发生显著的变化，而增长的仅仅是年龄。

# 第二章
## 儿童的敏感期——抓住儿童心智发展的最佳时机

儿童是怎样从一无所知到适应这个复杂世界并学到各种知识，获得各种智力的呢？这与敏感期密切相关。正是这种敏感，使儿童以一种独特、强烈的方式对待事物。但如果孩子在这一时期得不到恰当的发展，就会失去智力发展的最佳时机。

# 1. 认识儿童的敏感期

儿童的敏感期，是指在初期发育阶段所具有的一种特殊敏感性。它是一种灵光乍现的禀性，只在获得某种特性时闪现出来。一旦获得了这种特性之后，儿童的敏感性就消失了。

儿童的成长不能只取决于一种模糊的遗传，它要靠本能的悉心引导。这是一种生机勃勃的本能，它能使儿童做出惊人之举。如果这种本能遭到了破坏，那就意味着儿童将会软弱和缺乏活力。成人对这些不同的状态没有直接的影响。但是，如果儿童在其敏感期没有按他的敏感指令行事，他将永远丧失这种天赋。在心理发展期间，儿童已经表现出了惊人的征服力，只是由于我们对此已习以为常，使得我们对这些奇迹熟视无睹。

儿童是怎样从一无所知到适应这个复杂世界的呢？他是怎样辨别事物的呢？他是怎样凭借一种不可思议的手段，无师自通一门语言并掌握所有细节的呢？这些问题看似复杂，实际上都表现为儿童在生活中毫无疲劳地、愉快地学习。与之相比，一个成年人却需要不断地帮助才能适应新的环境，以及学会一种他感到沉闷乏味的新语言，并且他永远也不可能像儿童掌握自己的母语那样完美地学会这门新语言。

儿童在其敏感期能学会自我调节和掌握某种东西，这就像一束光能把他的内心照亮，像电池一样能提供能量。正是这种敏感性，使儿童以一种独特的、强烈的方式来对待外界事物。在这一时期，他们对一切都充满了活力和激情，能轻松地学会每件事情。他们的每一次努力都能使自己的能力大大增强。

通过观察与研究，儿童的敏感期有如下七种：秩序敏感期（0~4岁）、感官敏感期（0~5岁）、语言敏感期（0~6岁）、动作敏感期（0~6岁）、细节敏感期（1.5~4岁）、社会规范敏感期（2.5~6岁）、书写（3.5~4.5岁）和阅读敏感期（4.5~6岁）、文化敏感期（6~9岁）。

敏感期是自然赋予孩子的生命魔力，当敏感期泯灭之后，人们心智上的进步，就只能通过思维的加工、主观的努力和不倦的研究才能获得。因此，在敏感期内，如果孩子生理和心理需求受到妨碍而无法得到恰当的发展，就会失去最佳时机，无论是能力还是智力都会受到很大影响。如果希望之后重新获得这些东西，就会付出更大的心力，并且也很难达到本应取得的效果。

## 2. 把握孩子敏感期的总原则

对于孩子的敏感期，父母首先要做的就是细心观察，并给予孩子适度的自由，让其自由探索，绝不横加干涉。

儿童的培养和教育应符合其发展规律，不管是老师还是家长，都应注意科学的引导方法。以下五点，是成人把握儿童敏感期教育工作的总原则：

### 1. 把孩子当做有完全行为能力的个体

道理很简单，任何孩子都是天生的学习者，尊重孩子的自然属性，他们就会循着自然的成长法则健康成长。也就是说，孩子是能够在正常的环境中不断地成长为"更有能力"的个体的，父母的责任是为孩子提供一个正常的环境。这是一个观念，成人只有改变了原来不正确的观念，才能对此有深刻的认识。

### 2. 细心观察孩子敏感期的出现

有了一个好的观念并不等于就可以高枕无忧了，父母还必须时刻注意孩子敏感期的到来。每个孩子都有敏感期，但不是每个孩子的敏感期都是一成不变的，恰恰相反，每个孩子的敏感期出现时间并不相同。因此，父母就必须学习，认真观察，以客观的态度，细心观察孩子的内在需求和个别特质，把握孩子敏感期的到来，随之给孩子提供必要的条件。

### 3. 及时提供必需的环境和条件

父母对孩子的行为举止必须认真地观察和分析，并且作出客观的评价。一旦确定孩子到了某一个敏感期，父母就要竭尽全力，为孩子准备一个能够满足这个敏感期所需要的条件和环境。

### 4. 鼓励孩子独立探索、勇敢尝试

在一个适当的环境里，孩子能感到自由而快乐，就会感觉父母的尊重与信赖。虽然孩子不可能用语言表达，可是他们会用欢乐给父母以最明显的回答。因此，孩子也就会在这种环境里自由探索、大胆尝试。在这好像是不知不觉的行动中，孩子的天赋就会得到很好地发挥。

### 5. 成人应该协助，尽量不干涉

在这个过程中，孩子可能会做出一些让父母意想不到的事情。遇到这种情况，父母不能出面干涉，而是尽量地帮助孩子寻找其合理性，并且加以良性引导。比如孩子热衷于某件事情时，父母必须"放手让孩子自己做"，而不是越俎代庖。这个时期，孩子所做的事情可能是他无法完成的，可能还是一种添乱的举动，父母是不是能够容忍，这是检验父母是不是明白了我们一再提醒的那种好方法。当然，这里不是主张对孩子放任自流，而是发挥父母的主导作用，发挥孩子的主体作用。父母的责任是适时协助和指导孩子。

# 3. 秩序敏感期（0~4岁）

秩序感不仅能使幼儿感到稳定和安宁，而且当孩子从环境中逐步建立起内在秩序时，智能也因而逐步建构。

**1. 儿童的秩序感**

在敏感期，大自然赋予儿童的第一个本能是与秩序有关的，这就如同大自然给予人类指南针，让他们去适应世界；如同一位教师给了学生一张教室平面图，从而教给他们第一个与地理有关的概念。

秩序感的出现，是孩子很重要和神秘的一个时期。这种敏感在孩子出生后第一年就出现，第三年表现得最为明显。这是孩子的一种内部的感觉，常表现在对顺序性、生活习惯、所有物的要求上，以区别各种物体之间的关系，而不是物体的本身。换句话说，孩子急切需要并保护一个精确而有秩序的环境。这对成人来讲似乎有点奇怪，因为人们通常认为幼儿是无秩序可言的。

在许多情况下，孩子发脾气很可能都是由于这种敏感。有这样一个例子：一天，一个出生大约6个月的小女孩呆在一个房间里，碰巧一位妇女走了进去，并把阳伞放在了桌子上，于是，这个孩子变得不安起来。她之所以如此，并不是因为那位妇女，而且由于那把伞的缘故。小女孩对着那把伞看了好一会儿，然后开始哭起来。那位妇女以为她要那把伞，就拿起它，微笑着送到她面前。但小女孩把伞推到了一边并继续哭喊。那位妇女安抚她，但毫无用处，反而让她更加焦躁不安。怎样才能使她不再哭闹呢？正当小孩不安之时，她那富有心理洞察力的母亲把伞从桌子上拿走，并把伞放到了另一间屋子里，小女孩立即就安静了下来。使她不安的原因是那位妇女把伞放在了桌子上。一件东西放错了地方，就严重打乱了这个小孩物放有序的记忆方式。

这一例子表明儿童对秩序的敏感。在"儿童之家"的学校里可观察到一些有趣现象：当一件物品放在不恰当的地方，往往是孩子先发现了它，并把它放到正确的地方。例如，一块肥皂被放在脸盆架上而没有放在肥皂盒里，一把椅子被放在不恰当的地方，一个2岁的孩子会突然注意到它，并将它放到原处。甚至那些3~4岁的孩子，在做完练习之后，也会把那些东西放回到过去习惯安置的地方。这是他们所执行的一个令人高兴和自发的任务。

幼儿对秩序的热爱与成人对秩序的热爱是完全不同的。幼儿对秩序的要求，是在于认识每样物品在环境中的位置，记住每件东西应该放在哪里。这意味着一个人能够适应环境，在细节方面能支配它。

环境中的所有物体是否放在平常习惯放置的地方？一天的各种活动是否按照自己已经熟悉和习惯的顺序进行？对于处于这一时期的幼儿来说，这些问题都是非常重要的，他们最快乐的事是将物品整齐地放回原位，如果幼儿发现桌椅搬离了通常放置的地方、柜子的门被打开、物品没有放在原来的位置等，就会变得焦躁不安或发脾气。

2. 内部定位

儿童还有一种秩序感，即"内部定位"。这种秩序感从外在行为上不容易被察觉。因为这是在肌肉中存在的一种感觉，它能使每个人意识到自己身体的不同部分所在的不同位置。这要求有一种特殊的记忆，即"肌肉记忆"。

但这种解释是机械的，它建立在有意识地进行活动并积累了经验的基础之上。例如，这种解释主张，如果一个人移动手掌去拿东西，那么这个动作就会被感知并保存在记忆里，因而可以再次重复这个动作。一个人之所以可以选择移动他的右臂或左臂，朝着这个方向或那个方向转动，是因为他已经有了理性的和由意志所控制的经验。

不过，儿童的行为表明，远在能自由运动和具有那些经验之前，他就已经具有了对身体各种姿势的高度敏感。换句话说，大自然已经给儿童提供了一种特殊的敏感性，这一特性能使他感受到身体的各种姿势和位置。

那些旧理论是建立在神经系统机制的基础上。但敏感期是与心理活动有关的。这些敏感性是一种洞察力和本能，它们为意识的形成打下了基础。这些敏感性是一种自然形成的能量，将会形成心理发展的基本原则。因此，是大自然为人类的发展提供了可能性和有意识的经验。如果儿童所处的环境阻碍了这种敏感性的正常发展，我们将看到能证明这一敏感性存在的反面例子。这个儿童会出现诸如极度的焦躁不安、发脾气的疾病征兆。只要环境中依然存在这种有害的情况，这些病症将无法被治愈。只要有害的情况不再继续，发脾气的疾病也会随之消失。这很明显地说明了病症的原因。

一个有趣的例子也可以说明这个问题。一位英国的保姆请假离开一段时间，她找了个能干的保姆顶替她干几天。但是这个新保姆在给小孩洗澡的时候遇到了很大的困难。不论在什么时候，小孩一洗澡就会变得狂躁不安。他不仅仅是哭泣，还在保姆怀里挣扎，试图推开她逃跑。这位保姆为孩子做了她能想到的一切事情，但小孩子还是厌恶她。当原来的保姆回来后，这个孩子便恢复了平静，并明显地喜欢洗澡了。

这位英国保姆曾在"儿童之家"受到训练，并对儿童产生厌恶的心理因素感兴趣。她开始耐心地观察婴儿的这种表现。她发现，这个小孩把第二个保姆当成了坏人。为什么呢？因为她是用相反的动作给小孩洗澡的。于是，两位保姆比较了她们给小孩洗澡的姿势，并发现了这个差异：第一个保姆是右手靠近他的头，左手靠近他的脚；第二个保姆恰好与她相反。

### 3. 秩序感对儿童的意义

秩序的敏感期在"儿童之家"的管理中有着非常重要的意义。为了适应幼儿对秩序的敏感性，"儿童之家"的每件物品都有固定的位置。"儿童之家"的几十名孩子能自由活动，而不发生混乱，很重要的一个原因就是所有物品的位置都已确定，从而使幼儿感到稳定和安宁。

在幼儿的发展中，秩序的敏感期对于幼儿人格的形成，同样具有非常重要的意义。这个时期，孩子需要一个有秩序的环境来帮助他认识事物、熟悉环境和适应环境。一旦他所熟悉的环境消失，就会令他无所适从，不是害怕、哭泣，就是大发脾气，性格执拗。

如果成人未能提供一个有序的环境，孩子便没有一个基础以建立起对各种关系的知觉。当孩子从环境中逐步建立起内在秩序时，智能也随之逐步建构。所以给孩子一种有秩序的生活，能稳定孩子的情绪，并能建立良好的生活规律。

# 4. 感官敏感期（0~5岁）

在感官敏感期，孩子能以惊人的方式从环境中吸收印象，他们都是积极的观察者，当他们获得清晰的印象，并且能对它们进行区分时，就形成了智力。

孩子从出生起，就会借助听觉、视觉、味觉、触觉、嗅觉等感官来熟悉环境和了解事物。其智力的开端也始于这五种感觉。视觉指用眼看，并进行手眼配合。听觉指用耳朵听，和中枢神经的反应。味觉指用舌头感受酸甜苦辣的味道。嗅觉是指感觉气味。触觉是指皮肤对外界的感受触摸。感官敏感期，指的就是孩子以惊人的方式从环境中吸收印象，这个敏感期可以一直持续到5岁。

我们都知道，婴幼儿都是积极的观察者，通过他们的感官吸收印象，但这并不意味着他像镜子一样容纳它们。一个真正的观察者是根据一种内在的冲动，一种感觉或特殊的兴趣而行动的，这体现在他们会挑选印象。

大量的实验已经表明，不到1岁的幼儿能对他们周围的环境获得很清晰的感知印象，以致于能从图片中认出它们。幼儿保留他所得到的清晰印象是绝对必要的，因为只有当这些印象清晰，并且对它们进行区分之后，才能形成智力。而印象一旦获得，就能引起强烈的兴趣。

0～3岁，孩子通过"吸收力的心灵"吸收周围事物，3～6岁则更能具体透过感官判断环境里的事物。在"儿童之家"，许多感官教具被设计出来，如听觉筒、触觉板等以训练和加强孩子的感官敏锐度，引导孩子智力的发展。父母们也可以在家中用多样的感官教材，或在生活中随机引导孩子运用五官，感受周围事物。

在语言出现之前，儿童通过看、碰、摸、听、闻、尝、动来认识着周围的世界。尤其是触觉，是婴幼儿与世界接触、交流的一个重要途径。

## 5. 语言敏感期（0～6岁）

0～6岁是儿童语言发展的敏感期，儿童从不会发音到学会了怎样说话，知道并能运用母语的语言规则，这都是无意识活动的结果。一些心理学家发现，2岁半的孩子只有两三百个词汇，6岁时便知道了上千个。这些词都不是教师教的，而是他们自学的。在这一时期，如果孩子处于良好的语言环境中，便可事半功倍地掌握某种语言。但语言的敏感期具有阶段性，一旦错过便无法弥补，所以一定要好好利用。

**1. 婴儿期（0～1岁）**

2个月左右，婴儿就开始吸收语言了，他所获得的语言是他从周围环境中听到的。这时婴儿开始注视大人说话的嘴型，并发出呀呀学语的声音，就开始了他的语言敏感期。当他说第一句话时，并不需要为他准备任何特殊的东西。

2. 幼儿期（1~3岁）

（1）语言的"爆发现象"

幼儿学习语言的心理机制始于无意识，并在无意识中发展、成型，然后才表现出来。学习语言对成人来说，是件困难的大工程，但幼儿却能轻松学会母语，这正是来源于幼儿的语言敏感力。幼儿获得的语言是他从周围环境中听到的。他的记忆力使他能记住以前所听到的词汇，但是他会根据某个时刻的特殊需要来自己运用这些词汇表达。

① 两次"爆发"

幼儿的进步并不是渐变，而是跳跃性的。语言的发展也不是逐字地、均衡地发展，而是存在着"爆发现象"。

婴儿说话的最初努力表现为呼喊、惊叹等，接着是发出双音节的阶段，然后是三个音节，再是单词。先是各种名词，然后是双词短语，这些短语表达整句的意思，每个字表示许多意义。

紧接着是巨大的爆发时期。在这个阶段，孩子使用的新字爆发性地增加，这是第一阶段的爆发。2岁一过，便马上进入第二个阶段，词语有次序地分组，这是字词到句子的爆发性阶段。可见，第一次爆发是字词的爆发，第二次是思想的爆发。

在爆发出现以前，一定存在着某种准备过程。这种准备可能是秘密的，但孩子的其他活动表明，他的内心世界正在持续稳定地发展。

② 事物的名称

大约在1岁的时候，孩子发现了一件事实，那就是每样东西都有自己的名称。他意识到他生活在一个物质的世界里，而且每一个物体都有一个相应的词来表示。孩子已经能够从他听到的所有词语中挑选名词，特别是具体名词。至此为止，他已经迈出惊人而又崭新的一步。起初，他只能用一个词来表达一个完整的意思。但孩子的探索不会终止，他使用的相类似的词汇会逐渐增多。

③ 词语和句子

在孩子年满2岁时，能突然说出许多发音完全正确的词语，还能在三个月内轻松学会运用名词、动词、副词、助词的各种变化形式。

在过了 2 周岁以后仍然存在着表达能力的爆发性。简单句和复杂句的使用、动词的时态和语态的变化、主语的用法，以及并列复句和主从复句等都不知不觉地出现在孩子的话语中。这样就形成了孩子所属民族或特有的心理结构和语言表达机制。这是在无意识中积蓄起来、由意识传递出去的宝贵财富。这时，孩子拥有了新的能力，开始喋喋不休地讲话了。

2 岁半是一个人的心理形成分界线。2 岁半以后，孩子开始了组织语言的新阶段，这一阶段持续稳定地而不是爆发性地发展。同时也产生了大量的主动性和自发性。这一阶段要延续到大约 5～6 岁。在这个时期，孩子会学习许多新的单词，完善句子结构。

这一时期如果孩子生活在一个只能听到很少的单词或方言的环境中，那么他能说的也只局限于这些词或方言。如果孩子生活在一个有文化的环境里，他的词汇就能得到丰富。环境显然是非常重要的，但无论环境怎样，孩子在这个时候的语言会更加丰富。

④ 效果强的语言

就词汇的运用而言，孩子并不像鹦鹉。他不仅仅模仿声音，而且能运用他已获得的和储存起来的知识。在模仿学习的过程中，孩子对一些语言敏感是一种普遍现象。孩子对效果强的语言十分敏感。这跟成人有关。很多骂人的话很快就被孩子学会并使用，就是因为成人在使用时强烈的反应。换句话说，孩子在学说话时期，会无意中学会粗话，因此家长要注意自己的言行，不要责骂孩子，而是要为孩子创造良好的语言环境，毕竟这时的孩子分不出好坏。

（3）表达障碍的时期

① 爱发脾气的幼儿

幼儿的心理活动丰富多彩，但表现出来的却非常有限，这就意味着幼儿的心理活动和表现能力极不相称。当他们尽力用一个单词告诉成人某件事情的时候，如果成人听不懂，他们就会大发脾气，沉溺在徒劳无功的怒气之中。

幼儿丰富的内心世界急需表达。然而，即使是正常幼儿，要找到恰当的表达方式也是非常困难的。在这个年龄，烦恼是幼儿生活的一部分。如果他的努力没有获得成功，他就会生气。由于还不会说话，他唯一能做的就是发怒。他的恼怒在于，尽管他尽了最大努力，还是没有找到恰当的词汇。

这时，他是一个正在争取独立又被误解的幼儿。幼儿的孤立无援很容易使他们陷入痛苦。而理解幼儿的语言，对把他们从这种痛苦中解救出来，使其内心趋于平静起着重大的作用。孩子的父母以至整个社会都不应该使幼儿陷入这种孤立的状态中，应该让他们同成年人多接触，让他们经常听到发音清晰的话语。

② 心理创伤

对孩子来说，这是一个困难时期。因为其发展的障碍都产生于环境，或者是因为其自身能力的局限。这是孩子成长过程中第二次感到适应环境的困难。第一次是在婴儿刚出生时，婴儿在缺乏足够的关心和理解的情况下，造成他心灵的创伤及由此产生的退化。孩子语言困难期的状况与此类似。而且一如在这个时期儿童保留了他们所学习的、对生活有用的东西，他们也保留了其心理障碍的消极影响。所以，在这个时期，孩子的个性可能会出现畸形和偏差，尤其对于那些性格敏感的孩子，这种畸形和偏差更易造成伤害。心理障碍也会阻挠孩子清晰发音。例如口吃或发音有缺陷，这些缺陷起源于言语机制的形成时期。

我们应该记住，孩子在这一创造性阶段心理接受的印象和印象激起的情绪都会长期存在。

在"儿童之家"，有些3岁和4岁的孩子从来没有开过口，甚至连2岁孩子说的复合词，他们都没有说过。这是怎么回事？一定是某种严重的心理创伤或长期的障碍，压抑了孩子们丰富的语言。

作为父母应该牢记的是，人生的最初两年将会影响人的一生；人们对婴儿所具有的巨大的心理能力还没有给予足够的重视；孩子极其敏感，因此，任何粗暴的行为不仅会引起当时的反应，而且这种影响还会造成孩子终生的缺陷。

**3. 口语敏感期的练习**

在孩子的语言敏感期，要根据情况进行一些练习来促进孩子语言的发展。练习的内容有：

练习发音、辨别语音、对答游戏、词语接龙、说反义词、故事接龙、悄悄话、"一分钟"分享、玩具展览会、主持节目、每日一问、谈话活动、绕口令、看图说话、讲故事、排图造句、看图编故事、戏剧表演等。

语言能力影响孩子的表达能力，父母应经常和孩子说话，或多用反问的方式加强孩子的表达能力。

# 6. 动作敏感期（0~6岁）

儿童具有建立自己能力的动力。他们会对周围人的行为进行模仿，然后培养自己的能力。他们在这一期间所建立起来的各种能力将伴随他们终生。

动作敏感期（0~6岁）是在孩子发展中最易观察到的一个敏感期。动作发展主要包括两个大的方面，一个是身体运动，如走路；一个是手的动作。手表现为喜欢抓东西，用手探索环境、认识世界。这中间包括了对空间的敏感表现，如爬、抓、移动物体等，稍大一点的孩子则喜欢爬高、旋转、扔东西等。

2~3岁时，幼儿通过个人的努力学会走路，并逐渐取得平衡和走出稳健的步伐。幼儿从迈步到学会走路这个过程中，是非常愿意走路的，而且不愿意让成人拉着走。尤其是两岁的孩子，活泼好动，父母应充分让幼儿运动，使其肢体动作正确、熟练，并帮助左、右脑均衡发展。除了大肌肉的训练外，小肌肉的练习也必须强调，即手眼协调的细微动作教育，这不仅能让孩子养成良好的动作习惯，也能帮助智力发展。

### 1. 有意识的运动

儿童对动作的学习有它固定的规律，每一动作的学习都有其特定的时期：走路的敏感期是1~2岁，手的敏感期是1.5~3岁。在儿童开始学习动作时，他的大脑也已经开始学习周围的环境。在开始学习动作之前，儿童就已经有了无意识的心理发展。当他开始学习第一个动作时，无意识就开始变成了有意识。如果观察一个3岁的儿童，就可以发现他总是在玩弄一些什么东西。这就意味着，他对最初无意识的东西开始变得有意识起来。通过一些他看起来是游戏的外部经验，他开始对以前无意识学习的东西进行研究。他开始变得完全有意识了，并且通过自己的行动完善自己。他通过自己的经验亲自完成这一过程，最初，他把这些看做游戏，后来就变成了工作。

### 2. 反复的运动

很多例子证明，儿童不但需要一些有趣的事情，他们也想准确知道如何去做这些事情。准确对于他们来说有很大的吸引力：这也是他们不断进行探寻的原因。由此也可以推断，儿童对事物的兴趣有一个下意识的目的。儿童的一个本能就是：努力协调自己的运动，并把它置于自己控制之下。

通过观察发现，儿童一旦被某一事物所吸引，他会不断重复地做这件事情，并且全神贯注。例如，他会认真仔细地磨一件铜器，直到把铜器磨得发光，如此数次。这表明，表面的目的仅仅是一个刺激点；真正的目的是满足一种下意识的需要。这就是儿童做这种事情有助于儿童成长的原因，因为儿童这种不断重复的运动，会增加儿童精神系统的控制能力，在儿童的肌肉之间建立一种新的和谐。成年人不停地做各种游戏、运动也是同样的原理。我们打网球、踢足球的目的不仅仅是把球打得更准确，而是这些运动可以锻炼出一种以前不具有的技巧和能力。

儿童的这些行动都可以称之为游戏。但这种游戏有助于儿童获得将来他们所需要的能力。儿童的本能要求他们适应他所生活时代的需求。这需要儿童内部的不断努力，好像有人在对他说："你必须培养这种能力，这正是你将来所需要的。"儿童时期是完成这一任务的最好时期。儿童具有建立自己能力的动力。周围人的行为对儿童来说是一个刺激，他们会对这些行为进行模仿，然后培养自己的能力。6岁以前的这一阶段是非常重要的。他们在这一期间所建立起来的各种能力会伴随他们终生。他们的走路方式、做事方式都会定型，并且会成为他们性格的永久特征。

## 7. 细节敏感期（1.5～4岁）

幼儿固然会被歌曲、钟声、灯光等所吸引，但对于处在细节敏感期的孩子来说，他们往往能捕捉到被成人们所忽略的细小事物。

从两岁开始，孩子开始对成人不注意的细小事物感兴趣了。他们的注意力往往集中在最小的细节上，或对不显眼的东西感兴趣。这表明孩子精神生活的存在，以及孩子和成人具有两种不同的智力视野。

有一次，一个1岁多的小男孩玩着很多色彩艳丽的明信片。这个小孩对这些收藏品似乎很感兴趣，并拿给阿姨看。他用孩子的语言对阿姨说："吧吧"，即"汽车"。于是，阿姨知道他要看汽车的图片。

但在这些明信片上并没有汽车的图画，而是蜜蜂、狮子、长颈鹿和猴子等动物的图画。阿姨对这孩子说："我没有看到汽车。"当时他看着阿姨，挑出一张明信片并洋洋得意地说："呶，这里！"仔细一看，在这幅图画的中央，可以看到一只美丽的猎狗，远处有一个猎人，肩上扛了一把枪。在一个角落里，可以看到一座小屋和弯弯曲曲的一条线，那应该是一条路，在这条线上还可以看到一个黑点。这个小孩用手指着这黑点说：

"吧吧。"事实上，虽然它极小以至几乎看不到，但可以看出这个小黑点确实表示一辆汽车，一辆汽车按如此小的比例描绘出来，以至很难发现它，这个小孩却发现了它，并产生兴趣！

即使在一个15个月大的小女孩身上，也能发现这种敏感性。这是发生在"儿童之家"的一件小事情：当时这个小女孩在花园里捧腹大笑，这笑声对于这么一个小孩来说，很不寻常，于是一名老师来到她身边。只见小女孩坐在平台的砖块上聚精会神地看着什么。附近的一块种着天竺葵的美丽花坛在骄阳下显得十分艳丽，但这个小孩并没有看它们，而是紧盯着地上，用郑重其事的口气对老师说："那里有一只小东西在奔跑。"经她的指点，老师看到了一只实际上跟砖块颜色一样，微小得几乎看不出的昆虫正在迅速地跑动着。原来，激发起这个孩子想像力的是一个小生物，它会动，甚至会奔跑！好奇心正是从这快乐的叫喊声中迸发出来的，叫嚷声远远高过小孩们寻常的声音，这种欢乐并不是来自太阳，也不是来自花朵，或她周围艳丽的色彩，而是来自一只难以察觉的昆虫！

成人总以为幼儿仅仅对炫丽的东西、鲜明的色彩和震耳的声音产生敏感，于是就用这些东西来吸引幼儿。我们都能注意到幼儿如何被歌曲、钟声、旗帜、明亮的灯光等所吸引，但这些强烈的吸引力是外在的和瞬息即逝的，它可能使幼儿分心而得益甚少。

处在细节敏感期的孩子，往往能在成人们所忽略的周边环境中，捕捉到细小的事物。当一个孩子对泥土里的小昆虫或衣服上的细小图案产生兴趣时，正是培养孩子细节观察能力的好时机。

## 8. 社会规范敏感期（2.5~6岁）

孩子在刚开始形成自我，还不知道如何同别人沟通时，教师和父母的启蒙非常重要。到了两岁半，孩子逐渐脱离以自我为中心，而对结交朋友、群体活动有了明确倾向。

他们请求的心理过程和成人没有根本区别，但他们心里没有世俗的考虑。交往对他的心理影响远远超过实际的交往内容，在交往中学会遵守秩序、调整自己，能为孩子将来的人际关系智能打下基础。

社会规范敏感期的社会教育极为重要。父母应与孩子建立明确的生活规范、日常礼节，使其日后能遵守社会规范，拥有自律的生活。此阶段也是纠正人格偏差的一次良机。

## 9. 书写敏感期（3.5~4.5岁）

在书写敏感期，孩子通常能较快学会字母书写，这是他们最容易也最喜欢掌握的一种本领。

### 1. 书写的开始

在"儿童之家"，一般是4岁的孩子就对书写产生了强烈兴趣，不过也有3岁半的孩子就开始书写的。从第一次准备练习到第一次写字之间的平均时间，4岁大的孩子是一个月到一个半月；5岁的孩子是大约一个月。但是有一个孩子只用了20天就学会在书写中应用全部字母。4岁的孩子在他们入学两个半月后，就能听写出任何词，并能用钢笔在练习本上书写。"儿童之家"的孩子一般经过3个月后，就能熟练地书写，6个月后，可以和小学三年级学生相比。无疑，书写是一种孩子最容易和最喜欢掌握的本事了。

2. 练习

父母可以为孩子提供相应的练习工具，让孩子进行如下活动，培养其书写能力：描画几何图形嵌板、描摹砂字母板、制作砂纸字母、在沙盘里写字、在黑板上写字、打洞粘贴字母、在字母线上摆字母、缝字母、制作拼音字母表、描画字母凹槽板、连虚线画图案、描摹姓名、涂色游戏、制作立体文字、记录菜单、抄写、制作海报、制作邀请卡、写信、写日记等。

# 10. 阅读敏感期（4.5~5.5岁）

4岁到5岁之间，孩子对于阅读的敏感力越来越强，他们逐渐开始理解阅读的含义了。这一时期即是阅读敏感期。这一阶段的进步，主要来自于他们把读和写结合了起来。

在"儿童之家"，一天，当老师在一张白纸上写字，边写边说着"打开窗户"，"到我跟前来"，等等，孩子们注视着她的手，并逐渐认识到，老师正在跟说话一样表达她的思想。他们一认识到这一点，就开始拿起老师写过字的那些纸,把它带到角落里,试图阅读它们。他们只是默读这些字,并未发出声音来。由于努力思索而紧皱的脸蛋突然露出了一丝笑容,接着孩子们高兴地蹦跳起来,仿佛隐藏在他们体内紧压的弹簧突然放松了。这情景说明,他们已经理解老师所写的这些字了,这就是他们阅读的开始。他们最终进展到能够阅读包含有复杂命令的长句子。但这些孩子似乎只把书写理解成表达自己思想的另一种方式,就像言语本身一样,它成为言语的另一种方式,直接在人与人之间进行交往。

与此同时,这些孩子开始阅读在周围环境中所能发现的印刷体的文字,比如,他们在街上停下来读商店招牌上的文字。很明显,这些孩子更感兴趣的是理解这些字母而不只是认出它们。他们看到的是一种不同的书写文字,并通过一个字的含义而学会阅读。这是一个直觉的过程,就像成人辨认刻在岩石上的史前文字一样。他们在这些符号中所发现的含义就证明他们已经把它们辨认出来了。

如果这时我们匆匆忙忙对这些孩子解释这些印刷符号,我们就可能扼杀他们的兴趣和强烈的探究欲望。过早地强求他们通过阅读书本来识字也会产生一种消极的影响。追求这些并不很重要的东西会削弱他们生气勃勃的心灵的能量。

一天,一位孩子很激动地走到学校里来,在他的手中捏着一张揉皱的纸,他悄悄地对一位同伴说:"你猜这张纸上有什么东西。"

"什么也没有,这只是一张破纸。"

"不,这张纸里有一个故事。"

"上面有一个故事?"这吸引了一群孩子的好奇。

这个孩子拿着这张从一堆废纸中捡起来的书本上散落下来的纸,开始读起来,并整整读了一个故事。

于是,他们理解了一本书的意义,书本成为他们迫切需要的东西。

在整个这段学习时间里,并没有做任何事情去改善孩子的健康,但没有一个人能从他们充满生气的红润的脸上看出,他们曾经是迫切需要食物滋补,以及治疗营养不良和贫血的孩子,他们身体健康,是由于他们接触到新鲜空气和晒太阳而治愈的。如果说心理的压抑会影响新陈代谢,并因此降低了一个人的活力的话,那可以肯定,富有刺激的心理体验能够增加新陈代谢的速度,因而促进一个人的身体健康。

作为父母,在家根据实际情况,可给孩子进行阅读能力的培养和训练,如看图做动作、图片的配对、模型与图片的配对、方向配对、看口型猜字、汽车图标与图片的配对、学习象形字、阅读与绘画、名词盒中的实物模型与文字卡片的配对、动物图卡与名称卡片的配对、转盘游戏、抛文字魔方识汉字、制作教具标签、量词盒中的实物模型与文字卡片的配对、阅读儿歌、活动字卡与图片的配对、阅读句子、生活照片与句卡的配对、完成句子、天气预报、阅读短文、阅读自制图书、阅读谜语等。

# 11. 文化敏感期(6~9岁)

在文化敏感期,孩子产生了探索事物的强烈诉求,他们的心智就像一块肥沃的田地,准备接受大量的文化播种。

孩子对文化学习的兴趣,萌芽于3岁,但是到了6~9岁会出现探索事物的强烈要求,因此,这时孩子的心智就像一块肥沃的田地,准备接受大量的文化播种。成人可在此时提供丰富的文化资讯,以本土文化为基础,延伸至对整个世界的关注。

孩子对文化的敏感与书写和阅读能力有关,后两者的发展虽然较迟,但如果孩子在语言、感官肢体等动作敏感期内得到了充足的学习,其书写、阅读能力便会自然产生。此时,父母可多选择读物,布置一个"书香"的居家环境,使孩子养成阅读的好习惯。

# 第三章

## 感官教育——完善孩子的心理感觉

感官是心灵之窗,它对智力发展具有头等重要性。智能的培养首先依靠感觉。感官教育在幼儿心理发展中具有特别重要的意义,它不仅可以使孩子对事物的印象清晰、纯正,更能提高孩子的审美能力、创造力、想像力,促进其心智发展,塑造其人格。

# 1. 感官教育是一切教育的基础

智力的培养首先要靠感觉，只有利用感觉来搜集和辨别事实，才能产生初步的智力活动。在幼儿时期打下良好基础，是培养孩子的认识能力和辨别是非能力的保障。

不少人认为，婴儿出生后只要五官齐全，就自然"眼能看、耳能听、鼻能嗅"，因此，婴幼儿的感官教育常常被人们忽视，由此对各种感官的专门训练也缺乏认识。

但实际上，感官教育是人类自然成长的基础。只有在幼儿时期打下良好的基础，才能使孩子在成长过程中培养良好的对事物的认识能力和辨别是非的能力，才能使孩子从外界吸收更多更有益的知识。

感官是心灵的窗户，感官对智力发展具有头等重要性，感觉训练与智力培养密切相关。智能的培养首先依靠感觉，利用感觉搜集事实，并辨别它们，而感觉训练也是初步的、基本的智力活动，通过感觉训练使孩子对事物的印象清晰、纯正，这本就是一种智能和文化的学习。

人的智力高低与教育有较大关系，通过感觉教育可以在早期发现某些影响智力发展的感官缺陷，并及时采取措施使其得到矫治和改善。正是基于对感觉的极大重视，感官教育在"儿童之家"所提出的运动、感觉、语言和智力操练这一程序教学结构中处于十分重要的地位。

### 1. 感官教育是智力发展的基础

如果没有感觉，人就与环境隔绝了。感觉是初步的和基本的智力活动，它使人的心理和外界联系起来。因此，智力的培养首先要靠感觉，只有利用感觉来搜集和辨别事实，才能产生初步的智力活动。高级的智力活动，比如想像（抽象），同样需要感觉来支持，它是建立在感觉发展的基础上的。

运用训练感觉的教具材料可以使抽象的东西具体化、精确化，使孩子逐渐认识事物，对事物进行辨别、分类，把混乱的现象排列成序，抛弃多余，找出事物之间的关系，这些都是智力活动的表现。这不仅能使幼儿的注意力集中，还能在这个基础上产生评价、理解能力，形成概念，发展创造能力。

**2. 感官教育是艺术教育的第一步**

对孩子而言，在幼儿期对感官进行全面的教育，是他长大成人后，具有审美感和艺术鉴赏能力的必要前提。每种感官都有其特有的艺术领域。有了视觉，才会有绘画、雕塑和所有的造型艺术；有了听觉才会有音乐、舞蹈和与其相关的艺术；通过嗅觉，人们去寻找好闻的东西，加以培养制造，发明了香料；味觉将食品制造变成了一门真正的艺术——烹饪……

让孩子具有艺术鉴赏能力，这是教育工作的基本目标之一。只有提高辨别刺激的细微差别的能力，才能有灵敏的感官和很高的鉴赏力。和谐就是美，只有具有灵敏感官的人才能领略到艺术品的和谐。无论是从美育的领域看，还是从艺术表达和对美的理解看，感官教育都具有重要意义。

**3. 感官教育可以塑造良好的人格**

从事过感官工作的孩子不仅能娴熟地使用双手，而且能更加敏锐地感知来自外部世界的刺激。如果一个人既明白事物特性的有规则的分类，又知晓每种特性的等级，那么，他就可以明晰周围环境和自然界中一切纷繁复杂的现象。从这个角度上说，外部世界对于他而言，变得更加丰富多彩了。这实际上是一种陶冶，可以完善孩子的人格，使孩子对周围环境的态度更加积极。

**4. 感官教育促进人的心理发育**

幼儿生命之初从环境中获得经验的器官就是感觉器官。幼儿发育就是通过感觉器官进行感受运动而来。感觉器官受到环境的刺激之后，传达到脑部，再由知觉神经传达到肌肉，使之产生运动。由一连串反复进行的感觉运动使幼儿心理得以正常发育。它还是高级心理活动发展的基础，它最终会促进幼儿创造性的发展。任何人创造性的起点都是他们心理中的某些规则和精确的东西，因此在教育中我们必须注意感官教育的终极目的是孩子人格的塑造和创造力的培养。

感觉在幼儿心理发展中具有特别重要的意义，在幼儿的认知活动中，感觉占据重要地位。为了能使感觉得到正常的发展，必须让孩子累积一连串的感觉运动的经验，因此必须训练感觉，设置能刺激孩子感觉的丰富环境，并提供孩子活动的机会。

# 2. 感官教育的目的

感官教育的目的之一就是发展儿童的感觉，让他们所接受的各种感觉沿着理性的道路发展。在一种有序的基础之上，儿童可以建立起清晰而强有力的心智。

感官教育的主要目的是通过训练幼儿的注意、比较和判断的能力，使幼儿拥有敏捷、准确、精练的感受力。

为了适应现实生活以及未来的时代，幼儿必须对环境有敏锐的观察力，因此必须养成观察时所必要的能力与方法。感官教育的目的实际上就是要训练每个人变成一个观察家。

小孩的教育都遵循着一条原则，即帮助孩子天然的心智和身体方面的发展。教育的这两个阶段经常是相互交织的，但是根据孩子年龄的不同，会有某种阶段占优势。感觉的发展要比智力活动的发展居先，在3~7岁的阶段，是身体迅速发展期，也是感觉形成的时期。儿童在这一时期发展他的感觉,在好奇心的驱使下,更加关注周围环境。

在这一时期,应当有意识地指导感觉刺激。而且通常情况下,感官教育对于成人来说非常困难。如果我们希望通过训练使这种感官教育完善,就有必要在感觉形成阶段进行感官教育。

感官教育的一般目标:

(1) 让人体的每一个感官都得到均衡和谐的发展。

(2) 让每个感官都能最大限度地发挥作用。

(3) 提高辨别感官刺激的能力。

(4) 让感官对接受到的不同刺激做出不同反应,对相同刺激做出类似的反应。

(5) 在任何情况下,均能正确地理解客观事物,也就是说,感官的感知应该和客观事物的特性完全一致。

(6) 能通过感觉器官的验证,充分肯定自己对客观事物已经达到的认识能力。

(7) 通过各种感官的活动,能掌握自己生活的周围环境的情况,以使自己的行动适应环境并对客观情况做出合理的反应。

(8) 能深刻地分析和牢记被感知的事物,保持记忆的纯洁性。

(9) 能正确地区分视觉、听觉、触觉、味觉和嗅觉这五种感官感知的事物。

(10) 能对见到的、听到的、触摸到的、尝到的和闻到的各种事物的价值做出正确的判断。能认清引起某种感觉的原因。

感官教育的重点包括两个方面:生物学方面和社会学方面。从生物学方面来讲,它能帮助个体在自然方面有效发展,使器官的感觉、神经的反应和联系更完美;从社会学观点来看,则在于使个体适应周围的环境。从这两方面来看,感官教育都是最重要的。

从生理学的观点来看,对于感觉训练的重要性也非常明显。当外部刺激作用于感觉器官时,所产生的信号就沿着神经通路到达神经中枢,产生相应的神经反应,这种反应通过发散神经通路达到运动器官,产生运动。人类通过外围神经感觉系统收集各类刺激,通过这种方式,他与周围的环境进行直接的联系。因此，与神经中枢系统有关的精神性发展、具有社会性行为的人类活动就可以通过运动神经器官，以个人的动作如手工、书写、讲话等等展现出来。

教育应当指引并使这三者更好地发展。因为这一过程本身在中枢神经部分大大减弱，所以教育应当给予感觉练习和运动神经练习同等的重要性。对于教师或家长，孩子的教育应当被指引到这一方向：减轻他们在这种没有指导下的努力所导致的浪费，而将这种努力转换到征服的快乐上来。我们的使命就是展现生命中最重要和最美好的东西，让儿童找到快乐和满足。

# 3. 感官教育的注意事项

教育者必须减少对孩子们的干预，但也必须让孩子向着正确的目标努力。如果我们想通过训练使某种感觉充分发展，那么我们就应该用相应的方法进行训练。

3~6岁阶段是孩子发展的敏感期，也是感觉活动和认知活动相辅相成的时期，这个时期孩子的感觉不断发展，开始能观察周围的环境，事物的刺激吸引着他们的注意力。在这个时期，教师可直接用感觉刺激法促使孩子的感觉得到合理的发展，同时也为孩子建立一个积极的心理状态打下基础。如果错过了感官的自然形成时期，日后再加以训练，不仅增加了难度，而且也不可能达到完善。总结起来，教师或家长需注意的是以下8个方面：

**1. 感觉训练的一大技术特点是感觉隔离**

任何时候都要尽可能做到这一点。例如训练听觉应在安静而黑暗的环境中进行，这样能取得更好的效果。对一般感觉训练，如触觉、温觉、压觉和立体感觉的训练，都应该把孩子的眼睛蒙起来进行。在这种情况下，可以大大提高正常儿童的兴趣，不致使练习陷入嬉闹玩笑之中，也不至于把儿童的注意力集中到蒙眼上，而是集中到我们想进行的感觉刺激上。

2. 教育者要正确引导

在孩子通过多次重复练习，从感觉转移到观念的过程中，教育者必须参与其中，力求使儿童的内部注意力独立出来，让它集中于感知上。教育者必须减小对孩子们进行干预，但也必须让孩子在这种自我教育当中向着正确的目标努力。如果我们想通过训练使某种感觉充分发展，那么我们就应该在感觉的形成期，用相应的方法训练。

3. 教育者要适当地进行测验

教师必须始终进行小测验，以保证他所预期的教学目标得到实现，并且，这种小测验一定要限定于名称课程所引起的注意力范围之内。测试的目的在于，让我们了解在孩子们的头脑中，名称和物体是否还保持着联系。教师必须考虑到遗忘的时间，要让测试和课程之间有一个短暂而安静的间隔。接下来，清楚而缓慢地说出他所教过的名称或者是形容词，可以问孩子："哪一个是光滑的？哪一个是粗糙的？"

孩子会用手指指着物体，教师或家长就能知道孩子是否已经建立起了联系。但如果孩子没有这样做，如果他犯了错，不要急于去纠正，应当暂停课程，过些天再继续。为什么不纠正呢？因为，如果孩子在建立名称和物体的联系失败时，唯一能够继续的方法就是重复感觉刺激的行为和名称，也就是说，去重复课程。如果我们一定要纠正他，以一种斥责的方式说"不对，你错了"之类的话，就会使这个孩子比其他人更容易生气。这会保留在孩子的头脑中，会对名称的学习产生阻碍。

4. 激发孩子的神经活动

如果孩子没有犯任何错误，我们可以激发他与物体的观念相对应的神经活动，也就是说让孩子说出名称或者形容词。我们可以这样问："这是什么？"孩子回答："光滑。"这时可以打断他们，教他们如何清晰正确地发音。首先，让孩子深吸一口气，然后大声说出"光滑"。当孩子这样做的时候，指出孩子发音中的缺陷，或者指出孩子所习惯的某种特殊的婴儿口音错误。

**5. 必须耐心等待孩子自发观察行为的形成**

当孩子对周围环境进行自发的观察时，对每一次新发现，孩子们都能收获一种快乐。我们应该热切地观察孩子们通过何种方式，在什么时间实现了某种特定概念的推广。我们不能通过说"你去观察"这种方式去塑造一位观察者，而是要给予他们观察的能力和方法。而方法的获得，需要通过对感觉的练习。一旦我们唤起了这种行为，孩子的自我教育就有了保证。

**6. 感觉训练的通用原则**

（1）一致性识别（将相似物体配对，将物体插入适合它的位置中）；

（2）对比性识别（对立物体的区分）；

（3）相似物体的区分。

为了在某段时间内将孩子们的注意力集中在感知源上，最好尽可能地隔离感觉，例如在进行训练时保持房间内安静，或是在进行那些与视觉感知无关的训练时，将孩子的眼睛蒙上，让孩子克服困难，训练到一定的程度后，孩子感知事物的能力就会变强。

**7. 感官训练的顺序**

感官训练是开发孩子智力的一个过程，从易到难，无疑是科学的训练方法。教师或家长应该先让孩子接受存在鲜明对比的刺激，再接受对比不鲜明的不同刺激。例如，我们首先呈现红和蓝，最短的和最长的竹竿，最薄的和最厚的等等来区分；然后再呈现有细微差别的色彩和在长度、尺寸上差别非常小的东西来加以区分。

**8. 感官训练的四个阶段**

第一阶段——感觉训练期，即只通过自主训练就能获得准确的感觉差别的时期。

第二阶段——把感觉和名称联系起来。例如，向孩子出示红、蓝两种颜色。出示红色时就说："这是红的"；出示蓝色时说："这是蓝的"。然后把这些有色线条放在孩子面前让他们看见。

第三阶段——认识相应名称的物品。对孩子说:"给我红的,"然后说,"给我蓝的"。

第四阶段——记忆相应物品的名称。给孩子看一件物品,问孩子:"这是什么颜色?"

# 4. 触觉训练

触摸和抚摩练习,能促使孩子们在周围的环境中寻找类似的感受和体验,从而不断完善自己。

触觉练习可以让孩子在"触摸"中不断地完善自己,不仅可以提高辨别各种渐趋相似却略有不同的触觉的能力,而且还可以提高孩子控制自己动作的能力。

**1. 触觉训练方法**

(1) 对木板粗糙度的感觉练习

① 教具

A. 把一块木板分成两个大小相等的长方形,一个长方形贴上光滑的纸,或者把木板面打磨得很光滑;另一个长方形则贴上砂纸。

B. 一块与上面相同的木板,用光滑的纸和砂纸相间蒙在上面。

C. 一组不同光滑度(从光滑的精制纸到粗糙的砂纸)的纸条。在其他地方介绍的有关材料,在这些训练中也可使用。

② 练习前的准备

让孩子在小盆里用香皂仔细把手洗干净,并在另一个盆里用温水再清洗一遍。然后，告诉他们怎样把手轻轻擦干，这样，就为孩子独自洗手、洗澡作了准备。

③教孩子怎样触及物体

教孩子用手指头柔软的指尖部分尽可能轻微地分别触摸两个表面，让孩子感觉到它们的不同。在接触两个表面时，孩子的小手指尖一前一后的微妙运动，是培养孩子控制能力的最佳锻炼方法。

刚刚清洁干净，并且还用温水浸泡过的小手增加了美感和优雅，整个练习是对孩子进行"触觉"培养的第一步。同时要让孩子在触摸时闭上眼睛，告诉他这样能更好地辨别感觉的区别，并鼓励他这样做，引导他不借助视觉来区别触觉产生的变化。

在对孩子进行触觉培养的启蒙教育时，老师或家长应积极参与，不仅要给孩子们示范"怎么做"，而且要保持安静，要握住孩子的小手，引导用指尖尽可能轻柔地触摸两个不同的表面。当孩子感觉到它们的不同后，孩子自己就会按照被教授的方法不断地去重复体验不同的感受。

（2）对各类布料的感受练习

教具：天鹅绒、缎子、丝绸、羊毛、棉布、粗糙亚麻和精细亚麻等。每种布料都选两块非常相似的布，它们的颜色都非常明亮和鲜明。

前面要求孩子必须去触摸，现在则要求孩子抚摩这些不同的布料。从粗糙棉布到精细丝绸，孩子可以根据布料精细程度或粗糙程度，相应地采用果断的方式或轻柔的方式去抚摩它们。

由于之前的练习，孩子能在抚摩这些不同的布料中找到极大的乐趣。在这一过程中，孩子往往都自觉地闭上了眼睛进行练习，为了怕自己不尽力，甚至会用一块干净的手绢把眼睛蒙住，在抚摩布料时，把类似的布一块压在另一块上成对放好，然后把手绢解下来，自己检查一下是否出错了。

这种触摸和抚摩练习特别吸引孩子，能促使孩子在自己周围的环境中寻找类似的感受和体验。

2. 热觉训练方法

教具：

① 一套小金属碗，内盛不同温度的水。用温度计测量水温，设法使其中两碗的水温相等，用于孩子的热觉训练。

② 可设计一套用轻金属制成的带盖的容器，注入水，容器附有一个温度计。触摸碗的外面，就可以得到所要求的不同热度的感觉。

让孩子把手浸入冷水、温水和热水中，这是很有趣的练习。这种练习也可用脚重复做。

3. **压觉训练方法**

准备三块大小相同而木质不同（紫藤木、胡桃木和松木）的小木板，重量分别为 24、18、12 克，逐个相差 6 克。木板应十分光滑，如果可能的话，表面涂以清漆，以免板面粗糙，并保留木质的本色。

取两块木板让孩子分别托在手掌上，然后手上下移动以测重量。手的上下移动应逐渐变得几乎感觉不出来。让孩子闭上眼睛，区分重量不是靠看颜色，而是纯粹靠压觉。

4. **感知重量**

教具：重量不同的各色小方块。

训练方法：

① 让孩子坐在相同的位置，并告诉他把所有黑色的方块也就是沉一些的，放到右边；而将浅颜色即稍微轻一些的方块放到左边。

② 接着蒙住孩子的双眼，让他进行这个游戏，还要让他每次同时拿起两个方块，孩子或许会拿起两个相同颜色的方块，有时候则是不同颜色的，但最终应要求孩子将木块放在正确的位置上。

## 5. 视觉训练

开展这种训练活动要达到的是一个内在的、深层次的目标，即让孩子训练自己的观察能力，并引导他对所观察的物体进行比较，从而形成自己的判断、推论和决定。孩子只有通过不断地重复做这种锻炼注意力和理解力的练习，才能得到真正的发展。

1. 关于大小的视觉训练

（1）镶块

这套教材由长 55 厘米、宽 8 厘米、厚 6 厘米的三块木块组成，每块又包括 10 个嵌在相应大小孔里的圆柱形木块，顶端有木质或黄铜提钮，其形状类似化学家使用的砝码。

第一套圆柱高都为 55 毫米，但直径不同。最小的直径为 1 厘米，其余的依次递增 1/2 厘米。

第二套中的所有圆柱直径都相同，为前一套中最大直径的一半——27 毫米，但高度不同。第一个像小圆盘，高度仅为 1 厘米，其余的依次递增 5 毫米，第十个高度为 55 毫米。

第三套中的各个圆柱的直径和高度都不同，第一个直径和高度均为 1 厘米，其余的高度和直径都依次递增 1/2 厘米。孩子用这些镶块自己进行练习，学会根据厚度、高度和大小区别物体。

教材由松木制成，打光，并涂上清漆。

（2）分级的三套大方块

① 大小：较大和较小的物体。这一组由 10 个涂以玫瑰色漆的木质立

方块组成。最大的底边为 10 厘米，最小的为 1 厘米。其间每个递减 1 厘米。另配备一块绿布毯，可以是油布，也可以是硬纸板。游戏玩法是从大到小依次垒起这些木块，垒成一个小宝塔，最大的一块作为塔底，最小的一块作为塔顶。毯子铺在地板上，立方块散乱地放在毯子上。在毯子上垒塔的过程中，孩子练习跪下、起立等动作。检验方法是看塔从底到顶是不是逐渐变小。错放的木块一眼就可以看出，因为塔边线条会不齐。孩子开始玩这套积木时，最常见的错误是把第二个立方块当做第一个做了塔底，而把第一个放在第二个的上面。混淆了最大的这两块。

② 厚度：这一套由从厚到薄的 10 个棱柱体组成。最大的底边长 10 厘米，其余依次递减 1 厘米，长度都是 20 厘米。涂成深褐色。孩子玩时，把它们撒在小地毯上，弄乱后按其厚薄顺序一块挨着一块摆好，注意其长度完全一样。这一套棱柱体构成一个梯形形状，从低到高，一步比一步宽，孩子可随意从薄的开始或从厚的开始。这项练习的检验不像圆柱镶块那样肯定，大圆柱不可能插入小圆孔，较高的圆柱会突出孔板的表面等等。而在搭楼梯的游戏中，孩子的眼睛就很容易发现错误，因为如果排置错误，楼梯就呈不规则状。

③ 长度：长短物体。由 10 根正四方形木棍组成。边长为 3 厘米，第一根长为 1 米，最后一根长为 10 厘米，其他依次递减 10 厘米。全棍以 10 厘米为间隔交错漆以红蓝两色。把木棍并排放在一起时，颜色必须相对应，以形成横向红蓝条。整个形状如同风琴的风管组成的直角三角形，斜边逐渐缩短。孩子把这些撒开弄乱的木棍加以排列，然后按长短次序和对应的颜色排列在一起。这个练习也提供了很明显的检验错误的方法。如果位置摆得不对，木棍沿斜边的递减长度则会参差不齐。

这三套积木都允许孩子用稍微不同的方法堆砌，将积木散乱放在地毯或桌上，然后在隔有一定距离的另一张桌上把它们排列整齐。当孩子每搬走一块积木时，一定不能分散注意力，因为必须记住在混放的积木中所要找出的下一块的大小。

这些游戏对 4~5 岁的孩子极为相宜；而简单的堆砌对 3~4 岁的孩子更适合；用粉红色立方块建塔对 3 岁以下的孩子最有吸引力。

2. 形状差异的视觉练习

（1）教具

① 木制平面几何镶块。

② 30厘米×20厘米的长方形托盘，托盘漆成深蓝色，黑色边框。这种托盘的形状可以变化，以便能做出任何配套选择。配以一些木方块，可一次提供至少2~3个几何形状。

③ 一套10厘米见方的白色卡片，这些卡片构成一组其他性质的几何形状。这组的第一套形状用蓝色纸剪成，裱贴在卡片上。第二套用蓝纸剪成同样形状的轮廓，轮廓线宽为1厘米。第三套形状相同，轮廓由黑线划成。这样，便有了托盘、镶块及3套硬卡片。

④ 可装6个托盘的框子，框的前面板可随顶板掀开并取下。每个抽屉装有6个与镶块对应的镶框。

第一个抽屉里装有4个光木方块和两个镶框，一个镶框是长菱形，另一个是梯形；

第二个抽屉装有1个方块和5个长边相同、短边各异的长方形；

第三个抽屉装的是直径递减的圆形；

第四个抽屉装的是6个三角形；

第五个抽屉装有6个多角形，从五角形到十角形；

第六个抽屉装的是曲线形（一个椭圆形，一个卵形等）。

（2）镶块练习

练习时，给孩子一个大框子或托盘，里面放着想让他练的形状。先把镶块取出放在桌上，弄乱后叫孩子放回去。这种游戏对3岁以下的孩子也适用。

孩子玩这个游戏时必须识别形状，必须仔细观察，只有经过多次尝试后才能成功。经过三四次练习后，孩子能极其熟练地识别几何形状，漫不经心地把镶块放到应放的地方，或者觉得这种练习太容易了。这便是可以引导孩子系统观察几何形状的时机。

在这种练习的第一阶段，即使是明显不同的形状，孩子也必须反复试做，联合应用视觉和关于形状的触觉对识别大有帮助。

孩子做练习时必须协调手上的新动作。可以先让孩子用右手食指和中指柔软的指尖部分去触摸几何图形的轮廓。接下来还要触摸与图形相对应的孔径的轮廓，只有都触摸过之后，孩子才能正确无误地把图形放进它们的位置里。

通过这种方式，孩子对形状的识别会变得更容易。无论是不能一眼就识别出形状特性的孩子，还是那些错误地把最不同的两个图形互相放错位置的孩子，在触摸过图形及其孔径的轮廓后，都能识别出形状的特性，并把它们迅速放回原位。

在触摸几何图形的过程中，孩子的手对所触摸的事物就有了一个具体的了解。这一点在孩子触摸木框时显得尤为突出，因为孩子的两个手指只需顺着木框的边沿走，木框既是一个障碍，又是一个非常明确的向导。在刚开始的时候，我们必须准确地把这个触摸的动作教给孩子，这对孩子以后的练习和训练非常重要。

因此我们必须给孩子示范该如何去做，不仅自己要缓慢地、清楚地做出这个触摸动作，而且还要引导孩子的小手进行第一次尝试，以保证触摸到所有的细节部分——角和边。当孩子的小手能够正确和准确地完成这些动作时，他就能够真正沿着几何图形的轮廓来感觉它的形状，经过多次的练习后，孩子就能协调好准确摸出一种图形形状所需的手上的各个动作。

# 6. 色彩感知训练

色彩感知训练不仅能提高孩子双手的工作能力,还能训练其注意力和记忆力。但只有通过反复练习,孩子才能逐步完善。

### 1. 教具

准备许多绕着彩色毛线或丝线的小板。这些小板两头都有木边,防止缠在上面的丝线和桌面接触。教孩子在拿小板时要抓住木边,以免弄脏了鲜艳的颜色。这样,就可用很久而又不用更换这些材料。

整套工具由两个独立的盒子构成,每个盒子中装有 64 种颜色的方块板,也就是说,每个盒子中有 8 种不同的色调,如黑、红、橙、黄、绿、蓝、紫和棕色,每种颜色有 8 种深浅色度,于是共有 64 块小方块。准备两套这样的小板,即 128 块。把它们装在两个大盒子里,每个盒子分成 8 格,每格里放 6 块。这样,一个大盒子里共有 64 块。

### 2. 用色板进行练习

(1)颜色配对练习

① 孩子要做的第一步练习就是给颜色配对:从打乱了次序的小方块板中挑出两个颜色相近的方块板,然后把它们并排摆出来。我们并不是把 128 块方块板都混成一堆让孩子们从中去挑,而是选一些颜色对比非常鲜明的方块板来让孩子做练习,如红色、蓝色和黄色,挑出 3 对或 4 对这三种颜色的方块板,把它们混在一起。

② 拿出一块方块板,或许是红色的,向孩子示范一下如何从那一堆小方块板中选出与我们已经拿出的那个红色的方块板配对的那个方块板。做

完这些后，把配成对的方块板放在桌子上。

③ 再拿出一个方块板，这回可能是蓝色的，然后让孩子选出与之相配对的方块板组成另一对。我们再把方块板混在一起，把次序打乱，让孩子自己重复这个练习，比如，让孩子选出两个红色的方块板、两个黄色的方块板和两个蓝色的方块板，将它们配对并排放好。

④ 配对的颜色将从 2 种增加到 4 种或 5 种，3 岁大的小孩子最终能够从混成堆的小方块板中配出 10 对或 12 对颜色相近的方块板。

（2）颜色深浅度练习

当孩子的眼睛锻炼得足以识别出配对颜色的一致性时，他就可以做一种颜色的深浅色度练习，孩子在察觉每种颜色各种色度之间轻微的差别这一过程中锻炼了自己。我们不妨随便选择一种颜色，比如蓝色，将 8 种色度不同的蓝颜色方块板，从最深的蓝色开始，一个接一个摆好。这样做的目的就是，让孩子清楚"下面该怎样做"。

当然，只有反复地练习，孩子才能完善自己区别细微差别的能力。而且将方块板一个挨一个整齐地排列成一条直线，使成列的方块板看起来像一条具有明暗色彩的漂亮丝带，这需要有一定的手工技巧，也同样离不开反复的实践。

（3）两个建议

① 每次做练习时都先挑出颜色最深的方块板，这个建议通过给孩子一个明确的方向，可以极大地推动他的选择。

② 我们可以不时地引导孩子观察一下两块相邻的方块板的颜色，以对它们进行直接的比较，并把它们与其他颜色的方块板区分开来。这样的话，在摆放一块方块板之前，孩子一定会将它与其相邻的方块板进行非常仔细和小心的比较。

**3. 填色练习**

先准备一些填色图片，让孩子用彩色铅笔或蜡笔进行填充。接下来还可以让孩子使用画笔，为此，父母或老师要为孩子准备一些水彩颜料。最开始的填色图片可选择一些小的事物，如花朵、树木、房屋、蝴蝶等，接下来就是一些简单的风景，如天空、草原、人等。

这种填充绘画不仅可以帮助人们了解孩子观察周围环境时对色彩感知力的自然发展，还能加强这一感知能力。儿童应该是绝对的自由，自由选择颜色，例如，可以让孩子将一只小公鸡画成红色，或者将水里的鱼儿画成黄色，但这些往往不是观察的结果，或者说，孩子还没有真正成为一名观察者。不过，无论孩子是选择细致而协调的颜色，还是对比强烈的颜色，最终都可以判断孩子在颜色感觉训练中的进步。

我们应该尽力让孩子记住图画中的物体在真实环境中的颜色，这有助于鼓励孩子去观察周围真实的事物。之后，孩子可能会要求进行更难的图画练习，但我们只有等到孩子将颜色涂在轮廓线以内并选择了正确颜色的时候再做这下一个训练。

### 4. 色彩记忆实验

（1）现实意义

"色彩记忆"实验的现实意义在于，让孩子在现实生活中找到与脑中印象相对应的实际存在的事物，把证明他们已经获得了一定智能的具体实物握在手里，这对孩子来说，是一个真正的胜利。

（2）色彩记忆实验方法

① 对于大一些的孩子来说，上面的色彩感知练习能够促进孩子"色彩记忆"的开发。在仔细地观察过一种颜色后，孩子无需用刚才所观察到的颜色来引导，就能从混在一起的五颜六色中找出与其相近的颜色。因此，儿童是通过记忆来识别颜色的，他们不再需要用实际存在的事物而是靠留在他们脑袋里的印象来比较颜色的差别。

② 对于年龄较小的孩子，记忆颜色的练习可如此进行：先给孩子一种颜色，让他尽可能地观察，让他到离此处一定距离的另一张桌边去，从上面放着的所有彩板中挑出刚才看过的那种颜色来。

# 7. 听觉训练

听觉训练的目的是为了让孩子的耳朵区别轻微的噪音和正常的声音。这种练习具有训练美感的价值,也不失为培养纪律的好方法。

**1. 听觉训练的目的**

我们都知道,小孩的叫嚷和摔打东西的噪音会破坏教室的秩序。实验虽然只是经验性的,不能进行感觉测量,但非常有用,能近似地知道孩子的听觉灵敏度。

**2. 听觉能力实验**

(1)"儿童之家"的声音实验

以通常的方式建立安静秩序。在这种安静中,我们开始制造声音和噪音,这些声音在开始的时候有着强烈的对比。

当更加安静时,老师说:"咝!咝!"声调不断变化,时而高声短促,时而低声悠长,孩子慢慢就被吸引住了,有时她还说:"再安静些——再安静些!"

接着,她又发出"咝咝"声,越来越轻,并小声重复说:"再安静些!"然后以更低的声音悄悄说:"好,我听得见时钟走动的声音了!""好,我听得见苍蝇飞动的声音了!"……

此时孩子们非常兴奋,坐在那里保持一种绝对安静的状态,似乎整座房间空空荡荡的。接下来老师小声说道:"让我们都闭上眼睛。"重复几次这种练习,让孩子们熟悉一下静止不动和绝对的安静,如果这时候有哪个孩子破坏了这种气氛,只需要用一个音节、一个手势告诉孩子立刻回到刚才的安静当中去就足够了。

在寂静中,老师发出乐音和噪音,开始时发出强烈对比性的音,然后再发相近的音。

(2) 全身振动训练

还可对孩子进行全身振动训练。当室内(教室或家庭客厅)获得安静秩序之后,摇动铃铛,发出悦耳的声音,时而平静甜美,时而清纯悦耳,将这种振动传遍孩子的全身,使一种平和的感受贯穿于孩子身体的每一部分,这是非常有好处的。此训练可增强孩子对噪音的敏感,进而停止发出杂乱难听的声音。

(3) 听觉敏感期的练习

听指令做动作、听歌词做动作、安静游戏、寻声游戏、猜猜我是谁、看大画册、听故事、听录音、讲故事、指令接龙、神秘袋游戏、传悄悄话、音响的配对、乐器与音响的配对、辨别不同质地物品的声音、声音与图片的配对、为故事配音、猜谜语等。

# 8. "宁静"的课堂

有一个非常重要的练习,可以让孩子尽快地注意到声音之间的特殊联系,它与听觉训练不同,它不是制造声音,而是尽可能地消除周围环境的各种声音。

我们教孩子"不要动",要求孩子尽量抑制住运动神经冲动,以促成身心真正的"宁静"。

但我们也不能单靠嘴说"静静地坐着不许动",要给孩子做个榜样,

## 第三章 感官教育
### ——完善孩子的心理感觉

给孩子示范如何能够绝对一动不动地坐着：脚不动、身体不动、手臂不动、头也不动。呼吸运动也应该放轻，避免发出声音。

孩子要学会做好这个练习，最基本的条件就是找到一个舒服的姿势，即保持平衡的姿势。所以，当孩子要坐下来做这个练习时，无论他是坐在小椅子上，还是坐在地上，都必须让自己坐着舒服。同时，让房间内的光线保持柔和，否则孩子会闭上眼睛，或用自己的小手蒙住眼睛。

当一切都安静下来时，孩子仿佛发现了一个充满声音的新世界，但这些声音虽然侵袭了这深沉的宁静，却并没有扰乱它。

当孩子熟悉"宁静"后，他们感觉声音的能力也更强了。对于感受过"沉静之美"的孩子来说，那些过于喧闹的声音逐渐变得令人讨厌了，他的心灵，也希望从喧闹中解脱。

在"儿童之家"，当老师点过孩子们的名字后，"宁静课"就算结束了。老师或者其中一个孩子，坐在班级后边或是在隔壁的房间里，一个一个点名，来唤醒那些处于沉静中的孩子。点名时，注意要小声些，声音不能太大。当孩子听到别人点他的名字时，他就站起来，向传出声音的那个地方走去。

自此，孩子们继续完善自我，他们走路时动作轻微，注意不碰到家具，移动椅子时不弄出一点声音，小心翼翼地在桌子上放东西。教育的效果可以从孩子们举止的优雅上体现出来。

还可以非常肯定地说，这个练习能够培养孩子的社会精神，让孩子获得更多的与他人合作的意识，克制能力也由此得到增强。

一堂宁静课，它证实了能够达到安静的最成功的教育方法。

一天，当一名老师走进一个"儿童之家"，在院子里碰到一位母亲，她抱着她4个月大的孩子，这小家伙还在襁褓中裹着。这个安静的小家伙像是平静的化身。这名老师把他接过来，抱在自己怀里，他仍很安静。

她抱着他走向教室，从教室里跑来的孩子们伸开双臂，拉着她的裙子，几乎要把她撞倒。她向他们微笑着，让他们看这个小家伙。他们懂得这个意思，在他身边跳着，闪着快乐的眼睛看着他。

她与簇拥着她的孩子们一起走进教室。她们坐下，老师坐在一张大沙发上，不像平常那样坐在他们的小扶手椅上。她是严肃地坐着的。他们带着既温柔又高兴的神情看着她抱着的小孩，谁也没有说话。

最后她对他们说："我给你们带来了一位小老师。"

孩子们立刻投以惊奇的眼光和愉快的笑声。

她接着说："是的，一位小老师，因为你们谁都不知道怎样做到像他这样安静。"

这一下，孩子们都变了姿势，变得安静了。

"还没有一个人的手脚像他这样安静。"每个孩子都认真注意自己的手脚姿势，老师微笑着看着他们，"你们总要动一下，但他一点也不动。"

孩子们严肃地看着。关于这位小老师比他们更行的想法，看来已为他们接受了。

老师说道："你们谁也不能像他这样安静无声。听他的呼吸多么微弱！你们翘起脚走近点听一听。"

有几个孩子站起来，踮着脚尖慢慢走到婴儿跟前，弯腰听着。更加安静了。

孩子们惊奇地看着周围，他们从未想到，即使他们安静地坐着仍会发出声音，也从未想到，小婴儿比长大的人更能保持安静！他们几乎停止了呼吸。

老师这时站起来，说道："悄悄地走出去，踮着脚尖走，别出声！"她跟在他们后面说："我还是听到一点声音，但是只有他，这个婴儿和我一起走，没有发出任何声音。他无声地走出来了！"

孩子们笑了，他们理解了老师说的真理和笑话。老师走去开窗户，并把婴儿递给了看着他们的那位母亲。

这小家伙似乎留下了他微妙的魅力，占据了孩子们的心灵。事实上，自然界没有什么东西比新生婴儿的呼吸更优美。在这个人类的小生命中，凝聚着力量和新奇，体现着人类生命的威严。孩子们也在这个人类新生儿生命的安静之中感到了诗情和美意。

## 9. 嗅觉和味觉训练

嗅觉和味觉训练不仅能发展孩子的感觉能力,提高孩子的注意力,而且还能增强孩子对一些词语的理解。

1. 嗅觉的训练

小孩的嗅觉尚未充分发展,这使得用嗅觉方法很难吸引孩子的注意力。

先让孩子嗅新鲜的紫罗兰和茉莉花,然后蒙住他的眼睛说:"现在我们给你花",于是一个小朋友拿一束紫罗兰凑近他的鼻子底下,使他能猜出花的名称。

为区别花香气味的浓淡,花的给予量逐渐减少,直至一朵。

在家时,父母们也可选择用各种蔬菜,例如西红柿、白菜、韭菜,乃至各种水果等等,训练孩子的嗅觉。

2. 味觉的训练

(1)婴儿出生后,第一个给予他味觉刺激的是母乳或代乳品,如果不及时给予其他的味觉刺激,将会引起小儿偏食、厌食。所以,父母应当在婴儿1个半月时适当喂些橘子汁,3个月左右可以用筷子蘸各种菜汤让孩子尝。

(2)用奶粉喂养,应3～5个月换一种奶粉,避免长期食用一种口味的奶粉,导致孩子味觉迟钝。这些不断变换的食品可以给予孩子充分的味觉刺激,对其味觉能力的发展很有帮助。

(3)6个月以后,给婴儿尝尝甜的、酸的、咸的饮料,或鼓励孩子用舌头接触各种味道的溶液：苦的、酸的、甜的以及咸的都行。并在训练的过程中用一定的语言进行强化，比如问孩子"酸不酸"等。

（4）准备小碗、小勺、小托盘，三份同颜色不同味道的液体：甜、酸、咸。父母最好与孩子一起品尝这些液体，告诉孩子"这是甜的"、"那是酸的"、"这是咸的"等，并反复进行，加深印象。

（5）准备香蕉、橙子、苹果等可口的水果，让孩子都闻一闻，尝一尝，告诉孩子香蕉是甜的，橙子、苹果是酸甜的，再问问他喜欢吃哪种味道。

实际上，4岁的孩子就能很容易学会这些游戏，也很喜欢识别各种味道，每次实验完了后，用玻璃杯装上温水，仔细漱口。于是，味觉练习也就成为一种保健练习。

另外，由于味觉的感受器官是舌头，舌头的不同部位感受不同的味道，有的只能感受酸，有的则只能感受苦……在训练中，父母们可以为孩子教授有关味觉的知识。

# 10. 立体感觉训练

触摸感觉练习和肌肉知觉训练，能使孩子在识别物体的同时得到快乐，能增强孩子将各种不同物体与它们各自的特性联系起来的能力，以及运动知觉的能力。

### 1. 立体感觉训练的含义和目的

立体感觉，指的是通过用手触摸立体物体的轮廓，来辨别其形状。这种感知并不仅仅包括触觉（触觉仅能使我们辨别物体的表面是粗糙还是光滑），它来自于两种感觉的结合：触觉和肌肉知觉，其中肌肉知觉是运动知觉。

3~6岁的孩子，处于肌肉运动的形成阶段，正是这种特殊的肌肉知觉促使孩子去运用"立体知觉"。当孩子自发性地蒙上眼睛来分辨诸如方块、圆球等各种各样的物体的时候，他就是在锻炼自己的感知能力。

2. 立体感觉训练

（1）教具

福禄倍尔砖块和立方块。此外，也可用任何其他小物体，如玩具兵、小球、弹球、硬币、豆子、豌豆，等等。还可以让孩子区别各种差别很小的物体，如玉米粒、麦粒和稻粒。

（2）训练内容

① 父母或老师让孩子注意这两种物体的不同形状，要他们睁着眼睛，仔细准确地感触这些物体，并反复用话提醒他们，把注意力集中于物体各自的特点上。

② 然后告诉孩子把立方块放在右边，把小砖块放在左边。只是触摸，不用眼睛看。

③ 让孩子闭上眼睛或蒙住眼睛，再重复这种练习。让孩子认识这些形状的最有吸引力的方法就是让他们闭上眼睛猜出物体的名字。

经过这样的练习后，当孩子睁开眼睛时，他将更加饶有兴趣地观察这些物体的形状。

3. 物体运动感知训练

（1）教具

一个球体、一个棱柱、一个棱锥、一个圆锥和一个圆柱。

（2）训练内容

① 让这些立方体动起来。显然，球体四面自由滚动，圆柱体仅能朝一个方向滚动，圆锥绕着自己滚动，而棱柱和棱锥却直立不动，但棱柱比棱锥更容易倾倒。这种训练能让孩子对几何形体产生兴趣。

② 声音辨别能力的训练。

当摇动这些圆柱体时，根据圆柱体内物体性质的不同，它们会发出强度不一的声音,从很大声到几乎听不到声音。

练习的第一步是辨别同样强度的声音,把发出同样强度声音的圆柱体成对摆放。

接下来的练习是比较声音的强度,让孩子根据几何体发出声音的强弱将六个圆柱体排成一排。这个练习类似于色板练习,它们也要配对并根据颜色深浅摆放。在做这个练习时,孩子也要在桌子旁找个舒服的姿势坐好。

我们给孩子进行过简单的讲解后,孩子就自己做这个练习,做练习时,孩子的眼睛要蒙上以便更好地集中注意力。

# 11. 自由绘画

自由绘画的重要之处就在于,它能揭示孩子的观察能力和细致程度,展现孩子的个人偏好,并培养孩子对形状的感知力。

在对平面几何图形进行观察,或面对厨房各式碗筷、客厅里各种家具的时候,这些都是属于孩子的珍贵的精神资源,也是智力教育的"教具"。教师或父母应该让孩子不但能够观察形状,而且能够区分出人类和自然的创作,去欣赏人类劳作的成果。因此,有必要让孩子进行以下三种训练:

1. 自由绘画

给孩子提供一张白纸和一支铅笔,告诉他可以随心所欲地画。

一般说来,第一次的绘画没有任何形状,非常混乱。我们应当问孩子他想画什么,并且应当记录在图画下面。通过训练,孩子的图画会变得越来越清晰。那些属于细节的东西在孩子们粗略的草图当中也逐渐被观察,并记录下来。

### 2. 填充绘画

这种绘画包含了"对书写的准备"。这种绘画对色觉所发挥的作用，就像自由绘画对形状感觉所起的作用。填充绘画能够揭示儿童对于颜色观察的能力。

这种练习包括用彩色铅笔填充黑色轮廓线图案。这些轮廓线表现了一些最简单的几何图形和各种不同物体。对于儿童来说，这些图形和物体在学校、家庭和校园当中都是非常熟悉的。儿童必须选择相对应的颜色进行填充，这样就能够告诉我们他是否对他周围的物体进行了观察。

### 3. 玩泥巴或捏橡皮泥

这种练习是小孩非常喜欢的一种游戏，而且也具有与自由绘画和选择不同颜色的铅笔填充颜色同样的意义：通过这种练习的间接帮助，能够让孩子确定并且对各种不同的感觉和观念更加清晰化。

在练习当中，儿童可以随心所欲地用粘土做自己想做的东西。教师或家长可先给孩子一个木质圆盘，里面放着粘土，然后再给出一些用粘土做成的优秀作品。这能大大激发他们模仿的兴趣。

在家时，可让孩子用粘土或橡皮泥照着家具如电视、水瓶、茶壶等等捏出模型。

最开始，有必要让孩子对物体进行具体描述来确认物体，但是到了后来，作品逐渐变得容易辨认，孩子学会了复制几何物体。

这种粘土模型，毫无疑问是非常有价值的教具，并且同时能够帮助我们进一步了解孩子，挖掘孩子的潜能。

# 12. 艺术美感教育

从自发、自由、随意的涂画，逐步发展到有意识的表达与表现情感、愿望及认识，这实际上就是孩子视觉—空间智能发展的表现。

教育家曾仔细研究过儿童绘画时20种基本类型的涂鸦线。这些涂鸦线是人类的神经系统与肌肉高度协调的结果，它们与孩子的图画之间的关系，就好比是砖瓦和建筑之间的关系一样，孩子早期自发描画出来的图形，皆可被包含在这20种基本的涂鸦线类型中。

无论是1、2岁孩子胡乱的涂鸦，还是3、4岁孩子的象征画，5、6岁孩子的形象画，都是孩子在不同的阶段视觉—空间智能进步的具体表现。

视觉—空间智能，是多元智能中的重要能力之一。这种能力是指准确观察世界，并做出解释或者把世界的方方面面传达给别人的能力。视觉—空间智能强的人，其视觉观察力非常敏锐，具有成为画家、雕刻家、摄影师、设计师等的先天条件。

很多年轻母亲虽然也懂得视觉—空间智能训练和美术教育的重要性，但是面对整天乱涂乱画的孩子仍有些爱莫能助。的确，年轻母亲除了需要极度的耐心和宽容以外，还需要一些方法和技巧。

### 1. 引导孩子观察与创造

因势利导，顺应孩子的需求和兴趣，引导孩子去观察，发现孩子自己创造的线条、形象符号与现实生活中的哪些物体相似。孩子的行为得到鼓励和强化，他就会有意识地运用这些符号来表现自己的经验，这就是孩子从自发、自由、随意地涂画，逐步发展到有意识地表达与表现情感、愿望及认识的过程。

比如，可以拿着孩子画的满是线、点、不规则图形的图纸，引导孩子细心观察和发现自己的"作品"。父母一边用深色的笔在孩子的线条中勾勒出一些孩子能认识的物品或动物，一边用话语进行解释，比如，告诉孩子："这是一条鱼，我们给它画上眼睛；这是一个圆圆胖胖的娃娃脸，我们给她加上眼睛和嘴巴。"父母要一边说，一边动手画，让孩子在旁边观察，让孩子感到有趣，一幅跃跃欲试的样子。这就达到了我们的指导目的。

**2. 营造艺术气氛**

在家庭开展艺术情感教育。父母要努力创设充满艺术气氛和情感的家庭环境，家庭布置力求美观、大方、朴实、整洁，富有艺术性。常给孩子看画册、讲故事，丰富孩子的绘画情感与想像力。墙上贴着优美的绘画，桌上搁置着新颖别致、五彩斑斓的装饰品，从而给孩子以美的启迪和享受，对孩子的兴趣、爱好、情绪、性格带来重要影响。

**3. 培养观察与感受**

经常带孩子到郊外玩。扩大孩子的视野，感受自然界多姿多彩的变化，培养孩子的观察力、记忆力及感受力。总之，父母的启蒙教育对孩子的绘画乃至空间知觉能力的发展，都有着无可替代的作用。

**4. 一个小游戏**

游戏名称：吹泡泡的金鱼——添画游戏。

游戏目的：训练孩子的手眼协调能力，发展手部精细动作，开发孩子的想像力与创造力，提高视觉—空间智能。

准备材料：水彩笔、画纸、旧杂志或图书、剪刀、浆糊。

适合年龄：1～3岁。

参加人员：孩子、爸爸或妈妈。

游戏方法：

（1）从旧杂志、书上剪下一些色彩鲜艳的小金鱼、小虾、小乌龟图片贴在白画纸的下方。

（2）拿着画纸给孩子说故事，以引起孩子画画的兴趣。对孩子说：

"这是一个很好玩的海底世界，里面有很多可爱的小鱼、小虾、小乌龟。我们数一数，一共有3条小鱼，2只小虾，1个小乌龟。小鱼一边游一边从嘴里吐出一串串的小泡泡，多好看啊！"父母一边说，一边在一条小鱼的嘴边画几个小圈圈。

（3）孩子一边听故事，一边挑出他喜欢的水彩笔在画纸上涂抹，让孩子在纸上任意画横线、竖线、大圆、小圆。

（4）等孩子把画纸涂满了后，开展欣赏活动，我们就把孩子抱在身前，一手拿画纸，一手拿笔，依照孩子的线条进行观察、引导。

我们要带着欣喜的口吻说："看，我们孩子画得多好啊，这一条条横的波浪线是海水，这弯弯曲曲的竖线是水草，还有孩子画的小泡泡刚刚从鱼嘴里吐出来，太美丽了。"

我们一边说，一边用深色笔把孩子的相关线条加深，以便让这些有特殊含意的线条和形状从杂乱的画面中凸现出来，加深孩子对自己创作的线条含意的理解和记忆。

# 第四章

*meng tai suo li jiao yu yang pi juan*

## 日常生活教育——增强孩子的自主生存能力

长期以来,为幼儿包办一切已成为家庭教育的一大弊端,这不仅体现出成人对儿童的奴役,而且窒息了幼儿有益的自发的活动能力。日常生活练习的重要性就在于,它是以满足幼儿内在发展、锻炼运动能力、促进独立性、理解力、注意力、意志力、秩序感、责任感等方面的发展为目的。

# 1. 日常生活教育的意义和目的

日常生活教育是按照人类成长的自然规律，通过各种运动、生活技能的练习、文明礼貌行为习惯的养成，以及对周围人、事、自然的照顾与服务，帮助孩子学会各种动作、社会文明礼貌等生活技能、样式和程序，使孩子反复不断地自发练习，学会自我管理、自我控制、自我保护，建立起自主的内心需要、自信心、爱心与责任意识，并以此作为一个完整而优良的人格形成的必要过程。

从人类学角度来说，通过日常生活练习，幼儿能养成做一个合格公民的基础能力与品质。孩子一边活动一边学习自我调整，以发展其人格。它并非模仿性的游戏，而是在实际生活当中运用实际物品进行的劳动。例如：拧拧湿毛巾擦脸；用衣架把衣服挂上去；用器械把黄豆磨碎榨成豆浆，学习各种文明礼貌等等。幼儿进行这些活动是为了在现实生活中发展生存能力，寻求与建构生活秩序，最终与社会环境达到和谐。

由于日常生活在家庭中可随时进行，这些活动也构成了家庭成员日常活动的核心，通过参与家庭中的各种日常生活，幼儿成为家庭生活的贡献者，这会使幼儿感到自己被需要，对家庭成员有价值，从而获得自信心与荣誉感。

从生物学角度看，幼儿在完成日常生活的一系列活动时必须依赖运动，运动对幼儿极其重要，它是创造性的能量在功能上的体现，能使人不断完善。通过运动，孩子对客观环境起作用，由此履行他在这个世界上的使命。运动不仅仅是自我的一种表现，而且还是意识发展的必不可少的因素，因为运动是自我跟现实建立一种明确关系的真实途径，它是智力发展的一个基本要素。换言之，在人格形成上所必要的身、心、知各个方面都是由运动促成的。

实际生活练习是塑造幼儿性格的活动，它包括激发灵感，重复动作和把注意力集中在一些微小的细节上。这是一种为适应环境而进行的有效活动，是有成果的教育的实质所在。孩子必须通过自己的活动，通过手的活动才能发展自我。

首先，幼儿需要有一些能使他们工作的物体，以便给他们提供活动的机会。在"儿童之家"，日常生活的教具与练习提供给幼儿一种环境和条件，以支持和满足孩子们的愿望，使他们的潜力得以发挥，经验得以增长，并最终使他们成为独立、有安全感并且掌握了生存技能的个体。

其次，它是以满足社会性人格形成为深远目标。而社会性人格，是幼儿作为未来公民、继承和发展本国与民族文化的生活习惯与生活行为方式所必不可少的因素之一。从现实意义上看，也是为幼儿进入小学独立生活、学习做好准备。

最后，从幼儿生理与心理学意义上看，日常生活练习是以满足幼儿内在发展、锻炼运动能力、促进独立性、理解力、注意力、意志力、秩序感、责任感、荣誉感等方面的发展为目的。

在我们的社会和家庭中，并不是所有的人都有以上这些认识与理解。成人没有思想准备去认识和接受幼儿要求做自己事情的愿望，不理解幼儿在活动中需要运用他的手，不把手的运动看成是幼儿工作本能的第一次展现，因此，当幼儿表现出这种愿望时，成人不仅没有感到震惊，而且还加以阻挠。这就可能成为幼儿工作的障碍。长期以来，为幼儿包办一切已成为家庭教育的一大弊端，这不仅表现在成人对儿童的奴役上，而且窒息了幼儿有益的自发的活动能力。

## 2. 作为"动物"的儿童

"动物"一词，望文生义地解释就是，活动的物体。在原初的意义上，它已然包含了一层重要的含义，那就是与石头、树木等事物相区别的一种活动能力。正如大自然的动物在生存竞争中的跑动、追逐和逃窜，这些活动都是对动物生存能力的训练，对于儿童来说，同样如此。儿童需要运动，儿童需要运用他们的双手来促进自身的发展，他们需要能让他运动的东西，并给他提供活动的机会。为了促进心智的发展，儿童在周围的环境中寻找用来看和听的东西。

儿童的运动并不是偶然的情况。他在自我的指导下，对这种有组织的运动进行必不可少的协调工作。经过无数次的协调经验，他的心智不断发展，他的表达能力也在不断地自我协调、组织和统一。因此，儿童必须能自由地决定和完成他想做的事。由于他正处在自我塑造的过程中，所以他的运动有一个特征，就是这种运动并不是出于偶然和漫无目的。

儿童想要去扫地、洗盘子、洗衣服、倒水、洗澡、梳头、穿衣，等等。儿童在做某件事之前，已经知道他想做什么。他看到另一个人在做某件事时，他自己也渴望去做。

儿童并不仅仅是在漫无目的地跑、跳和拿东西。他们的建设性活动是从别人的活动中得到的启发，他们努力地去模仿成人使用或处理物品的方式。他们还试图在使用同一个东西时，和成人做得一模一样。只不过他们使用东西的方式对成人来说，常常是不可理解的。儿童通常在1岁半到3岁之间会发生类似的情况。

例如，一个 18 个月大的儿童发现一叠刚刚熨平的毛巾整齐地叠放在一起。这个小家伙会拿起其中的一块毛巾，极小心地捧在手里。他把一只手放在毛巾上面，以便毛巾不会散开。他就这样托着毛巾，走到房间斜对面的角落，把它放在地板上说："一块"，然后又像他来的时候那样走回去。等他穿过房间之后，又用同样的方式拿起第二块毛巾，小心翼翼地捧着它并沿着同样的路线走到角落里，把它放在第一块毛巾的上面，又说了一遍："一块。"他不断地重复着这项工作，直到把所有的毛巾都拿到那个角落为止。然后，他把这个过程倒过来，又把所有的毛巾一块一块地放回原先的地方。虽然这些毛巾不像最初放置得那样完美，但仍然折叠得相当好。这对儿童来讲是幸运的，因为在这个漫长的调换过程中，没有其他的人打扰他。

还有一项令儿童着迷的活动，是取下瓶盖，然后再把它盖上。孩子们特别喜欢玩能反射出七色光的瓶上的盖子。取下瓶盖再盖上瓶盖，似乎是他们最喜欢的一项工作。还有一项儿童喜欢的工作是，把水瓶和盒子的盖子拿下来再盖上去，甚至是打开再关上橱柜的门。

这些东西对小孩有一种天然的吸引力，但父母会禁止孩子碰它们。这种冲突会导致儿童发脾气。但实际上，儿童并不是真想要一个瓶子或墨水瓶，他们只是想要一个能有同样玩法的东西而已。这样的行为可以被看做是人类第一次不够成熟的努力。

# 3. 提供一个"有准备的环境"

从出生开始，儿童的大脑就不知疲倦地从周围世界中吸收、学习。3岁之后，这种吸收、学习的能力在经验的帮助下会变得更加丰富。儿童此时不仅可以发挥感觉的作用，还希望自己亲自参与。于是他们忙了起来。一个起初在潜意识状态下对周围世界进行吸收学习的儿童现在已经能够自己动手去改造世界。

此时儿童的智力已经由发生阶段迈向了发展阶段。他们希望通过自己有目的的行动探寻世界，因为在这一形成阶段，还会出现更进一步的心理发展。

几乎所有成人的思想中都存在着一个根深蒂固的障碍。一个年纪大一点的人，即使他同意儿童的要求，让他随便触碰、挪动东西，也会发现他无法抵制心里那种模糊的冲动驱使他去支配儿童。

有一位有这种想法的母亲，虽然没有限制她3岁半的孩子搬东西，但却总想替他做点儿什么。有一天，她看到儿子把一只装满水的水罐拿到客厅里去。她注意到，他处于高度的紧张之中，并缓慢地、费力地穿过房间。他一边走一边对自己说："小心，小心！"这罐水很重，孩子的母亲终于忍不住要去帮他了。她拎起水罐，把它拿到他要去的地方，但这个孩子看上去十分伤心。孩子的母亲承认说她也很难过，但她依然认为她这么做是对的。许多家长或许都有跟她一样的想法，亦即虽然孩子正在做的事是有意义的，但让孩子搞得精疲力竭，并且浪费很多时间是不值得的。

但后来这名妇女完全承认了自己的错误。如果深入研究，就可以发现，妇女之前的表现，正是"对孩子的吝啬"，它产生于要保护自己财产的欲望。不过这里面并非存在什么本质性的冲突，因为妇女不是反对孩子拿取某个东西，而是害怕孩子把珍贵的东西弄坏。因此，妇女完全可以走一条折中的路线，在家里放置塑料杯，或质量很好的玻璃杯，让孩子拿一个这样轻巧的东西，再来看看会发生什么事。

妇女确实这么去做了，她发现她的孩子拿着杯子时十分小心，每走一步都要停一停，最终，他安全地把杯子放到了目的地。整个过程中，孩子的母亲由于两种感情激动不已，一种是为她儿子的工作感到高兴，另一种是为她的杯子担心。但她还是让儿子完成了这项工作，因为孩子非常渴望做这件事，这对孩子的心理发展极为重要。

一个成人如果不理解儿童喜欢活动的重要性，他就会对儿童第一次表现出这种本能惊讶不已。对于成人来说，为了满足儿童的需要，必须做出牺牲，必须抛弃他的某个脾性，降低对环境的要求。如果不让儿童接触他周围的环境，就会阻碍孩子的成长。

事实上，有心的父母都不难找到解决冲突的办法，那就是给孩子准备一个"有准备的环境"，让孩子能在其中实现自己强烈的渴望。孩子想要从事活动，就得有东西来配合，这样的东西能够"刺激活动"。

3~6岁年龄段通常也被称为"玩的年龄"。这个年龄段的儿童需要接触各种不同的东西。人们认为借助大量玩具，就能满足儿童的需要，但儿童真正的需求并不是玩具。在"儿童之家"，专门有一个为3~6岁的儿童设计的"有准备的环境"：一个小房间，使儿童能够像在他们家里一样玩耍——房间里的小桌子、小椅子、小盘子和小碗都是为儿童准备的，他们可以自己清洗碗碟，自己摆桌子，自己打扫卫生，并且可以自己穿衣服。儿童将要进入的社会生活，对于他们来说是非常新鲜的，这些类似于现实生活中的东西比玩具更有意义。

在玩具业不发达的国家，儿童们也表现出不同的活动兴趣。尽管没有玩具，他们同样保持着对外界事物的敏感和快乐。他们的唯一想法就是融入到周围环境中去。他们与成年人一样做着几乎同样的事情。当他们的母亲洗衣服、做面包或蛋糕时，他们也会参与其中。虽然这些行为也带有模仿性，但这是一种有选择性的、聪明的模仿。儿童想通过这些行为为自己参与周围活动做准备，也是为了满足自我发展的需要。因此作为老师或父母，应该向儿童提供各种各样能够模仿周围事物的东西。这些东西是为孩子特制的，大小、轻重对于孩子来说都非常合适，甚至设计一个房间，专为满足儿童的需要，让儿童在里面自由玩耍。

在"儿童之家"，儿童获得了他们真正需要的东西，而正是这些东西，使儿童得到了真正的快乐，并改变了他们的性格，让他们具有了独立的倾向。这些孩子好像在说："我要自己做事情，不要你们的帮助。"他们似乎突然间就成了一个不需要帮助、能够自给自足的人！儿童通过在这个小环境里获得的巨大收获，将帮助他们逐步适应社会生活，并逐步形成自己的性格。这样做不仅仅给儿童带来了快乐，还打开了他们成长的大门。

# 4. 把运用手的权利还给孩子

运动的发展既遵循生物规律，又与人的内心紧密相连，而两种方式又都依赖于肌肉的使用。人的手受智力的影响，手的活动是对大脑活动的最好表征。可以说，如果没有手的帮助，儿童的智力可以发展到一定的水平，但如果有手的帮助，儿童的智力可以发展到更高的水平，其性格会更加坚强。如果我们想确定一个儿童的智力发展程度，就应该去考察他最开始的"智力表现"，也就是研究孩子在劳动中对手的运用。

为了发展自己的心灵，幼儿必须通过自身的运动，通过手的活动，才能发展自我，因此，孩子需要有一些能使他工作的物体，以便让自己获得活动的动机。当孩子的小手第一次机灵地活动，意味着他想把自我融入到世界中去。对于这样的活动，成人应该加以赞美。

但在许多家庭里，孩子的需要被粗暴地拒绝了。婴幼儿周围的东西属于成人所有，并为成人所用。对婴幼儿来说，这些东西成了禁忌。大人害怕那些小手伸出去拿一些他们所爱护的东西，并无意中将其损坏。基于这种焦虑，大人筑起了一道防线，他们千方百计把这些东西隐藏起来，或放在孩子够不着的地方，他们老是说："不许碰！"正如他们曾对孩子的呵斥："别动，快安静下来！"

然而这种"不许碰"能带来什么效果呢？我们知道，手受大脑的控制，与智力的发展密切相关，如果手得不到运用，他的性格形成就会处于一个很低的水准，而这样的孩子也往往表现出不听话、懒惰和情绪低落。而能够使用手的儿童，比不能使用手的儿童发展得更快，性格也会比不能使用手的儿童明显要坚强。

因此我们应该热切地期待着孩子朝外界伸出小手，这是小手第一次有智慧的举动。这个动作的最初推力代表孩子自我进入了外部世界之中。正是通过手的活动，孩子发展了自我，丰富了自己的心灵。

孩子手的运动的最早象征是抓取或拿。随后，动作有了新的发展，它已经不再像以前那样是一种本能的动作，而是变成了一种有意识的动作。10个月时，婴儿对周围世界的观察唤起了他对抓取的兴趣，且渴望掌握。在这种渴望的驱使下，婴儿不再是单纯地抓捏东西，而成了手的练习。他们此时做的不仅仅是一种简单的抓的动作了，而是通过挪动物体来充分表现自己手的能力。

还不到1岁时，婴儿的两只小手就开始忙个不停。橱柜和有盖的箱子的开关，衣柜的抽屉拉出和推进，瓶塞的取出和塞回，篮子里零散的东西的拿进拿出等等。正是通过这些努力，婴儿就越来越能够控制他的双手了。

在1岁半时，儿童开始希望用手拿一些重东西，这就需要腿来对他进行支撑。作为人活动工具的腿可以把他带到任何想去的地方，但带到目的地之后，具体工作则要由手来做。

## 5. 手工锻炼和技艺训练

手工技艺训练和手工锻炼的区别在于目的不同：前者是为了完成特定的任务，生产出对社会有用的产品，增加世界的物质财富，后者则主要是为了锻炼双手，增强体质，完善个人。但二者又相互联系，一般来说，只有双手完善的人，才能生产出有用的产品。下面介绍几种训练孩子手工技艺能力，提高孩子智力和实践能力的方法：

### 1. 制作陶器

陶器是具有极大的考古价值、历史价值和艺术价值的人类创造，它可以与钱币艺术相媲美。它是在人类文明的进步中出现，并得到完善和发展，不仅扩大了用途，还增添了许多新品种。陶器除了具有生活和精神意义以外，还有另外一种实用价值：它适于塑造各种形式的装饰品，为艺术家发挥个人的艺术天才提供一个自由的天地。

一旦学会了制陶工艺，任何人都可以根据自己的审美趣味和艺术灵感进行塑造，这就表现了该工艺的艺术性和个性。

此外，还可以教授孩子如何使用陶工旋盘，如何配方制作花饰浴盆，如何在壁炉内焙烧陶胚，以及如何完成工业制陶的各种体力劳动。

在"儿童之家"，经过两三堂课的学习之后，小学生们就很热心于制作陶器了。他们很细致地保存自己的作品，而且为之骄傲，并用自己的造型艺术仿制小东西，如鸡蛋和水果等，放入自己制作的陶器里。

开始是用红土做一个简单的陶器，装上用白土做成的鸡蛋，然后再仿制带有一个把或两个把、带有小口的陶器，以及带有两耳或三耳的三脚鼎、酒罐等。5~6岁的孩子可以学习使用陶工旋盘进行工作。

2. 制作小型砖

小型砖放在壁炉中焙烧后，用于砌成小型墙。砌墙过程跟泥匠一砖又一砖、一层又一层地往上砌一样，砌完后，孩子就此经历了建造房屋的所有过程——先用锄头和铁锹在地上挖个大坑，打好地基，然后砌砖，建成房屋。

相对于陶器制作，孩子们更喜欢这种砌墙的劳动，他们会在小房屋建成之后，带着自豪的成就感欣赏自己的劳动成果：那屹立在地面上的小房子，周围长着他们所栽培的植物。

这些房屋仿佛真房子一样还开有窗户，正面被镶上孩子们自己烧制的彩色瓷砖。这样孩子们不但学会了鉴赏物品及周围的建筑物，而且实际的体力劳动和艺术创作也给了他们有益的锻炼。并且在童年时期，孩子就大致了解了人类从游牧生活到定居生活所要经历的主要劳动：向土地索取果实，建造栖身之所，制造陶器以获得熟食。

3. **户外劳动**

在"儿童之家"，老师们带领孩子参与播撒类似于玉米、燕麦一类的小物体的劳动，以及开关花园和鸡舍的门。这些锻炼能训练孩子的动手能力，培养其动作的协调性，而且是在户外进行，因此更有益于儿童的身心发展。

# 6. 喜欢行走是儿童的天性

从运动的角度看，行走实际上是一种全方位的锻炼。它能改善人的呼吸，并且各个器官也都会参与进来，从而促进人的整体发展。对于孩子来说，行走是很自然的需求，是成长中必须学会的一种基本能力。这种能力的重要性不亚于运用双手。

儿童掌握行走的能力，靠的不是等待行走能力的降临，而是通过学习才获得的。尽管人像其他动物一样有肢体，但人必须用两肢而不是四肢来行走。人走路时，先用一条腿支撑着自己，然后再换另一条腿支撑。动物是本能地学会行走，而人类是通过努力才学会。

幼儿的第一步是对自然界的一种征服，它通常标志着幼儿从1岁进入2岁。学会行走，对儿童来说几乎是第二次出生，正是因为行走，儿童从一个不能自助的人变成了一个积极主动的人。成功迈出第一步，是儿童正常发展的主要标志之一。但在这之后，幼儿仍需反复实践，因为取得平衡和稳健的步伐，是持续努力的结果。

通过观察可以发现，当幼儿学行走时，他们似乎受到某种不可抑制的冲动所驱使。他们勇敢无畏，甚至在尝试中有点莽撞，不管遇到什么困难，他们都试着迈出步伐。可以说，喜欢行走和到处跑动是儿童的天性。然而，尽管父母确实盼望着看到幼儿迈出的第一步，但孩子追求目标的这种强烈渴望，使成人用防护设施把他们围了起来。这样，便无疑成了抑制孩子行走的障碍物。即使幼儿的腿已经强有力，父母有时候也把孩子关在学步栏或婴儿车内练习走路。当成人带幼儿外出时，即使他能够走路了，成人仍把他放在手推车里。如此一来，虽然幼儿的安全得到了关心，他内在精神的发展却被抑制。

实际上，幼儿的行走冲动绝不是偶然。他们是在自我的指导下对这种有组织的运动建立协调性。依靠无数的协调经验，儿童的自我用他们正在发展的精神协调、组织和统一了他们的表达器官。因此，孩子必须能自由地决定和完成行为。

有些父母似乎不明白这一点。有一位母亲的小孩在一次学习行走的过程中发了脾气。她的幼儿刚开始学走路，但她一看到梯子，就会尖叫起来，当有人抱她登上楼梯或下楼梯，她就几乎激动得发疯。这种现象似乎不可理解。只要把这个小孩抱上或抱下，她就眼泪汪汪，她母亲认为这种心理紊乱可能仅仅是一种巧合。事实上，这孩子并非如她母亲所想，她只不过是想靠自己的能力爬楼梯。

成人认为儿童不能走很远的路，但1～2岁的孩子能走上一英里半的路。曾经有一对夫妇，其最小的孩子1岁半。夏季的时候，他们为了去海边，必须走大约一英里，陡峭的下坡路使手推车或马车都无法通行，年轻的夫妇想带孩子一起去，但他们发现将孩子抱在怀里太累了。最后，小孩自己解决了这个问题，他时而走路，时而奔跑，并走完了整个路程。他还不时地停下来，站在花旁，或坐在草地上，或站着看一些动物。一次，他站在那里看田野里的一头驴子，足足看了15分钟。每天，这个小孩都自己缓慢地走过这条漫长而又坎坷的路，却没有疲倦感。

成人之所以认为孩子行走能力差，是因为他们下意识里要求儿童与他们有同样的步辐。这种想法其实是一种主观臆断。这种情形就如同成人与一匹马一起跑，并且试图跟上它一样。马见到我们跑得上气不接下气，可能会说："到我背上来吧，我帮助你。"而对于儿童，他们的目的不是到达某个地方，他们想做的仅仅是行走。这就是儿童与成人的一个显著区别。成人的行走是要到某个地方，孩子的行走则是为了完善自己特殊的能力，他步履缓慢，还没有一种有节奏的步伐，也没有一定的目的地。这是其一。

其二，儿童的腿没有成年人的长，他们往往就不得不向那些不肯放慢脚步的成人妥协。即使把小孩带出去的是他的保姆，也是儿童去适应保姆，而不是保姆适应儿童。保姆会以自己的速度径直走向户外的目的地，小孩被放在手推车里，仿佛推的是装满蔬菜的小推车。只有到了公园以后，她才让小孩从手推车里出来，让孩子在草地上走动。她则坐在一边两眼始终注视着他，这个保姆所做的一切仅仅是为了避免发生意外。但当我们了解了儿童的需要之后，我们就既不要求他们跟上我们，也不会像这名保姆那样，把孩子"困"在小推车里。

儿童天生喜欢行走和到处跑动。在幼儿园里，滑梯上总是挤满了儿童，他们登上登下、爬来爬去，而那些生活在闹市区的孩子，则能在街上跑来跑去，毫不费力地躲开车辆。尽管这是危险的，但他们却不会由于羞怯变得迟钝，甚至变得懒散。

# 7. 在行走中走向独立

人类能够站起来需要经历四个阶段。第一个阶段是坐起来。第二个阶段是翻身，然后爬行。如果在这一阶段幼儿抓住成人的指头，他就会试着用脚来走路，但仅仅是脚尖接触地面。然后是能够独自站立，并且整个脚掌着地，完成人的正常站立姿势。不久之后，他就会达到第四个阶段，不需要别人的帮助自己走路了。所有这些都反映了儿童的内部成熟过程。

当儿童学会了行走，在这方面他便取得了独立，如同新生一般。独立的意义就是自己能够做事情。给予孩子独立发展的空间，儿童就能少受外在力量的抑制，从而更快地发展自身，其内在需要也更容易得到满足。这一观点对于成人是一项最重要的指导。虽然帮助儿童是成人的一种习惯，这种习惯往往是来自对儿童的怜爱，但它并不利于儿童的独立。

不要向儿童提供过多的、不必要的帮助。如果儿童想自己独立行走，我们必须允许他们，因为所有的发展力量都必须通过实践才能得到发挥，在具备了基本能力之后仍然需要实践的帮助。如果一个儿童长到3岁时我们还把他抱在怀里，他的发展就一定会受到限制。如果已经达到了真正的独立，成年人的帮助只会成为障碍。

另外，力量是儿童行走的一个重要因素。具备一定技巧之后的儿童感觉到自己已经足够强壮了。他的主要目的就是进行练习、实践，以最大限度地发挥自己的能力。

成人如果不理解儿童需要运用他的四肢，不明白这是他工作本能的一种表现，就会阻碍儿童的发展。这不完全是因为成人的保护心态，可能还有其他的原因。一个重要原因就是，成人看重的是行为的外在结果，并且只根据自己的思维角度来选择方法。成人讲求高效率，这使他们习惯于用最直接的手段、在最短的时间内达到目的。当成人看到儿童付出巨大努力却收效甚微，他们就忍不住去帮助儿童。

在成人看来，儿童热衷于那些琐碎或毫无用处的东西实在是很古怪。当一个儿童看到桌布斜了，他就开始琢磨桌布应该怎样铺，并且试图慢慢把它弄直。成人应让儿童独自摸索，必要的时候再给予提示，但必须止于提示。

当儿童手的技能和腿保持平衡的能力联合起来后，他们不仅仅要求走路，还要走很长的路。儿童还喜欢攀爬，喜欢抓住某样东西走向高处。这些活动都无疑锻炼了孩子的力量和协调性。

当儿童已经能够走路，身体不再摇晃，并形成了一定的节奏之后，儿童的信心也会自然地生成，此时的他们，便成了自我的征服者和胜利者。他们可以独自行动，而不再完全听任成人的摆布了。因而他们可以通过行走去拓展自己的世界，结交玩伴，做游戏，去往更多的地方，发现新奇的事物……这一切，都是为了满足他们成长过程中强烈的内在需求。

## 8. 去户外散步，带上孩子

儿童行走时不仅要使用腿，而且还使用眼睛。他们要行走，往往与一些东西吸引住了他有关。如果地上有一把牧草，他就会蹲下来观察，过了一会儿，他会站起来继续往前走，看到一朵花他就去闻，看到一棵树，他就要往上爬，还要在树下转几圈，然后坐下来看。就这样他可以走几英里的路，走路的过程中会有很多有趣的发现，他还会不时地休息一会儿。如果他在路上碰到什么障碍物，如石头、树干等，那就再好不过。

一般来说，散步是最适宜于正在学习如何协调许多不同动作的孩子的最佳方式，因为靠两条腿维持平衡和前进，需要这些动作。

儿童的走路方式就好像一个刚刚出现在地球上的原始人的游荡方式一样。他们不停地游荡，直到被有趣的东西所吸引，比如一片可以砍柴的森林，或一片可以放牧的草原。儿童就像他们一样，不停地走，不停地发现。这是儿童的本性。

儿童走路时就是一个探索者。因此这种探索活动应该成为孩子日常生活教育的一个重要内容，并且应该在儿童很小的时候就开展这种活动。儿童应该经常到户外走动，观察他们喜爱的事物。学校也应该进行这种教育。例如，教授儿童区别各种颜色、树叶的形状和纹理、昆虫的习性、鸟和其他动物的名称等等。这些都会引起儿童极大的兴趣。他们的兴趣越大，在户外走路的时间就会越长。要想儿童进行探索，就必须开发他们的兴趣。

在照顾儿童时，成人应该放弃自己的优势，以适应儿童的需要。在各种文化中，可以发现为儿童着想的情况。有一位父亲正带着他年幼的儿子散步。只见这个一岁半到两岁的小孩，用手臂抱住了他父亲的腿。这位父亲就站在那里不动，让孩子绕着他的腿玩耍。等孩子玩够了以后，他们才又开始向前走。过了一会儿，小孩又坐在了路边，他父亲就站在一边等他。

这个例子恐怕是最适合儿童的散步方式了。这位父亲并没有做什么不同寻常的事，他仅仅是作为一个父亲带着他的儿子散步，但他的孩子在散步中得到了协调性的训练。

## 9. "儿童之家"的行走练习

在"儿童之家"，练习行走是训练孩子日常生活能力的一项重要课程。孩子们曾在老师的带领下，围绕着庭院、花园转圈。花园的四周都围上了栅栏，即每隔一段距离在地上打上一个桩，然后在木桩上平行地拉上几根粗铁丝；在栅栏的下部有小的架子，孩子们走累了就可以习惯性地坐在上面休息。而且，老师们还搬了几张小凳子，靠墙放着。在游戏中，不时总会有一些两岁半到3岁的孩子落到队伍的后面。看上去他们走累了。但老师们发现，这些孩子既不坐在地上，也不坐在小凳子上，而是跑向矮一些的栅栏，用手抓住较高处的一排铁丝，把脚放在最下面一排的铁丝上，并在上面走动。他们笑嘻嘻地看着仍在绕圈子的大伙伴，眼睛里闪烁出一种爬铁丝所带来的欢乐。

孩子们沿着铁丝斜着身子走动，正是这种活动使他们的下肢在得到运动的同时，又不用承受整个身体的重量。要是在儿童健身房里设置这种类似花园栅栏的器械,就能使儿童做在铁丝栅栏上所做的运动,但应该比花园里的小,从而满足他们在地上爬行和踢腿的需要,也可以正确地满足他们身体发育的需要。

这种小围栏的具体制作方法是:在一排排立柱之间横穿上平行的木棍。在"儿童之家",孩子们既能在上面活动、玩耍,又能高兴地看到同一屋子里其他孩子玩耍的情况。

# 10. 有规律的生活方式

如果我们按照有利于孩子成长的原则考虑,就完全有必要为孩子制定一个有计划的日程安排,以训练他们的秩序感和养成生活规律的意识。

为学龄前儿童安排学习和活动计划,是训练孩子秩序感和纪律性的一项重要内容,这项内容必须从为孩子适应社会生活方式做准备开始,同时还必须吸引孩子们对这些方式的注意。

家长首先要做的,就是唤起孩子的注意和他们的内在生命,以及与父母一起创造生活的激情。

学日时间相对较长,整天的时间里都有活动安排。冬季活动时间从早上9:00到晚上5:00;夏季为早上8:00到晚上6:00。孩子要度过这么长的时间,应该给予他至少一个小时的午睡。

如果我们按照有利于孩子成长的原则考虑,这么长的活动时间是有必要的。这不仅能培养孩子的秩序感,更能为孩子将来养成生活规律建立良好的基础。而且这种生活方式的养成,对于孩子的心智也有重要作用,它能让孩子建立一种理性而有秩序的思考方式。

# 11. 让孩子学会生活自理

培养孩子生活自理能力的内容包括：清洁卫生、姿势举止、照料自己、对话、做家事、踩线练习等。

1. 清洁检查

（1）检查孩子的手、指甲、脖子、耳朵、牙齿，以及头发是否整洁。如果发现他们的衣服破了，撕坏或弄脏，缺了纽扣，鞋不干净，就应提醒孩子注意。这样可以促使孩子养成注重个人形象和仪表的好习惯。

（2）孩子应经常洗澡，但不需要每天都洗。父母应该为孩子提供属于他们自己的清洗架、水瓶、盆子，并教孩子怎样进行局部清洗。例如，让他们学习怎样刷牙、漱口、洗手、清理指甲、洗脚，特别教他们小心清洗耳朵和眼睛。在此过程中，让他们注意如何清洗身体的各个部位以及不同的清洗方法：洗眼用清水，洗手用肥皂和水，刷牙用牙刷等。

（3）个人卫生检查完毕，就让孩子戴上围裙。父母先要教会孩子怎么系围裙，然后让孩子检查自己的房间，注意查看一切东西是否整洁，教孩子如何将有灰尘的角落打扫干净，如何使用各种清洁工具，如抹布、刷子和小扫帚等。这些工作如果让孩子们自己去做，很快就能完成。

2. 正确的坐姿和优雅的举止

做完清洁之后，应该为孩子讲解坐在座位上时的正确坐姿：保持安静，两脚搁在地板上，手放在桌子上，头保持端正。接着是如何从椅子上起身，接着是通过一系列的练习培养孩子的举止保持优雅，例如，见面和分手时的礼仪，互相敬礼，拿东西时轻拿轻放，接受东西时如何保持礼貌，等等。每个动作都要刻意教。

但这并不是限制孩子，仍然是自由式教学，因为对孩子的行为，我们不是去做好坏的评价，而是给予指导。父母要做的，只是帮助纠正孩子那些不正规的动作。

### 3. 照料自己

在照料自己方面，第一步骤是穿衣、脱衣。练习扣扣子、挂钩子、绑带子、系鞋带，以及叠被子等等。父母应坐在孩子身边，慢慢地向他们演示手指的动作，并刻意把这些动作分解成若干部分，让儿童看明白。

举例来说，父母可以先为孩子示范一遍如何扣扣子，然后让孩子在自己的衣服上进行尝试。一次不成功，那就轻握孩子的手，通过一系列动作为孩子建立一种动作的程序：先抓住扣子；将扣子对准扣眼；将扣子穿过扣眼；再仔细调整，使扣子位于扣眼的正上方。当然，父母需要边做边为孩子讲解。

如果教的是如何系鞋带，打蝴蝶结，可将整个动作过程分解成打结及做蝴蝶结两个步骤。对于孩子来说，由于学习意愿很强，他们会耐心研究每个动作，然后小心谨慎地动手做。

在"儿童之家"，增强手指协调性的练习在儿童中间进行，这为儿童的实际生活，如穿衣服、脱衣服、解纽扣等做了一些准备。这一教育的基本教具很简单：一些木制框架，每个框架上绷上两块布或皮革，缝上或空出一排排扣眼和纽扣、或挂钩和钩眼、或带子和带眼或拉链等。"儿童之家"采用了10种这样的框架，每一种框架代表一种不同的穿脱衣方法：

（1）框架上绷上两块较厚的毛料织品，缝上骨质扣——类似于儿童的外衣；

（2）框架上绷上两块亚麻布，缝上珠型扣——类似于儿童的内衣；

（3）框架上绷上两块皮革，缝上鞋扣，孩子们用纽扣钩连接这两块皮革——类似于儿童的鞋子；

（4）框架上绷上两块皮革，用鞋带系住；

（5）框架上绷上两块布（用鲸骨内撑），用带子系在一起——类似于意大利农妇穿的紧身围腰；

(6) 框架上绷上两块呢绒布，用风纪扣连在一起；

(7) 框架上绷上两块亚麻布，用小挂钩和钩眼连接；

(8) 框架上绷上两块布，用彩色的宽缎打成蝴蝶结连接；

(9) 框架上绷上两块布，用圆绳系在一起——类似于儿童内衣的系绳方式；

(10) 框架上绷上两块布，用拉链连在一起。

通过使用这些玩具，孩子们可以通过实践来分析穿衣服和脱衣服所必须做的动作，经过反复的训练以后，他们就可以自己独立完成这些动作。这样，不用通过任何直接的强制性命令，就能使孩子们在不知不觉的状态下，学会自己穿衣服和脱衣服。一旦他们学会这些动作，往往希望马上就能在实际生活中运用，这种能力的掌握能使孩子们感到高兴和自豪。

4. 对话

在以上一系列活动的进行过程中，采取轻言软语的说话方式显然是必要的。一方面是语气要温和，另一方面，要配合每一个具体动作进行提示，比如扣扣子，为孩子讲解哪个是扣子，哪个是扣眼，扣子应该从扣眼里钻出去，等等，给予孩子一些具体的形象，有助于孩子记忆。语气温和，要求父母要有耐心，而在讲解时，父母也务必做到条理清晰，不应自己一边讲解一边尝试。虽然许多动作，家长能够毫不费力地完成，但示范和讲解时，可能出错。这种事情并非少见。一旦出错，孩子的心中就往往会产生一种迷惑感，而且第一次动作演示对于孩子的影响是很大的，后面的动作都会受到孩子对第一次动作"先入为主"印象的影响。

5. 做家事的训练

在教授大动作如清洗盘子、摆放碗筷的时候，家长必须先介入，用明确的动作来示范，尽量少做口头指示。孩子会用心模仿、记忆、克服困难。每个动作都要刻意教，如何拿起或放下物品，碗的叠放顺序，以及如何合宜地将这些物品交给他人。用同样的方法教导儿童如何将盘子叠起放到桌上，而不弄出碰撞声。

6. 踩线练习

踩线练习能训练孩子的动作平衡性，协调孩子全身的动作，增强孩子在照顾自己、做家务、打扫清洁卫生等活动时的个人能力。

"踩线"练习是一种很重要的练习方法。首先，在一空旷的地板上，用粉笔画一条线。线条可以是一条直线，也可以是椭圆形。在教孩子时，父母应该做出示范，就像走绳索的特技演员那样走在线上，将一只脚放在另一只的正前方。

这项练习看似轻松，对于孩子来说，则需要他们使出浑身解数，因此要提高技能，只能靠孩子反复主动的练习。在练习过程中，父母不妨播放音乐来配合孩子，比如一些旋律简单的进行曲，进行曲的开始节奏不要很明显，但要能给孩子们伴奏，激发孩子们的自发努力意识。

当孩子们通过这种方式学会把握自己的平衡后，他们走起路来就显得标准而完美，除了步法镇静外，他们还能获得一种优雅的仪态。

## 第五章

*meng tai suo li
jiao yu yang pi juan*

# 语言教育——书写能力与阅读理解能力的培养

语言不是上天的赋予，而是人类思想、智慧的产物，儿童学习语言，首先是在无意识状态下开始的，而发展完成之后就成了大脑的一部分。说话、书写及阅读的重要性就在于，它们能完善儿童的个性，提高儿童认识、理解、思考及改造世界的能力。

# 1. 儿童语言能力的发展

说话和书写的重要性在于，它们能够完善儿童的个性，提高儿童的各种能力。语言是如何在出生之后形成的呢？首先要知道，语言是人类思想、智慧的产物，而不是上天的赋予。儿童学习语言的心理机制是在大脑无意识的状态下开始的。发展完成之后就成了大脑的一部分。而我们成年人只能想像出有意识学习语言是一个什么样子，因为我们是在有意识地学习语言。因此我们必须努力去理解另一种形式。这是一种自然的机制，或者说是超越自然的机制，它与有意识的学习无关，它也无法通过肉眼观察到。

通过做记录可以发现许多转折性的变化。儿童语言能力的发展也带着某种奇妙而鲜明的特征：

1. 0~1岁，婴儿潜意识学习

这一阶段，印在婴儿潜意识里的，首先是语言的基本部分——单个的音符，亦即字母，然后是音节，随后才是文字。

儿童在最开始说这些东西的时候可能不明白其意思。但这一过程的精巧之处在于，儿童的身体内好像有一个古板的教师，他们先教儿童字母，然后教音节，随后教单词。儿童这个内部的教师通常在很恰当的时机教授儿童。儿童先学习发音，再学习音节，完全遵循语言学习的渐进方式。儿童随后开始学习单词，最后学习语法。

儿童首先要学习的是事物的名称。

自然的教育方式与我们所预期的完全相同。自然就是教师，儿童就是在它的指导下学习了我们成年人认为很没意思的语言。他们会表现出很浓厚的兴趣，这会一直持续到3~5岁，直到儿童发展的下一个时期。自然教授儿童名词、形容词、连词、副词、动词不定式、名词格、前缀、后缀以及所有的特殊用法。这一过程就像在学校学习一样。我们会通过最后对他们的检验发现，儿童已经能够熟练使用语言了。直到那时我们才发现，他的体内有一个很好的教师，他也是一个勤勉的学生，已经把语言学得非常好了。

儿童是非常神奇的。他可以在两年之内学会如此多的东西。在这两年内，他的潜意识逐渐觉醒，并且在一夜之间突然爆发。婴儿会在4个月时，就开始注意到这个深深吸引他的声音来自于嘴。他们会发现是嘴唇的运动产生了语言。很少有人注意到婴儿会被人说话时嘴唇的动作所深深吸引。婴儿会对嘴唇的动作仔细观察并模仿。

随后，有意识的行为开始发挥作用了。当然这些动作是在无意识状态下进行准备的。现在用来说话的肌肉还没有完全能够准确协调地进行工作，但儿童的一些有意识的兴趣已经被唤起。这又提高了儿童的注意力，并促进了儿童语言的进一步发展。

经过2个月的细致观察后，儿童可以开始发一些单音节的声音。到6个月的时候，我们会在某一天早上醒来突然听到孩子说，"帕，帕，妈，妈"，似乎在说"爸爸，妈妈"。随后的一段时间他们只能说这个两词儿。

这时我们就要了解到，儿童的语言发展在经过长时间的努力后，到了一个临界点。他已经脱离了潜意识学习的时期。

婴儿出生后的头一年就这样结束了，但在此之前，婴儿知道了他们所听到的声音具有某种意义，同时开始努力理解这些话的意思。因此，婴儿出生后的头一年发生了两件事情：他在无意识状态下学习了语言，并且逐步达到了有意识状态；同时还建立了语言，虽然这时还只是简单重复的咿呀学语。

2. 1~2岁，儿童开始有意识地说话

这一时期的孩子仍然没有完全脱离咿呀学语的状态，但他此时说的东西已经有一定的目的性了。这说明他的智慧已经处于有意识的状态下。他开始意识到语言是与他周围的事物有关的。他有意识地掌握语言的愿望也变得越来越强烈。

于是在婴儿身体内发生了一场冲突，那就是一场冲破无意识逐步达到有意识的冲突。这是人体内发生的第一次冲突。

有些时候我们有很多想法要与他人进行交流，但我们因为语言的贫乏无法达到这一目的，这在儿童身上表现得最为明显。儿童对他这种无能为力的状态大为失望。儿童在潜意识里就开始加紧对语言进行学习，从而取得令人惊异的成就。

我们可能会在学校里找一个有知识的人与1岁大的小孩进行成人式的对话。但我们还没有充分认识到一两岁的儿童所遇到的困难，也还没有意识到给儿童提供一个学习正规语言机会的重要性。我们必须知道，儿童是自己学习语法知识的，但这并不意味着我们就可以在与他们说话时不必遵循语法规则，我们也应当帮助儿童正确组织语言。

婴儿1～2岁期间，父母应对儿童语言发展有一个科学的认识：儿童整个学习过程是有其自身的规律的。

### 3. 2岁，儿童语言"爆发期"

心理学家认为，儿童学习语言不是慢慢地一字一句地进行学习，也会有"爆发现象"。这种现象不是由教授者促成的，而是自然发生的。儿童总是在某一时期突然就能够准确地说许多单词。3个月之前什么也不会说的儿童，3个月之后就能够很容易地表述各种名词和动词了。对于所有儿童来说，这都发生在他满2岁的时候。

2岁时，儿童已经能够使用复杂的句子，甚至也已经能够使用长句和分句了。儿童现在已经建立了自己种族和社会所特有的心理结构和语言表达机制。这种能力也同时从无意识的状态，过渡到了有意识状态。完全具有了语言能力的儿童此时就会开始不停地说话了。

2岁是一个分水岭，儿童从此开始了一个语言组织的时期。值得一提的是，儿童的"书写爆发期"的出现与他们对语言的特殊感觉能力有关。这在他能够开始说话之后就更具有操作性。儿童在5岁半或6岁时，这种感觉能力就会消失。因此很显然，只有在这一年龄之前学习书写，儿童才会有兴趣有热情。超过这一年龄的儿童就失去了这一自然所赋予的特殊机会，想学习书写就必须做出有意识的、特别的努力。

4. 2~6岁，有意识的语言学习

语言能力在这一时期还继续发展，但发展的方式已经不是那种爆发式的，而是一种鲜活的、自然的方式。第二阶段一直发展到5、6岁，在这一时期儿童学习很多新的单词，并且逐步完善了自己所用的句型。当然，如果儿童只能在生活环境里接受很少的词汇，并且发音是当地的方言，儿童也会照着学习。但如果儿童生活在另外一些有文化的儿童中间，这些儿童词汇量非常大，他也会逐渐发展到这种水平。这些都是在没有老师教授的情况下发生，是一个自然吸收的过程。

5. 6岁之后，完成语言学习

我们必须注意通常紧密相连的两个发展方向：一个是学习语言过程的无意识活动，另一个则是在此之后的有意识过程。而这两个方向的结果就是，一个完整的人展现于我们面前。6岁儿童的语言表述已经非常准确。他们了解并且能够使用母语的一些规则，并且完全忘记了他们自己在此之前于无意识状态下所做的那些工作。不管怎样，他已经独立完成了学习语言的过程。

# 2. 训练发音与掌握词汇

儿童首先学会发出声音，然后学习音节的发音，之后是名词、动词、形容词、副词、介词、连词等等。我们可以根据这一顺序对儿童进行帮助。正确使用嘴唇、舌头和牙齿的练习，也就是教孩子在发某些基本的辅音时嘴唇和舌头该如何运动，怎样增强有关的口腔肌肉为发音做准备。这类体操为发音准备了元件，即训练了语言器官。

在"儿童之家"，最开始是让全班一起练习，然后逐个进行检查。孩子们被要求用力大声发出单词的第一个音节：当每个孩子都尽了最大的努力后，再逐个的叫起来单独重复。如果发得正确，就站在右边，相反就在左边。对发这个音有困难的孩子，要鼓励他多重复几遍。

培养孩子的掌握词汇能力主要有以下四种方法：

（1）由于听力与说话的感觉器官相连，因此训练孩子语言能力时，让孩子注意去听周围环境的各种声音及喧闹，并学会辨别它们。

（2）跟孩子讲话时，力求注意发音清晰，到位。即使在他很小声地说话，好像是在讲什么秘密时也要注意这点。

（3）让孩子们唱歌，也是一个锻炼准确发音的好方法。老师或父母在教孩子们的时候，发音要慢些，把每个字的音节分开来发。

（4）给孩子们上课时采用与感觉练习相关的命名法，是进行清楚且准确的语音练习的大好时机。在每个感觉练习中，当孩子分辨出物体之间的差别时，老师用一个词语清楚地描述出这个差别。

举例来说，当孩子一遍又一遍用粉红色积木搭建木塔时，我们可以拿起最大和最小的积木给孩子看，同时说着"大的"、"小的"。仅仅两个词，"大"和"小"，接连几次用重音和清楚的发音念出来："这个是大的，大的，大的……"接着中断一会儿。

然后，用下面的小测试来检查一下孩子是否理解这两个词语的意义，对孩子说："把大的那个给我"、"把小的那个给我"，重复一次，"大的那个"、"接着是小的那个……"接着再中断一会儿。

最后依次指着积木并问"这是什么样的"，假如孩子学会了，他就会正确地回答"大的"、"小的"。接着督促孩子更清楚地更准确地重复这些词。比如老师或父母可以与孩子进行这样的对话：

问："这是什么样的?"

孩子答："大的。"

问："什么样的?"

孩子答："大的。"

继续问："清楚地告诉我，这是什么样的？"

孩子答："大的。"

不过要注意，这里使用的大的物体和小的物体，仅是在尺寸上而不是在形状上有差别，亦即两个物体的三维比例应该相同。我们可以说房子是"大"的，棚屋是"小"的。当两张图片代表不同尺寸的相同物体时，一个才可以被称为是另一个的放大体。

然而，当物体仅是截面上有变化而长度没有变化时，那么它们就有厚薄之分。对于长度相同但截面不同的两个物体，我们应该说它们一个是"厚的"，一个是"薄的"。因此，教孩子们区分棕色棱柱的厚薄，要像教孩子们区分积木的大小一样分"三个阶段"：

第一阶段：命名。告诉孩子"这是厚的"，"这是薄的"。

第二阶段：识别。对孩子说"给我那个厚的"，"给我那个薄的"。

第三阶段：单词发音。问孩子"这个是什么样的？"

进行完上述的练习后，再随意地把棕色棱柱散放在地上，对孩子说："把最厚的那个给我"，并把孩子挑出的棱柱放在桌子上。接着重复这个过程，并把孩子挑出的棱柱紧挨着上回的棱柱放好。这样孩子就习惯于从剩下的物体中挑选出最厚的或最薄的，而且这也帮助孩子按次序摆放物体。

当物体只有一维变化时，例如木棒，变化的维度就是长度，这时，可以说这个物体是"长的"或"短的"。当物体变化的维度是高度时，我们可以说它是"高的"或"低的"。当物体变化的维度是宽度时，我们可以说它是"宽的"或"窄的"。

在这三种变化量中，我们只把长度变化作为孩子们的入门课程，我们还用通常的"三阶段"方法，让孩子从成堆的物体中挑选出最长的或最短的来教孩子识别物体之间的差别。经受过如此训练的孩子，通常都能具备非常精确的用词能力。

当要教的名称是关于颜色或形状时，我们没有必要强调两个极端的物体之间的对比（比如最绿的或最不绿的），可以同时给出多个可对比的名称，比如"这是红色的"，"这是蓝色的"，"这是黄色的"或"这是方形"、"它是三角形的"、"这是圆形的",但在有等级变化的情况下,要选两个极端的概念,比如"深"和"浅"(假定孩子正在学习关于颜色的单词),然后让孩子在"最深"和"最浅"之中进行选择练习。

通过这些课程的训练,孩子可以逐渐懂得并掌握许多词语,比如大、小、厚、薄、长、短、深、浅、粗糙、光滑、重、轻、热、冷等,还有许多关于颜色和几何形状的名称。这些词语并不涉及具体物体,而是精神上的收获。

当然,这需要经过长期的练习才能掌握,要通过比较、推理,形成判断,才能获得以前未曾有过的辨别能力。进一步说,这种训练可以让孩子具有更加机灵和敏捷的心理素质,观察和辨别能力也得到极大的提高,而且孩子头脑里的精神映像也不再杂乱无章,而是工整地分门别类。

# 3. 口语语法的学习

怎样教孩子学习语法呢?我们怎么能在他们会读、写之前教他们语法呢?让我们更加仔细地思考一下就会发现,有意义的语言的基础是什么呢?正是语法。不管是成人还是儿童,说话都必须合乎语法。语言亦即词语的组织结构。我们理解语言必须首先理解句子的结构。举个简单的例子,假设我们说:"玻璃杯在桌子上",单词的顺序在某种程度上决定了句子的意思。如果我们说:"上桌子在玻璃杯",那这句话的意思就很难捉摸。我们通过单词的顺序了解句子的意思,这样的句子才能为儿童所理解。

4岁大的儿童正在完善自己的语言机制、扩大自己的词汇量,因此,如果家长或老师在孩子4岁大时，给他们一些语法帮助，会对他们的语言学习有很好的作用。通过教授语法，我们可以帮助他们熟练掌握所学习、吸收的口语。

而经验表明，6岁大的儿童对语法也非常感兴趣，这正是教授语法的大好时机。在第一阶段（0~3岁），语法的学习是在无意识状态下完成的，到了4岁左右，儿童就要对它进行有意识的完善。而且这一年龄的儿童会学习许多新的词汇。他们对词汇有一种特殊的感知力，会自然而然地积累词汇。在这一时期，他们的词汇量也发展得最快。儿童几乎是饥渴地学习新词汇。如果没有人向他们提供帮助，他们会主动学习。因此我们应根据他们的需要，系统地教授。

在"儿童之家"，老师们为儿童写了很多单词让儿童读，并且每个词都写在不同的卡片上。但不久之后，这些老师就发现，他们的词汇量不够了。除了周围一些东西的名称，他们不知道更多的词汇，但他们还想学。因此，又出现了一些比较专业的词汇，如几何图形的名字，多边形、梯形、三角形等等。孩子们都学完之后，还可为他们提供一些更为专业的词汇，如温度计、气压计，乃至一些植物学名词，花冠、花萼、雌蕊、雄蕊等等。孩子们以同样的热情学会了之后，还要求老师教授更多的词汇。

这一年龄的儿童对词汇有着强烈的渴求，并且在学习过程中一点也不知道疲倦。但到了下一阶段就完全不一样了。儿童又具有了其他能力，他们学习新词汇变得越来越困难了。我们发现，儿童在这一阶段学习的词汇会终生受用。在他们8~9岁上学后以及以后的岁月里，他们都能够流利地使用这些词汇。因此，我们的结论是：3~6岁是儿童学习语言的最好时期。当然，这种学习不是机械式的学习。我们教授儿童新词汇时，应该把这些词汇与实物结合起来或与他们的户外活动结合起来，保持词汇与他们的实际经验同步。比如，我们可以向他们展示花或树叶是什么样子，通过地球仪讲述地理图形的样子（岬、湾、海岛等等）。如果有实物、图片或图表，儿童就很容易记住这些单词。儿童学习这些东西没有困难，反而老师会经常感觉这些词汇难于记忆并且容易混淆。

# 4. 拼字练习

大脑的一种先天能力即是它可以整理和安排思想的内容，从周围的事物中抽象出"特征的字母表"。这些都是通过抽象思维来完成的。而抽象思维越准确，它的价值就越大。对于大脑来说，抽象思维对思想有着非常大的影响。

字母表的发明者就运用了这种能力，因为所有单词里的字母都是由字母组成的。字母表就是一个抽象系统，单词则是口语的主要表现形式。根据精确的字母表和语法规则，可以衍生出无数的词汇。词汇如果要丰富语言和增加语言的实用性，就必须建立在语法规则和发音的基础之上。

拼字和书写练习的教材主要是字母表。此处用的字母和砂纸剪成的字母形状及尺寸一样，但只是用硬纸剪成，不用粘贴。这样一个字母一张卡片，便于孩子使用。每个字母都有好几张。在"儿童之家"，专门设计了一套装这些字母的盒子。这些盒子很浅，分成格，格中又分格，每一个格里放一个字母，一共四张完全相同。格与格尺寸不同，但每格尺寸与所装的字母尺寸一致。每一格底上都贴有一个用黑纸剪成的字母，使孩子们放回时能不费力地找到相应的格子。元音字母用蓝色纸板、辅音字母用红色纸板剪成。

除这些字母外，老师还有一套用砂纸剪成贴在硬纸板上的大写字母，以及一套用硬纸板剪成的大写字母，其数量的处理与上述方法一样。

练习中，孩子一旦知道某些元音字母和辅音字母，老师就把装有他知道的所有元音和辅音字母的大盒子摆在他面前。老师非常清晰地说出一个音节，例如，"ma，ma，"把m发得特别清楚，并重复几次。孩子几乎总是一下子就抓出m，把它放在桌子上。老师再重念"m—ma"，孩子再找出a，放在m旁边。然后他就会很容易组成另一个音节了。但是要读出他已经组成的字，就不太容易。一般都要经过一番努力才能读得出来。在这种情况下，我们可以帮助孩子，让他跟着读，发音清楚地读两次。但是一旦孩子懂得了这种游戏的道理，往后他就自己做了，并且非常感兴趣。我们可以读出任何一个字，只要注意孩子能懂得分别组成这个字的字母就行。孩子把发相应声音的字母一个接一个地摆放在一起，就组成了一个新字。

当一个孩子在摆放同他发出的每个字相应的一个字母卡片时，他就是在分析、完善和确定他的口语。拼字能从根本上保证清晰有力的口音。这种练习能训练孩子把声音与其相应的文字符号联系起来，为正规、完善的拼写打下基础。

此外，拼字本身就是智力练习。给孩子读出一个字，就是给他提出了一个问题。他必须通过回忆字母，从中选择出所需的字母，并把它们按适当顺序排列成字以解决这个问题。当他重读他拼组成的字，对于已经知道这个字的意思的人来说，就是一种检验。

当孩子拼成字并按教师的要求读出后，我们就把字母收起来，把每个字母分别放回相应的格子里。这样，在拼字过程中，孩子简单、方便地把比较和选择字母两种练习联系了起来。

第一是从整盒子的字母中取出他所需要的字母，第二是找出每个字母应放回的格子。于是，三种练习被融为一体，三种练习都联合起来确定与该字读音相应的字母的印象。这是从三种途径完成学习任务，掌握某一概念所需要的时间只相当于旧方法的三分之一。我们将很快看到，孩子在听到或想到他已知道的字时，他就会在内心里看到拼成这个字所需的所有字母，并自动排列成字。

如果孩子要组成他听到的字，他必须具有关于字母符号的内心视觉印象。这一行动主要来自他反复进行的智力练习。这样，虽然这个孩子从未书写过，但他已掌握了书写必需的一切活动。他在听写时，不但知道怎样拼这个字，而且这个字会立即完整地呈现在心里，并把它书写出来，因为他知道如何在闭着眼睛时，作出再现这些字母所必需的运动，还因为他几乎能无意识地操作书写工具。

# 5. 书写前的准备练习

书写能力不仅得益于儿童以前所经历的阶段，还会得益于儿童以前所进行的一些准备性练习。也就是我们为他们所准备的锻炼感觉区分能力的各种手工练习。因此，在此应遵循一条新的原则，那就是"间接准备"原则。

准备性的动作是通过各个分解动作的反复练习，达到熟练动作并成为一种机制，然后就能投入实践，完成以前没有直接着手进行过的工作。

为了让孩子更准确地描摹动作，更直接地进入导向，应该把字母开头做成凹形，使它呈漕沟形，这样小木棍便可以沿漕沟运动。

**1. 用手指触摸字母形状**

当让孩子用手指触摸字母做出书写特有的动作时，就是机械地训练了他们心理运动轨迹，建立了每个字母相应的肌肉运动的记忆。

让孩子触摸字母时，不仅用他右手的食指，而且还用上中指。

让孩子像握笔一样握一根小木棍描摹字母。实际上，就是让他有时握着小木棍，有时不用小木棍，重复进行同样的运动。

**2. 图画练习**

开始用笔练习的时候，孩子可用笔进行一些涂画的工作，更深切地感受握笔、运笔以及用笔画出各种线条的感觉。然后，孩子可以选择运用辅

助工具画几何图形,这个工作具体可分为四个层次:

(1) 取几何图形的外框,练习用彩色铅笔描画出外框的内边缘图形。

(2) 取几何图形嵌板,练习用彩色铅笔描画出嵌板的外边缘图形。

(3) 涂色,练习像写字时握笔一样地拿着,为所画的图形涂色。

(4) 在图形上画成不同的图形和各种装饰图案。

通过这个工作的练习,使孩子的握笔技巧更为熟练,因而能画出不同长度的线条,并且使他们的动作越来越灵巧、稳健。因此,从这项工作中,我们可以确定孩子用手握笔的能力。

**3. 建立字母视觉印象和书写记忆的练习**

(1) 教具

贴有用砂纸剪成的单个字母的硬纸卡,较大的包含一组字母的硬纸卡。用贴砂纸剪成的字母的硬纸卡,其尺寸和形式要和每个字母相适应。元音字母用浅色砂纸剪成,贴在深色硬纸卡上;辅音字母及成组字母用黑色砂纸,贴在白色硬纸卡上。成组字母的编排要注意形状对比或形状相似。字母剪成清楚的书体,笔画粗重部分剪得稍宽,最好选用小学书里用的标准字体。

(2) 训练内容

① 教字母时先教元音,然后教辅音。只发其音,不教其名。在教辅音时,直接把这个辅音和一个元音系统,按一般拼音方法反复组成音节。

② 把视觉和触觉与字母读音联系起来。

先给孩子两张卡片,视情况而定,上面贴着的可能是两个元音字母或两个辅音字母,假设这两个字母是 i 和 o,我们在出示卡片时就说:"这是 i,这是 o!"当我们教给孩子字母的读音后,马上就叫他描这个字母,仔细向他示范这个字母的描法,如果有必要就把着他右手食指像书写一样在砂纸字母上描一遍。

知道怎样描,这意味着知道写某个字母符号必须遵循的方向。

为了学会写这个字母,孩子可以无数次地重复这种动作;如果他偏离了,光滑的纸板面就会警告他的错误。

孩子一旦能熟练地描绘字母,就很喜欢闭着眼重复,让砂纸指引着手指移动，不用眼睛看。于是通过直接的肌肉触觉就建立起对字母的知觉。这种印象会指引孩子的手进行相应的运动。这种运动也就固定了肌肉记忆。

当我们用这种方法给孩子看字母并让他描摹字母时，其实同时发展了三种感觉：视觉、触觉和肌肉感觉。用这种方法形成的对书写符号的印象比原来只用视觉的方法所获得的印象所花的时间要短得多。我们会发现，孩子的肌肉记忆最强，同时也最容易。事实上，有时候孩子不看字母，只通过触摸就能认出字母来。此外，这些印象同时也和字母读音建立了联系。

③ 语言。

对于辅音字母，我们只发音，而且在发音后立即把它和元音相拼，读出所组成的音节；并利用与不同元音相拼，改变这项小小的练习。必须经常注意强调辅音字母的发音，重复这一辅音字母，例如，m，m，m，ma，me，mi，m，m。当孩子重复时，就让他单发这个音，然后再和元音拼读。

在教完辅音之前，不必教完所有的元音，孩子一旦知道一个辅音，他就可以组字。

这并不就是教辅音字母时可实际遵循的特殊规则。往往由于孩子对某个辅音字母的好奇使我们去教那个他想知道的字母：某个名称可能唤起他急于知道那个组成这个字的辅音，并且，孩子们的这种意愿比任何字母教学规则都更有效。

此外，在开始教书写的同时，就已开始教阅读。当我们给孩子一个字母并清晰地发出它的读音时，通过视觉，也通过肌肉触觉，在他心目中固定了这个字母的印象，他还把声音和相应符号联系起来，即把声音和文字符号联系起来。但是，当他看和认的时候，就是在阅读；当他触摸时，就是在书写。这样，他的心理同时接受两种动作，并逐渐发展成两个不同的过程：阅读和书写。

在这个发展过程中，我们不用去区分阅读与书写的难易程度，以决定孩子是先学阅读还是先学书写。我们必须摆脱所有的偏见，等待由实践来回答这些问题。因为个体差异将自然表现出来，不同孩子的发展显示出不同的优势。

## 6. 从拼字到主动书写

拼字练习的逐步增加和熟练，为孩子内心冲动或探求精神作好了准备，孩子拥有了信心，迟早会充满能量，以自发爆炸的方式主动进入书写。实际上，这是正常儿童的奇妙反应。只有当三个阶段的准备练习都已做完了，而孩子自己又没有主动写的时候，才去鼓励他写。这里存在着一种延迟书写活动的危险，孩子最后可能陷入毫无头绪的努力。

父母可根据以下3个标志判断孩子书写条件是否已经成熟：

（1）填画几何图形的平行线条是否规则；

（2）闭眼识别出砂纸字母；

（3）拼字正确而熟练。

在直接叫孩子书写之前最好至少等上一个星期，让他能自发地开始书写。在这一过程中，我们可以进行指导。

（1）首先在黑板上划线，引导孩子把字书写得正规，大小适度。

（2）引导孩子重复进行触摸砂纸字母的练习。

（3）不直接去纠正孩子的书写。因为孩子不是通过重复书写，而是通过重复书写准备练习来完善书写。

有一个初学写字的小孩想写好黑板字，他拿来了所有砂纸字母，在书写前先触摸三遍需要写的那些字母。如果他觉得一个字母写得不好，就擦掉，再触摸这个字母卡，然后再写。对于这样的孩子来说，真正的书写成了一种检验，是一种内心冲动的表露，而不是一种练习。像神秘的灵魂是通过祈祷来完善一样，他们是通过类似书写但又不是书写的练习来掌握和完善的。

尝试之前先使自己作好准备，在继续前进之前先完善自己，这一思想体现出一种教育价值。为了进一步纠正其错误而大胆地让孩子做他做不好或力所不及之事，这会使儿童对自己犯的错误失去敏感性。

这种方法里面含有一种教育观念，就是教孩子谨慎，避免犯错误；教孩子认真，精益求精；教孩子谦虚，使之消除幻想，追本溯源，不满足现有成绩，不断进步。

刚刚开始进行那三种练习的孩子和已经书写数月的孩子，每天都在一起重复着同样的练习，这使他们团结友爱，平等相待。这里没有新手和老手的区别，所有孩子都用彩色铅笔填图形，触摸砂纸剪成的字母，用活动字母表拼单词；小的在大的旁边，得到大的帮助。

一般来说，4岁的孩子就对书写有了强烈兴趣。触摸砂纸剪成的字母练习，是许多孩子非常感兴趣的一项内容。对于3岁到5岁的孩子来说，通常1到3个月，书写就能基本掌握。但这里面也存在两个主要困难，一是肌肉感觉迟钝，二是口语的某些永久性缺陷，会妨碍孩子把口语正确转译成书面语。

至于技巧，孩子们从一开始就能写得好，字母样式写得圆滑、流利、漂亮，与砂纸模型字母的样式极为相似。更重要的是，书法是教孩子书写的良好形式，也是纠正原有缺点的一种方法。这对一个孩子来说要经历长时间的努力，一边看字帖，一边根据字帖模仿必需的动作，此时正是肌肉记忆的生理敏感期。

因此教会孩子书写时，可训练孩子书法，让孩子触摸行书体的字母，注意形式美，同时通过填图，练习字母书写的流利。

# 7. 阅读训练法

真正意义上的阅读是对书写符号的含义的解释，作为一种智力活动，阅读训练一般从名称开始。从开始写的时刻起，到高级阅读阶段，通常需要两个星期，而要达到熟练，比熟练地书写要慢得多。

**1. 什么是阅读**

书写和阅读应该清楚地区分开来，因这两种活动并不是绝对同时进行。与一般想法不同，书写先于阅读。不要把孩子写字后的检查，认为是阅读，这种检查不过是在把符号翻译成声音，如同最初他把声音翻译成符号一样。

真正意义上的阅读是对书写符号的含义的解释。一个孩子，当他还没有听见这个词的发音，而是看到用桌上的字母卡片拼出这个词来时，就认识它并能说出它的意思，这才是阅读。他读出的词与书面语言的关系，就像他听到的词与口头语言的关系一样，两者都是接受别人传达给我们的语言。所以在孩子看不懂书面文字的意思时，不能说他会阅读。

可以说，书写主要是心理运动机制起作用，而阅读则纯粹是智力活动。但是我们的书写方法是阅读前的必要准备，它能大大降低阅读的困难。值得注意的是，当孩子用活动字母拼字或写字时，他有时间思考用什么字母来组成一个字。写一个字比读同样一个字花的时间要多得多。

一个会写字的孩子，如果一个字摆在他面前让他读，说出这个字的意思，他会沉默很久。如果他要阅读，那就必须有高级智力活动的介入。

**2. 阅读训练法**

（1）教具

先准备若干用普通的书写纸做成的小卡片，在每一张卡片上用行书体清楚写上某一个熟知的名词。

（2）训练方法

如果孩子已多次读过这个名词，那就把它拿来放在孩子眼前，使他容易明白这个词的意思。这些书写游戏所用的东西，可以灵活选择，例如球、娃娃、树木、羊群、各种动物、玩具士兵、铁路，以及许多各种各样的简单的图形，在家里，则可以选择各种家具和电器。

如果说书写是指导和完善孩子们的口头语言的运动机制，那么阅读就是帮助他发展思维及其相应的语言，它有助于提高孩子的社交语言能力。

阅读训练从名称开始，这里不存在从难词或易词开始的问题，因为孩子已经知道怎样读任何一个词。也就是说，他知道拼写出的任何一个词的读音。

老师或家长可以让孩子慢慢读出写好的词的读音。要是读音是正确的，我们就只说一声"读快一点！"这时孩子便更快地读第二遍，但往往还不能理解其意思，于是我们就重复说："快一点，再快一点！"孩子一次比一次读得快，重复着这同一组合音，终于突然意识到了这个词的意思。于是孩子看着它，像认识了一位朋友一样，表现出小朋友们经常流露出的满意的神情。这样就完成了阅读练习。课程往往进行得很快，因为孩子已经经过书写准备。

孩子们读出了这个词后，就把这个词的卡片放到叫这个名字的物品下面，练习也就结束了。

（3）一个游戏

老师或家长也可给孩子做下面这项阅读训练的游戏：

① 把各种玩具都摆在一张大桌子上，每一件玩具都有张卡片，上面写着玩具的名字。

② 把这些小卡片折叠起来放在一个篮子里，把它们弄乱，让会读词的孩子有秩序地从篮子里抓出一张卡片，拿回到自己的座位上，静静地打开，看那是什么，不准让旁边的人看到，然后再重新折好并保守秘密。

③ 让孩子手里拿着折好的卡片，清楚地说出那件玩具的名字，以便检查他说得对不对。如果他读得清楚，并能正确指出那件玩具，就让孩子拥有它。这无疑能够激发孩子的学习兴趣。

有趣的是，在"儿童之家"做这个游戏时，老师们发现一些孩子读对了卡片上的玩具名称后，却拒绝领取玩具。这些孩子说，他们不愿耽误游戏时间，宁愿换张卡片，再读卡片。

（4）读卡片

① 儿童之家的老师制作了数百张卡片，在上面写着孩子的名字、城市和物品的名称，有的也写着从感觉训练中已知的颜色、特征的名称。

② 接着把这些纸片放到一些打开的箱子里，放在孩子们可自由使用它们的地方。

③ 通常情况下，孩子会读完一只箱子里的卡片后才去读另一只箱子里的卡片，表现出了强烈的阅读愿望。

（5）孩子们的小卡片

让孩子自己制作小卡片，卡片上可以随孩子的兴趣写下一些词语或文字。例如简单地记下购买的物品，如铅笔、橡皮、墨水、圆珠笔等。这种方法需要孩子自愿进行，它的意义就在于，能够让孩子记住高频词，从而增强实际生活能力。

**3. 注意**

经验表明，从孩子开始写的时刻起，到高级阅读阶段，需要两个星期。然而，阅读要达到熟练的程度却比熟练地书写要慢得多。

并不是所有同龄的孩子都在一个时间内学会书写和阅读，因此不仅不应强迫孩子，也不要邀请和哄骗他来写字和读字。换句话说，当孩子对这种课没有自发兴趣时，最好不去强迫他们接受。

## 第六章

*meng tai suo li  
jiao yu yang pi juan*

## 数学教育——数字敏感度与逻辑思维能力的培养

如果能够在儿童时期把"精确"的观念深深植入其"具有吸收力"的大脑中,数学课对于孩子们来说就不再是一种煎熬,从而也避免了其对数学的心理障碍的产生。更重要的是,这种"精确"的数学教育能锻炼孩子的运算能力、逻辑思维能力和注意力,培养孩子对数字的敏感。

## 1. 儿童追求准确的倾向

对于儿童来说，追求准确的倾向会以很多明显和自发的方式表现出来。实际上，如果我们告诉孩子如何准确地做某件事情，这种准确性也会引起他们的兴趣。做一件事情首先要达到它的目的，但要把这件事情做得准确，还得要儿童做出努力，这种努力会促进儿童的发展。规律性和准确性是儿童在学校各种活动的主要方面。

用来培养儿童注意力的小物件，不但可以帮助儿童了解周围环境，也可以培养儿童精确的头脑。然而，在普通学校中，数学课对于孩子们来说往往是一种煎熬。许多人对数学已经有了一种心理障碍。但如果能够在早期把"精确"的观念深深植入儿童"具有吸收力"的大脑中，情况就会完全不一样。

在一般儿童的生活环境中没有与数学精确有关的东西。大自然中有树、有花、有动物，却没有与数学（精确）有关的东西。儿童的数学倾向可能会缺少发挥的机会，进而影响以后的发展。因此，我们可以把我们提供的小物件看作"物质抽象"或基本数学。

## 2. 数的概念

通过不断变化练习方式的数棒和数字卡片练习，可以让孩子逐步建立和发展数的概念，加强对各种维度的区分。

当孩子开始会阅读和书写时，学习数字符号已不再是难事。在感官教育的教具里，已经出现了许多数的概念，如较长、较短、较浓、较淡。虽然孩子无法吸收老师快速给予的"某些数的概念"，但却可经由本身慢慢地建立、发展而了解数的存在。

**1. 数棒的摆放组合**

（1）教具

第一个用来数数的教材是一系列不同长短的木棒，这些由 1~10 渐进的长度已经是感官教育的一部分。最短的木棒是 10 厘米，第二根是 20 厘米长……最长的是 1 米。

当这些木棒被用来教数字时，让我们感觉到的已经不只是颜色，也不再像只是用眼睛估计的长度。在每根不同长短的木棒上，以每 10 厘米为一个单位，用一红一蓝相间的颜色涂好，用来区别和数算。如果第一根代表 1，其他的则连续代表 2、3、4、5、6、7、8、9、10。把 2 和 3 的数棒连接放在一起，可以变成和 5 的数棒一样的长度。

（2）训练内容

① 将这些红、蓝数棒从左边开始数算，然后按照长短，由最短的开始并排在一起，也就是 1 和 2、2 和 3，等等。放好之后再由右边开始，自每根数棒的尾端如同梯阶般由下而上数到最长的一根，1、2、3、4、5、6、

7、8、9、10。

②如果孩子已经知道怎么写字，教师就可以给他砂纸数字："这是1"；"这是2"；"给我1"；"给我2"；"这是什么数字？"也要像字母一样地描摹这些数字。孩子描摹上面的符号，一方面学习怎么写，一方面学习它的名称。学会的卡片可以被放到相对应的数棒上。将数字和符号放在一起的活动练习，与将物品名称和物品放在一起的活动练习是雷同的。当这个工作完成时，也已奠定孩子接下来长期工作的基础。数棒的总和可以被写下来，放在对应的数量旁边。

③现在除了在感官练习对长短的认识外，再加上数算。先将这些数棒放在地上或混合着放在桌上，然后拿一根给孩子，让孩子算出上面有几节，例如5。然后对孩子说，"给我一根长一点的"，孩子用视觉去选择。现在每一根数棒都单独有自己的名字：1的数棒、2的数棒、3的数棒、4的数棒等等。最后按照他们操作的顺序，数出1、2、3、4等。

**2. 数字卡片的排列**

（1）教具

一个装有一组卡片和一些颜色相同的物品的盒子，这些卡片上分别写着0~9的数字。

（2）训练内容

让孩子排列卡片。作为孩子，必先将这些卡片按照数字的顺序排成一横列，然后将适当数量的物品分别成双地放在卡片下面。这样就能让他们很容易看出奇数和偶数的差别。

## 3. 简单加减法运算

使用数棒来做 10 以下的加减法,更容易让孩子掌握。

将数棒边靠边地一根根放在一起。

先把 1 的数棒放到 9 的数棒旁边;

接着把 2 的数棒放到 8 的数棒旁边;

然后把 3 的数棒放到 7 的数棒旁边;

最后把 4 的数棒放到 6 的数棒旁边。

如此做出所有和为 10 的数棒等长的组合。

这个很简单的游戏代表 10 以内数字的加法:1+9、2+8、3+7、4+6。

然后,当他将那些木棒放回原位时,他必须拿走 4 放在 5 下面,然后依序拿 3、2 和 1。这个动作让他能以正确的顺序放回木棒,同时,他也做了一连串的减法:10-4、10-3、10-2、10-1。

在这项轻松地移动物品的游戏中,孩子的智能不必费力地去想一组分离的单位代表一个总数量的难题,而是将精神投注在更高层次的活动练习,那就是预估放在一起的数量。

真正数字的教学,表示了从木棒到使用不同的单位计数过程的进展。当数字被孩子掌握时,它们代表的是抽象概念,而木棒则是具体的,也就是它们代表某一数字单位的"整体"。

语言的"综合性"功能及它为智慧所开启的广大工作领域,是借"数字"的功能而显示的,而数字可用木棒替换。

下面再介绍一种方法:

装有光滑卡片的盒子，卡上粘着1～9的数字，是自砂纸上剪下来的。这个与卡片上粘有砂纸字母的那一组类似。教的方法一样。让孩子先按书写方向"触摸"数字，同时讲出它的名称。这次孩子要比学字母做更多的工作。

（1）先让他看如何将每一个数字放在数目一致的木棒上。

（2）当学会所有数字后，第一个练习是将数字卡放在按顺序排序的木棒上，这样的安排形成相连贯步骤。孩子重复这个智慧游戏可持续许久，因为排卡片往往是孩子很感兴趣的。

# 4. 单位组合练习

单位组合练习是孩子将来学习数量级数学概念的基础，同时也有助于加强孩子对数字规律性的把握。

采用与加减法运算同样的教具，当孩子拿着自己的数字，经过使用，他会知道如何将单位组合在一起。

练习一：

在这个活动中，我们可用一组钉子，另外再给孩子们各式各样的小东西——小木棒、小方块、筹码等。

这个练习是在数字对面放置它所代表数量的物品。可用教材中的一只盒子，这个盒子隔成很多空间，在每一空格上，写一个数字，然后让孩子在该数字的空格里放置数量相同的钉子。

练习二：

将所有数字放在桌上，在其下放置它所代表数量的小方块、筹码等。

在装有钉子的盒子里，有一格上面写"0"。在这一格里"什么都不许放"，然后接着那一格才是"1"。

"0"代表什么都没有，放在"1"旁边方便我们数，当我们数到 9 时，接着便出现 10。

如果不用 1 作单位，而用 10 的木棒，那么我们就可数 10、20、30、40、50、60、70、80、90。

在一个框架里装卡片，上面写着号码 10 到 90。这些号码固定在框上，可由另外放进去的 1 到 9 遮盖 0 的部分。如果盖住 0 的是 1，则数字变成 11，如果是 2 盖住 0，则变成 12，以此类推到 9，然后再看二十几的部分，一直下去，从 10 到 90。

这个练习刚开始时，可用木棒做 11 到 19 的数。就如框里开始从第一个 10 开始时一样，我们拿代表 10 的那支木棒，然后将 1 的木棒放在 0 的位置，盖住 10 内的 0。之后，拿走 1 的木棒及数字 1，将 2 的木棒放在 10 的木棒旁，数字 2 盖住 0，以此类推，到 90 再做下去。

# 第七章
## 自然文化教育——在大自然中汲取精神养分

孩子的生命需要大自然的力量，他的精神生命也需要与天地万物接触，以便直接从生动的大自然的造化能力中吸取精神养分。人类从远古时代就开始了与自然的接触，并在自然劳动中学会了运用双手，认识和改造自然。可以说，自然世界是培养人类智慧的老师。

# 1. 自然是最好的老师

参加自然劳动的意义很多，最核心的一个就是，使孩子的个体发育和人类整体的发展协调起来，培养孩子的耐力和品格，让孩子与整个自然建立一种内在和谐。

现代文明尽管如此发达，人类仍然离不开自然，可以说，人类仍是自然界的一部分，与自然界有密切关系，相依相存。社会生活仅仅是人的生存的一部分，它无法取代自然生活。我们与自然界有着天然的联系，它对我们身体的发育有着显著的影响。孩子的生命需要大自然的力量，他的精神生命也需要与天地万物接触，以便直接从生动的大自然的造化能力中吸取精神养分。人类从远古时代就开始了与自然的接触，并在自然劳动中学会了运用双手，改造自然。可以说，自然世界是培养人类智慧的老师。

我们必须培养属于生物，因而也属于自然界的人去适应社会生活，因为虽然社会生活是人的特殊工作，但它也必须符合人的自然活动的表现。为缓和教育中的这种转变，我们必须开展自然教育，这种方式就像"儿童之家"那样，它设置在孩子父母居住的楼里，孩子的呼喊和妈妈的应答能彼此呼应。

让孩子们在户外或公园里成长，或者让他们半裸着在海边晒上几小时的太阳。舒适的短童装、凉鞋，裸露的下肢就是一种摆脱文明枷锁的方式。不过，有一个显而易见的原则：在教育过程中，只限于为获得由文明所提供的乐趣所必需的程度。

在所有对现代儿童教育的改进中，许多人都还存有一种偏见：儿童没有精神需要。他们简单地把儿童看成是只需加以爱护、亲昵，并使之在运动中生长的躯体。一个好母亲或一个现代的好教师，在今天所给予的，例如对一个正在花园乱跑的孩子，也不过是不要攀折花木，不要践踏草地之类的忠告，似乎通过活动腿脚和呼吸新鲜空气就足以满足他们身体发育的生理需要似的。

但既然儿童的肉体生命必然需要大自然的力量，那么他的精神生命也必然需要心灵与天地万物的交融，从而可以直接从生动的大自然的造化能力中吸取养分。达到这一目的的方法就是让儿童从事农业劳动，引导他们培育动植物，并从中思考自然，理解自然。

## 2. 参与园艺活动

园艺活动的意义就在于，它能培养孩子参与自然和了解自然的能力，不仅能在孩子与自然之间建立一种和谐的感情和关系，还能培养孩子的品格，引导孩子的心理健康发展。从本质上来说，自然劳动是孩子自我教育的一种形式。

园林学和园艺学是自然教育的一种方法。它不仅是身体锻炼方面的自然教育，也培养观赏植物并让他们从事园艺。

现代儿童教育的理念必须是也只能是促进儿童个体身心两方面的发展。农作物和动物培育本身就包含着道德教育，其含义和作用都极其丰富。

**1. 它引导孩子观察生命现象**

孩子们与动植物的关系类似于观察他们的老师和他们的关系。随着观察兴趣的逐渐增长，关心生物的热忱也随之增长，这样孩子们也就会合乎常理地去感激妈妈和老师对他们的爱护。

### 2. 引导孩子们通过自主教育而具有预见力

当孩子们懂得播种的植物的生长要依靠他们细心的浇水，饲养的动物的成长要依靠他们勤勉的喂食，否则，植物就会干枯、动物就会死亡时，他们就会像一个开始感到对生命负有责任的人一样，变得有警惕性。此外，一个与妈妈和老师全然不同的、呼唤他们忠于职守的声音响起，告诫他们，千万不要忘记自己承担的责任。这声音就是在他们照管下的垂危的生命所发出的哀求声。这样，在孩子和他们照管的动植物之间就会产生出一种神秘的一致性，从而诱导他们在无需教师的干涉下完成限定的行动，进而引导他们进行自我教育。

### 3. 引导孩子们学习具有耐心的美德和有信心的品格

这种有信心的品格是一种人生哲学。当孩子们播下一粒种子，直到它结果，首先他看到的是不成型的幼芽，然后是它的慢慢生长变化，最后开花直到结果；有一些植物发芽早一些，有一些则晚一点；落叶植物生长的快些，果树则慢一点。不管怎样，儿童最终会获得心理平衡，在幼小的心灵里萌生一种智慧，就像农民知道按时耕种那样。

### 4. 培养孩子们对大自然的感情

大自然以其神奇造化之功哺育着这种感情，谁为它付出了劳动，谁就会获得丰硕的果实。甚至在劳动过程中，孩子们的心灵与在他们照料下而发育的生命之间也会产生一种一致性。小孩子们会非常容易地对蚯蚓和粪虫产生兴趣，而我们这些成长时远离大自然，同时又没有接触过某些动物的人却感到害怕。儿童的这种兴趣正好能发展成为对生命的信任之情，这是一种爱的形式。

最能培养对大自然感情的是栽培植物，因为植物在其自然发展中给予的远比索取的多，它不断地展示着自己的美和丰富性：当孩子们栽培了蝴蝶花或紫罗兰、玫瑰或风信子，播下种子或埋下根球，或种了果树，也按时给它们浇了水，最后，那盛开的花朵、成熟的果实，就是大自然赐给他们的慷慨礼物。当孩子们不得不采集劳动的物质成果时，情况就完全不同了，不会动的清一色的果实都用于消费，分配殆尽，而不是增加积累。

5. 儿童沿着人类发展的自然道路前进

简言之，这种教育使得个体发育和人类整体的发展协调起来。人类通过农业从自然状态进入人工状态。当人类发现土地增产的秘密时，它就获得了文明化的报酬。注定要成为文明人的儿童也必须经历这条道路。

如此理解自然教育的作用，它就容易付诸实践了。因为即使缺少供体育练习用的宽阔操场和庭院，只需找几平方米用于栽培或一小块地方让鸽子做窝，以便进行精神教育总还是可能的，即使是窗台上的一盆花，如果需要，也可以用于教育。

在罗马的第一个"儿童之家"里，有一个宽大的院子作为种植园地。在那里，孩子们除了可以在户外活动外，还可以进行种植。

当较小的孩子们在路上跑来跑去，或在树阴下休息时，大一点的孩子们则正在土地上播种、耕锄、浇水或查看耕地表层，好让种子发芽。

# 3. 都市儿童的自然教育

在现代城市里长大的孩子，每天面对的都是钢筋水泥建筑的"森林"，离大自然以及那种古朴的自然劳动生活已越来越远。但这种自然生活对于儿童的成长意义深远，让孩子受到自然教育，是孩子发展自我的一个重要内容。保护和培养儿童对大自然的好奇心与感知力，让孩子与大自然建立一种和谐的关联是尤其重要的。

在日常生活中，父母应尽可能为孩子了解和探索自然创造条件。可以带孩子一起买菜，通过买菜识别各种蔬菜瓜果，五谷杂粮；让孩子参与植树、绿化带的清理、拔草活动，增强孩子的环保意识；如果有条件，还可鼓励孩子种植花草或蔬菜，养小鸡、小狗、乌龟等动物，让孩子在实践中掌握动植物的特点，建立爱心，认识自然规律，使孩子在这一劳动过程中对生命和大自然产生热爱。

除此之外，父母还可以带孩子到大自然中去，例如郊外农场、风景区或动植物园，让孩子通过观赏自然景色，体验世界的原初美感，开阔眼界，增长知识，获得心灵的陶冶。我们应该相信，当孩子在与大自然的接触中，感受到大自然的美丽与奇妙之后，一种眷念就会在孩子的心中产生，并对其个性、兴趣、精神产生影响，孩子的感官能力也能由此得到加强。

# 4. 环保意识的培养

环保将成为人类未来的关键主题。作为父母，应该在生活中对孩子开展环保教育，给予正确及时的引导，让孩子从小建立根深蒂固的环保意识。

人类生存离不开周围的环境和自然条件。工业化生产大规模发展之后，工厂、交通工具、家电燃油所制造的废气、废物、废水等等对整个地球生态环境的影响已经越来越明显，可以预见，如果环境污染问题得不到相应的重视，那么生态系统必然出现难以弥补的破坏和缺口，整个生态系统一旦出现断链乃至反常，人类生活就将受到严重的威胁。因此，环境保护不仅关系到人类的生存和发展，还关系到整个生态系统能否健康地维持和发展下去，而这种维持和发展正是人类得以生存和发展的基础。为了保护好我们的家园，使我们的家园不受污染的破坏，环保教育应在孩子中间进行。作为父母，应该在生活中对孩子开展环保教育，让孩子从小建立环保意识。我们都知道，无知往往能导致罪恶，然而即使一个人具有理性判断能力，也可能做出不符合理性法则的行为。

### 1. 在生活中建立环保意识

环境保护包括保护大气层、树林、淡水水源、野生动植物、土壤等方面。家长在日常教育的基础上要注意有关环保知识的讲解，建立孩子对于环保的概念，激发其兴趣。比如我们可以在与孩子谈话、讨论时，将环保知识有机地渗透在各项活动之中，注意发掘各项活动中的环保因素，让孩子知道各种与环保有关的节日，如植树节、世界环境日等。在美术活动中，让孩子通过对绘画、废物利用等活动的了解和参与，强化其环保意识。在劳动中增加锻炼内容，例如种树、嫁接、自然实验等。另外，让孩子积极参加各种生动有趣的环保活动。

### 2. 让孩子体验环保

带领孩子实地参观和感受两种截然不同的环境，如青山绿水的自然环境和浓烟滚滚的受污染的环境。可以带领孩子参观污水处理厂，将脏水和饮用水进行比较，让孩子树立节约用水的意识。日常生活中可选择一些符合孩子年龄的游戏进行环保教育，如名为"呼吸之树"的游戏，在游戏中把椅子当做"树"，只有在"树"下才能呼吸，随着"树"的减少，孩子在游戏的过程中感到呼吸越来越困难。让孩子通过这个游戏明白植树造林和保护树木的重要性。

### 3. 以身作则，潜移默化

孩子好模仿身边的成人，例如他们的父母。这种模仿有时是自觉的，有时则完全是无意识的模仿。这是儿童吸收性心智的无意识学习过程。因此父母应以身作则——养成良好的生活习惯和清洁卫生习惯，不乱扔垃圾，不浪费塑料袋，不使用一次性碗筷。最好的做法是，与孩子讨论怎样使家园变得更整洁、更优美，通过爱护身边的环境来获得一种对美感的认识：环保能带来美，从而培养孩子的环保趋向。

到了春天，不妨带孩子去花园。当孩子采了一朵花，走到母亲面前说:"妈妈,这朵花很漂亮,送给你。"妈妈接过花,仔细看一看然后微笑着说:"这朵花的确很漂亮,只是把它摘下来太可惜了。"接着就给孩子提示,让孩子认识到:漂亮的花儿是给大家看的,你摘走了别人就看不到了,如果不摘,我们就可以每天来看它。如果每个孩子只要喜欢一朵花,就把它摘下来,那花坛里恐怕就没有花了,美丽的环境就被破坏了。只要循循善诱,孩子自然会高兴地接受。

也可让孩子在初春时,了解刚刚发出嫩芽的绿色植物,并通过踩痛了小草会哭的故事,让孩子不要踩痛小草,小草就像孩子一样,需要保护,需要阳光和雨露才能健康地成长,长得非常茂盛,郁郁葱葱,从而激发出孩子本能的恻隐之心和关爱的情感。

从小进行环保教育,尤其是在孩子心智关键期给予正确及时的引导,孩子就会吸纳关于环保的概念,并逐渐建立一种理解能力,让环保观念成为孩子思想价值观念的一部分。

# 5. 世界是一张巨大的"字母表"

外部世界就是一张巨大的"字母表",它的价值至关重要。许多人都会有这样一个认识和感受,即文化不仅是一个信息积累的问题,它也表明个性的发展。

文化教育实际上是一种感官训练和语言训练。从感官训练的角度来看,人们是通过感觉器官探寻世界,因而感觉器官是获取知识的通道。为了锻炼儿童的感觉器官,父母应准备各种小物件,为儿童了解世界提供渠道,并让孩子的感官与事物联系起来。这些小物件不需很特别,只要找准所需要告诉孩子的是什么，家里的东西就完全可以应付。例如为孩子展示塑料的与镀了金属层的时钟，可以让孩子明白质感的概念，同时也让孩子了解到物体的美感与形式感的统一。

在现在的学校，老师们经常上一种被称为"物体课"的课程。儿童必须列举出某一特定物体的一些特性，例如，它的颜色、形态、纹理等等。这个世界上物体的种类无穷无尽，但每一物体的特性却是有限的。就像字母有限，而字母所组成的单词是无限的一样。

如果我们向儿童提供物体，每个物体又有许多自己的特性，这就好像给了他们一个字母表，一个打开知识大门的钥匙。因为他们不仅掌握了各种事物的特性，也掌握了事物的发展变化方式，为他们了解周围环境和世界打下了基础。

教授一个感觉受过锻炼的儿童与教授一个感觉上没有受过锻炼的儿童是完全不同的。一个物体、一种想法等等都会引起儿童的巨大兴趣，因为他们对这些事物的微小区别非常敏感，诸如叶子的形态、花的颜色、昆虫的样子等等。

儿童的发展取决于他们所接触的事物以及他们对事物的兴趣。一个有准备的头脑比一个好老师更为重要。向儿童提供的每个物件都有它自身的特性。这会对儿童大脑的条理性有很大的帮助。

# 第八章

*meng tai suo li*
*jiao yu yang pi juan*

## 运动促健康——孩子身心均衡发展的基础

如果一个正在发育中的儿童不运用他的运动器官,他的发展就会受阻。在心理发展过程中,身体的运动是不可或缺的。运动绝不只是机体呼吸、消化和血液循环方面发挥正常作用的辅助物,不仅有益于身体健康,培养孩子的协调性,还能激发勇气和自信,提高人的热情,影响个性的塑造。

# 1. 身体的协调性来自运动

自降生于世，儿童就开始了运动，但最初是无规则的运动。当孩子从抓取到学会走路，运动已经开始变得有了明确目的，之后，孩子还参与日常生活的练习，这一切都无疑训练了孩子的身体协调性。显然，我们并不是认为这些活动是为了增强孩子的肌肉，而是扩展孩子的肌肉能力，锻炼孩子肌肉的协调性。增强肌肉和协调肌肉是迥然不同的两个概念。

对于动物来说，自然赋予了它们的动作协调性，它们具有爬、跑或是游泳的天赋，人却没有。不过人具有学习能力，而且能比动物做得更好。人的动作不像动物那样固定和有限，他能够决定和选择他将学习哪些动作。对人来说，出生时所有肌肉是不协调的，所有运动的神经调节靠心理支配来形成和完善。也就是说，孩子有创造协调的潜在能力，而且协调一旦形成，便能通过练习加以完善。

这种协调性是在意志的支配下经过练习发展而成的。无论是谁，也不管他想要做什么，都有广泛选择肌肉的能力，而且为自己确定了一个发展方向。儿童的心理对他的发展能够起到引导的作用。

一个人的工作性质通过运动表现出来。因为人的工作就是精神生活的表现，而且牵涉各种运动，运动的发展服务于人的内心世界这一核心部分。如果一个人没能发展其整个肌肉，或者他只发展繁重的体力劳动所需要的那部分肌肉，那么他的心理也同样只停留在其运动所维持的低水平上。因此，人的精神生活可能要受他所面临的或者他选择的那种工作的限制。这就是为什么体育和游戏成为学校的必修课程的原因。开设体育和游戏课程以避免过多的肌肉被闲置，对孩子来说，则是促进心理发育和身体协调性的一项重要内容。

有人认为，孩子认真学习书写，是为了将来成为秘书；学习钢琴，是为了将来成为钢琴家。这种职业训练同运动的真正目的是大相径庭的。因为运动是孩子协调其精神生活中必需的一项内容，运动可以丰富孩子的精神生活，帮助孩子潜能的开发。

## 2. 运动促进心智的发展

如果不知道儿童身体运动的重要性，成人就很可能在这方面加以阻挠，从而导致儿童发展失衡。所有人都承认感觉器官对智力发展的重要性。尽管如此，要让人们接受身体活动与人的道德、智力发展具有重要作用这一思想，仍不是一件容易的事。如果一个正在发育中的儿童，不运用他的运动器官，他的发展就会受阻，与那些丧失了视力或听觉的人比起来，他更加举步维艰。

一个"失去肉体自由"的人将比盲人和聋哑人遭受更多、更深的痛苦。虽然盲聋人被剥夺了与环境沟通的手段，但经过一个适应的过程，他们其他感官的敏锐，至少可以弥补一些不足。另一方面，身体的活动与一个人的个性是密切相关的，没有一样东西可以代替它。

运动或身体的活动对心理的发展，要比视觉和听觉更重要，但我们的眼睛和耳朵，也是根据物理的甚至是机械的规律来发挥作用的。眼睛一直被描绘成"充满活力的照相机"，当然，它的结构奇妙无比。耳朵则像一支乐队，拥有能振动的鼓和弦。

有趣的是，当我们提到这些伟大的器官在心理发展中所起到的作用时，我们并不把它们看做是机械的装置，而是看做获得知识的工具。一个人通过这些奇妙和有活力的工具与世界接触，并用这些工具来满足自己的心理需要。心灵需要不断地得到滋养，需要看到冉冉升起的红日或令人喜悦的艺术品，需要聆听悦耳的嗓音和乐器。每个人也将对各种不同感官印象进行判断。

如果没有人去欣赏这些各种各样的景色和声音，那么这些复杂的感觉器官还有什么用呢？看和听更高的目的是通过儿童运用视觉和听觉器官，使其心智得到塑造和发展。

运动，即身体的活动也能产生同样的效果。这需要各种各样的器官，即使它们不像耳鼓或眼睛的晶体那样高度的专门化。教育和生活本身的目的就是一个理性的人能够支配自己的行动，使他的行动不仅仅因为感官的刺激而本能地应用，而是受理性的控制。

在心理发展过程中，身体运动的重要性也是不可或缺的一个重要方面。运动绝不只是机体呼吸、消化和血液循环方面正常发挥作用的辅助物，也不能光从身体的角度来考虑！我们知道，从事体育运动能使人受益。这类运动不仅仅有益于身体健康，而且还能激发勇气和自信。运动是有着一种精神影响力的，它能提高人的理想，激发人的生活热情。这种心理上的影响要比纯粹身体方面的影响深远得多。

儿童是通过个人的努力和从事各种活动成长起来的，因此，他的发展既依靠心理的因素，也依靠身体的因素。对于儿童来说，能够回忆起他获得的印象，并把它保持得清晰、明确，是极为重要的。因为一个人是通过他所获得的感官印象来形成智力的。正是通过这种秘密的心灵工作，儿童的理性才得到了发展。

然而成人采取的态度是，等待儿童的理性随着时间的发展而发展。他们不但没有试图去帮助儿童，反而用他们自己的思维方法反对儿童正在发展的理性。这种情况特别容易发生在儿童所从事的活动打扰了他们的时候。但是，正如我们所知道的，运动对儿童极为重要。运动是一种创造性能量的外在体现，它能使人类更加完善。通过运动，人类对外界环境起作用，进而完成自己在这个世界上的使命。运动不仅仅是一种自我表现，更是意识发展不可或缺的因素，因为运动是自我与客观环境建立一种明确关系的唯一真正途径。因此，运动或身体活动，是智力发展的一个基本因素，因为智力的发展有赖于从外界获得感官材料。通过活动，我们接触了客观现实，并借助于这些接触，获得了抽象概念。每个人都应该进行足够的锻炼，使他的肌肉处于健康状态。不同的活动能发展不同的肌肉，如果一个人几乎所有的肌肉都没得到过运用，那么他的生命力将很脆弱。

如果应该正常发挥功能的肌肉处于休眠状态，那么不仅是身体的能力而且心理的能力也会降低。这就是为什么活动也会影响一个人的精神活力的原因。

## 3. 遵循身体发育规律安排锻炼内容

只有将体育锻炼与孩子身体的具体发育状况相结合，才能真正实现促进孩子身心成长的目的。平时除了让孩子进行动手能力的训练之外，当孩子显示出发育迟缓或异常时，还应该鼓励他们去做有助于基本生活技能（如穿衣、脱衣、扣衣扣、系鞋带、拿物品）的运动。3～6岁这一年龄段，需要采用体育锻炼来保护和增强儿童的体质，促进其心智发展。这一阶段特别需要的是保健体操，主要是行走。

在最初阶段，儿童体形发育的特征是，躯干比下肢发达。一般情况下，新生儿的躯干，从头顶到腹股沟的长度是身长的68%，下肢仅为32%；在身体发育过程中，这些相关的比例会发生显著变化，例如，成年人为50%，个别达51%或52%。新生儿和成年人这种在体形上的差别会随着年龄的增长而缩小。但在成长的初期，躯干仍然保持着比下肢发育快的倾向，躯干与下肢的比例变化为：1岁儿童为65%，2岁为63%，3岁则为62%；当儿童达到入园年龄时，其下肢仍短于躯干，仅为身高的38%。6~7岁时，躯干占身高的57%~58%，在这一阶段，儿童不仅明显地长高（3岁时为85厘米，6岁则为105厘米），而且，躯干与下肢的比例也发生了很大变化。这时长骨两端软骨层更快发育，也与还没有完全骨化的骨骼有关，儿童的下肢会明显增长；但此时还没有发育成熟的下肢骨骼必须承受比它大的躯干。因而就不能以成年人行走的标准来要求孩子。如果强迫他们同成年人一起走路，要求他们跟上成年人的步伐，不想让他们想干什么就干什么，通常容易造成罗圈腿。因此父母应特别注意这些幼儿保健常识。

# 4. 平衡性和协调性的训练

我们应该为孩子的一些基本运动，如行走、投掷、爬楼梯、跪下、起立、跳跃等提供一个相对应的锻炼方式。因此有必要为孩子提供相应的器械，这些器械的制作大多都很简单。

我们应该采取怎样的方法来帮助和引导孩子呢？那就是，为儿童的活动需求提供一种适宜的器械，让孩子在行走、投掷、爬楼梯、跳跃等活动中锻炼平衡性和协调性。下面介绍6种锻炼方法。

**1. 篮椅**

"篮椅"是一种专门用以锻炼下肢，特别是用来增强体弱儿童的膝关节的器械。这是一种坐式秋千，它有一个很宽的座椅，小孩坐在上面双腿向前伸出，也可以完全放在座椅上。座椅的四角用绳子吊起来，可以来回晃动。座椅前面的墙上加上一块结实的木板，小孩用脚蹬木板，椅子就可以来回晃动，这样就可以使小孩的下肢得到锻炼。木板与墙要稍隔一些距离，并低一点，使孩子可以看到顶端。当孩子随椅子一起晃动时，通过这种器械使其下肢得到训练，而又避免了承受身体的重量。

2. 摆球

从保健的角度来看，"摆球"并不十分重要，但能吸引孩子们的兴趣。它是用一根绳子挂着一个橡皮球，可以由一个或几个孩子玩。孩子们坐在小扶手椅上击球，传给另一个孩子，以此用来锻炼双臂、脊柱，同时也训练用眼睛来估计处于运动中的物体的距离。这种练习也可以在父母与孩子之间进行。

3. 走直线

在日常生活训练中已经简要提到过这种方法，它同样适合于运动锻炼，目的是一样的，都是为了训练孩子的注意力和动作协调性。"走直线"即用粉笔在地上划一条直线，让孩子沿着这条直线行走。这有助于引导儿童按规定的方向调整自己的自由运动。在下雪后进行类似的游戏实际上更有趣，让孩子们在地上走出自己的直线，鼓励他们同别的小孩竞争，看谁走得最直。

4. 爬小圆梯

小圆梯是木质的，呈螺旋状，它的一边有护栏，可以做扶手，另一边则是敞开的。这种游戏有助于孩子养成上下楼梯不用扶栏杆的习惯，同时学会在上下运动中控制平衡。整个梯子不用太高，台阶要很平缓。在这种圆梯中上上下下，可以使孩子得到在家爬楼梯时得不到的合适锻炼，因为家里的楼梯是按成年人的身体比例设计的。

5. 低平台

这是一种木制的低平台，用来练习跳远。在平台上面用油漆划出若干条线，以标示所跳的距离。另外还有一段阶梯，配合平台使用，用来练习和测量跳高。

6. 绳梯

结合上面的体育器械一起使用，能促进孩子完善许多动作，如跪下、站起、前弯后仰等。若没有绳梯的帮助，儿童在做这些动作时就会失去平衡。

所有这些运动对儿童有很大的帮助，一是掌握平衡，二是协调肌肉运动，三是增加肺活量。此外，这些运动还可以增强抓握的动作，这是手最原始、最基本的动作了，但也是能够完成其他精细动作的前提和基础环节。

# 5. 三种促进生理发育的体操

平衡性和协调性的训练既来自平时的日常活动，也可以在体操锻炼中加强，因此体操同样应该具有这样的功能。但在许多公办学校，人们习惯于把体操当做一种集体性的肌肉训练，其目的是让儿童学会一套规定的动作，这种体操的指导精神其实是一种强迫，它以强制性运动代替本能运动。因此父母要做的，就是在孩子学龄前，让体操成为一项运动项目，与一般的肌肉训练结合起来，共同促进生理运动（如走路，呼吸，说话）的发育。

### 1. 自由体操

让孩子练习的自由体操，是不需要使用任何器械的。这类体操分为两类：指导口令下的体操和自由游戏。第一类，采用齐步走的方式，以练习孩子的平衡能力。在行进时，最好随着脚步节奏哼一些短曲子，因为这可以提供呼吸运动以增强肺部功能。

除齐步走以外，还有一些伴有音乐的游戏，非常类似于儿童们经常玩的游戏。在自由游戏中，给孩子们提供皮球、铁环、充满豆子的小包和风筝。在有树林的地方，孩子们可以玩简单的捉迷藏游戏。

### 2. 教育体操

这些练习是属于学校工作的一部分，例如，浇水、剪枝、耕地、栽种植物、饲养动物等。这些活动要求多种运动之间的协调，例如锄地、蹲下来栽种植物、起立等，都要求有动作协调性。让孩子们搬运物品到指定的地点，并实际地使用这些物品，他们就获得了一个极为有益的锻炼机会。

### 3. 呼吸体操

这类体操的目的是调节呼吸运动，教儿童正确呼吸的方法。实际上它也有助于儿童养成良好的说话习惯。下面介绍一些简单的训练方法，包括许多有关呼吸运动与肌肉训练相协调的训练方法。例如：

双手叉腰，嘴巴张开，舌头平直；深深吸气，迅速提肩，隔膜放低；慢慢呼气，缓缓放肩，复原姿势。

父母应选择一些简单的呼吸体操，让孩子手臂也跟着动起来，相互配合。

# 第九章
## 科学膳食——充足的营养让孩子更健康

0~6岁孩子的成长发育几乎可以用"迅猛"来形容。在这一阶段,不管是婴儿还是幼儿,脂肪、糖分、各种维生素和矿物质的补充都不能忽视,尤其是蛋白质、钙等营养素的补充。由于这一阶段孩子的消化吸收功能不健全,为了让孩子获得充足的营养,应提供利于消化的食物,同时尽量保证食物的色香味,并逐渐培养孩子定时定量、细嚼慢咽等用餐习惯。

# 1. 儿童饮食安排的总原则

为了促进儿童的身体发育，除了体育运动，在饮食方面也必须做到适合儿童的具体生理条件，正如儿童服用的药不仅仅是减少了剂量的成人服用的药那么简单，儿童的饮食也不是简单地减少成人每次进食的数量就可以了。

幼儿饮食必须有丰富的脂肪和糖分。脂肪是给儿童的有机体储备物质营养，糖分则在儿童有机体组织形成过程中促进增长。

在调制儿童食品时，应将营养食品弄成小细块，因为儿童还没有充分咀嚼食物的能力，他的消化能力还没有完全形成。

**1. 食物的选取与制作**

（1）肉汤和肉类

① 肉汤适合 3 岁前儿童；如果不给孩子提供肉汤的话，可以在蔬菜汤里加含糖的牛奶以代替肉汤。

② 肉类应在孩子 4 岁接近 5 岁时开始适当地提供，但必须是容易嚼碎的瘦肉，如嫩鸡肉、嫩牛肉和鱼肉。

③ 食谱中一定不要有软体类和甲壳类的动物，如牡蛎、龙虾等。

（2）菜汤、菜泥

菜泥比未经处理的生菜更容易消化，菜汤或菜泥应该是儿童饮食中的常备菜肴。

（3）牛奶和鸡蛋

牛奶和鸡蛋含有大量易于消化的蛋白质，而且含有促进吸收的酶，因此特别有利于孩子的生长。

（4）水果

① 水果对儿童也是很好的食品，不过应以果汁、果酱供给。

② 并不是所有的水果都对孩子适宜。无花果、菠萝、瓜类、樱桃、核桃、杏仁、榛子以及栗子等，都不太适宜幼儿食用。

③ 家长应考虑水果的成熟度、果肉的硬度、甜度和酸度等情况。桃、杏、葡萄、黑醋栗、橘子等宜生食。其他水果，如梨、苹果、李子等应煮熟或制成果酱食用。

④ 在吃水果之前，必须为孩子除去果皮、果核等部分。

（5）奶制品

各种乳酪都不应列入儿童的食谱中。

（6）乳蛋糕

乳蛋糕应该现吃现做，并且选用非常新鲜的牛奶和鸡蛋。

（7）蔬菜

儿童不宜吃生蔬菜，如沙拉、绿叶植物等，只能吃熟食。用土豆做成的土豆泥，是很好的辅助营养食品。

（8）调味品

① 儿童食物中的主要调味品包括糖、植物油和食盐。此外，可加点有机酸（醋酸、柠檬酸），即醋和柠檬汁。柠檬汁适用于调制鱼类、炸肉饼和菠菜等。适合儿童食用的其他调味品还有芳烃类蔬菜，如蒜、芸香，它能杀灭肠道和肺内的细菌，并有驱肠虫的作用。

② 绝对禁用胡椒、豆蔻、桂皮、丁香等香料，特别是芥末。

（9）饮料

由于儿童正在成长的机体需要大量水分，因此，必须经常供给水分。

酒类和咖啡型饮料，绝对禁止儿童饮用。发酵型饮料和对神经有兴奋作用的饮料对儿童十分有害。酒对儿童机体的成长有致命的影响，不仅抑制发育，而且可以引起癫痫、脑膜炎等神经系统疾病、消化器官疾病和新陈代谢疾病（肝硬化、消化不良、贫血等）。除了白酒以外，葡萄酒和啤酒也应该让孩子点滴不沾。

最好不让孩子喝茶。

## 2. 一日三餐的膳食分配

膳食分配也是儿童饮食的一个问题。其中一条原则就是孩子的饮食必须严格定时，以使孩子消化良好，保持身体健康。

在人们当中的确流行着一种偏见，认为要孩子长得好，就得不断地给他吃。然而，由于孩子的消化系统特别脆弱，因此比成年人更加需要节制饮食。家长应该注意，在规定的进餐时间之外，不让儿童吃任何零食。

（1）早餐可吃面包加豆浆或牛奶。

（2）午餐也是儿童的主餐，应有汤食、荤菜、蔬菜泥、鲜菜等。

（3）晚餐须少吃，以便进餐后不久就寝。吃晚餐的时候，建议有一道汤菜（孩子一天应喝两次汤）、一个煮鸡蛋或一杯牛奶，或者是加牛奶的大米粥等。

## 3. 0~3岁幼儿期的营养供给

这个时期幼儿的活动量逐渐增加，但消化吸收功能不能适应成人的饮食，一旦饮食不当，很容易影响生长速度，发生其他营养素紊乱症，此外还会影响智力发育。

**1. 0~3岁幼儿的生长发育特点**

1岁婴儿只有几颗乳牙，2岁半时乳牙才逐渐长齐，因此咀嚼能力比较差，消化道的消化吸收能力也差，只能吃些细、软、烂的食物。

幼儿的身高、体重、生长速度较婴儿期慢。新生儿的头围较胸围大，可随着年龄增长，营养良好时，婴儿的胸廓增长速度较快，胸围能较早地超过头围；反之如营养不良，由于婴儿得不到应有的营养，就会体格瘦小，骨骼钙化受影响，出现营养不良症状。

1~3岁婴儿是智力发育的关键时期。新生儿脑重约为成人的1/3，2岁时已增重到成人的2/3。这一时期，幼儿的感觉器官及运动器官功能逐渐完善。

**2. 每天的营养供给**

（1）营养元素的供给

①蛋白质。蛋白质是人体的最主要成分，脑的发育成熟尤其要有优质的蛋白质，如果蛋白质摄取量不足，质不优，会阻碍婴儿脑的生长发育，从而影响记忆力和理解力。幼儿每天需要的蛋白质，按每公斤体重计算，比成人高得多，是成人的3倍。幼儿每人每日需要40~50克蛋白质，其中动物性蛋白需占50%。含蛋白质的主要食品有畜食肉、蛋、水产、干豆

类、硬果类，如花生、核桃等植物蛋白质含量也较高。对于2～3岁儿童，含蛋白质的食品主要是牛奶和鸡蛋，也可以是肉汤。鸡蛋放入水中稍煮（蛋黄未凝固）即可食用。

② 碳水化合物。除蛋白质之外，幼儿每人每天需要4.6～5.7兆焦耳的热能。碳水化合物提供幼儿热能，摄取过量碳水化合物，体内利用不了，多余的热能形成脂肪积存在皮下，造成虚胖。碳水化合物摄取过少，机体所需热能不够，蛋白质就会转化为热能，造成了蛋白质的浪费。

③ 钙。钙是骨骼、牙齿生长发育的关键物质。幼儿应摄入充足的钙，每天需700毫克。牛奶是最好的钙的来源，易吸收。绿叶蔬菜、豆类也含有丰富的钙。

④ 铁。铁是血红蛋白的主要成分。饮食中缺少铁，婴儿易患缺铁性贫血，降低抵抗力。动物内脏、动物血、肉、鱼等食物中有较丰富的铁，吸收利用率也高。

⑤ 维生素。维生素A、B1、B2、C等是人体生理功能所必需的物质，缺乏任何一种，都会影响婴儿的发育。蔬菜泥和果汁或果酱应每天供给。

（2）均衡的饮食营养搭配

幼儿的饮食是由乳类为主，逐渐过渡到以米、麦等谷物和蔬菜、肉、蛋、水产等副食混合的成人饮食。幼儿的消化系统功能是逐渐完善的，因此这一过程应循序渐进，不能操之过急。

① 营养素比例：各种食物的营养素种类和含量不同，有的富含蛋白质，有的富含碳水化合物，有的又富含某些维生素，因此幼儿的食物要多种多样，不能偏食。根据计算，幼儿每天应该进食粮食150克、动物性食品150克、蔬菜100克、牛乳1瓶，还应吃些水果。

② 主食中米面的搭配：主食的谷物品种较多，有米、面粉、玉米、小米、薯等。幼儿的主食除米饭外，还可以是挂面、面包、馒头、包子、饺子、馄饨、麦片粥、小米、玉米粥，最好能轮流交替，经常变动，这样使幼儿更喜爱吃。

③ 副食应做到荤素搭配：荤食品中富有蛋白质，蔬菜中富含维生素、矿物质和纤维素。幼儿的副食应荤素搭配，有荤有素，荤食品的瘦肉、

鱼、禽、蛋、动物血应交替选用。深色蔬菜和豆制品应多选用，常吃些紫菜、虾皮、海带等富含铁、钙的海产品以及富含维生素A的肝脏，此外还应多吃些蘑菇、香菇等菌藻类的食品。

④ 干湿搭配：食物的色香味以及外观能刺激消化液的分泌，幼儿的菜肴应注意颜色的搭配，做到色彩鲜艳。食物要切碎、烧烂，便于幼儿咀嚼吞咽。点心类应将糕点、饼干、面包、包子配以豆浆、牛奶、赤豆汤、藕粉、红豆汤食用，做到干湿搭配，使幼儿乐于接受。

# 4. 4~6岁幼儿期的营养供给

4~6岁阶段的儿童乳牙已出齐，咀嚼能力增强，消化吸收能力基本接近成人，但营养素需要量仍相对较高。

**1. 4~6岁儿童的生长发育特点**

幼儿此时乳牙已出齐，咀嚼能力增强，消化吸收能力基本接近成人。其生长发育也渐趋平稳，每年体重约增加2公斤，上肢加长较躯干迅速。

**2. 营养需要**

（1）饮食要求

① 此年龄期的饮食要求与成人基本相同，各种食物均可选用，仅主食摄入量低于成人。

② 不吃刺激性食物。

③ 应注意饮食平衡，花色品种多样化，荤素菜搭配，粗细粮交替。烹调要讲究色、香、味，并尽量让幼儿有挑选食品的自由，以引起幼儿进食的兴趣。

(2) 肉汤

① 可适当供给肉汤。将肉放入冷水中,适量加点盐,不加香料。将肉煮2个小时,撇去浮油,加入黄油。肉汤应该现做现吃,保持新鲜。可在饭前2小时将汤炖在火上,因为汤一凉,化学物质开始分解,吃了对孩子有害,容易引起腹泻。

② 最好的汤,是用蔬菜泥(蚕豆、豌豆和扁豆等)做成的汤。先将材料放入盐水中煮烂,去皮,冷却后过滤。

(3) 肉类

① 3~5岁的孩子只应吃少量绞得很碎的瘦肉,5岁的孩子已经可以完全用牙齿把肉嚼烂。最重要的是,孩子容易囫囵吞食,可能引起消化不良和腹泻,因此应该教孩子怎样细嚼慢咽。

② 最适宜儿童食用的是嫩肉,首选是鸡肉,其次是嫩牛肉和易消化的鱼肉。孩子4岁以后,食谱里可以有牛肉片,但是不要吃难于消化和含脂肪太多的肉,如猪肉、鳗鱼、金枪鱼等。

## 5. 培育孩子良好的饮食习惯

培养良好的饮食习惯具有促进孩子性格形成、提高生活自理能力的重要作用。作为家长,应在进餐时细心引导孩子养成这种习惯。

幼儿时期是人一生中形成性格、习惯的重要阶段,在此期间培养幼儿的良好饮食习惯是十分重要的,家长和幼儿园老师在培养幼儿的饮食习惯的过程中起着主导作用。家长不仅要告诉孩子为何要这样做,而且要带头做到,以自己的行动教育幼儿,才能收到显著的效果。

### 1. 饭前便后洗手

环境中有很多微生物，不少是致病菌，可引起幼儿腹泻以及其他肠道传染病。因此教会孩子进餐时保持清洁很重要。既要注意保持个人清洁，也要保持环境卫生（如不要把餐巾弄脏等）。必须让幼儿养成饭前便后洗手的习惯，尤其是幼儿的手还不能熟练地使用工具，常用手指抓菜，更要洗净双手。同时，父母也要教他们如何使用餐具。

### 2. 定时定量进食

食物进入口腔从咀嚼到胃消化排空，均有一定时间，胃排空一般是4小时。养成定时定量的饮食习惯，会使胃按时排空，产生饥饿感觉，引起食欲，促使消化酶分泌，促进消化。吃饭不定时定量，有时吃得多，有时吃得少，或者乱吃零食，会使胃肠消化功能紊乱，影响正餐的进食量，从而得不到足够的营养素。

幼儿的胃容量小，各种消化酶少，一次不能吃得太多，1～3岁幼儿一般每天吃3顿正餐，2顿点心。

### 3. 不挑食偏食、暴饮暴食

各种食物有其特有的营养价值，但没有一种天然食物含有能满足人体需要的所有各种营养素，因此幼儿只有吃各种食物，才能获得他们生长发育所需要的营养素。此外，有的食物除了营养素外，还含有特殊的成分，如香菇含有一种多糖物质，这种物质可以提高机体的免疫功能，不少幼儿有些不良的饮食习惯，有的幼儿不爱吃蔬菜，有的不喜欢吃豆制品，有的不爱吃鱼，这是不利于他们的生长发育的。家长可将蔬菜等制成"菜饭"，提高孩子的兴趣。

### 4. 细嚼慢咽

食物在口腔中细细咀嚼之后，可使食物充分与唾液混合，有助于消化。同时在细嚼之后，食物的色味反射使消化液分泌增多，促使食物更好地消化吸收。因此要教育幼儿细细咀嚼食物后再咽下。

# 第十章
## 独立即发展——孩子需要自由的活动空间

儿童与生俱来对某些事物或事情更加感兴趣，他们愿意投入其中，并从中获得快乐。独立性的培养即是建立在这一基础之上。独立性就是让孩子根据自己的意向选择进行活动，若成人擅自干涉，便会阻碍儿童大脑和个性的发展。父母需要做的仅仅是，为孩子提供合适的环境，并细心观察孩子的行为，适时地加以引导。

# 1. 儿童自由的内涵

从生物学的观点来看，在儿童接受教育的早些年里，自由应当被理解为：儿童成长的环境必须最有利于其个性的发展。因此，不管从生理上还是从心理上看，自由的概念都包括大脑的自由发展。

父母或老师都必须有一种对生命的尊重。这样，儿童的生命就不再是一种抽象的概念，而是每一个儿童真实的生命。这里只存在一种真正的生物形式：活生生的个体。

对于每个被观察的个体，都必须对他们进行直接的教育。我们应当这样来理解教育，即教育有利于儿童生命的正常发展，它为之提供了积极的帮助。儿童有着正在成长的身体，有着正在发育的心灵。正是生理和心理构成了一个神圣的整体，它们共有一个永恒的源泉——生命本身。我们既不能损坏也不能抑制这两种正在成长的神秘力量，但是我们必须等待时机。我们知道，这种力量的表现形式将会陆续展现出来。

环境无疑是生命现象的第二个重要因素。环境既可以有利于生命的发展，也可以阻碍生命的发展，它可以改变儿童的生命表现，但它永远不能创造生命。正如物种和个体发展的原因都源于内部，儿童成长也并不是因为给予了充分的营养，适宜的温度条件，而是因为他潜在生命力的发展，因为他生命的胚胎正在按照生物遗传规律发育壮大。生命会自然地表现它自己，也就是说，生命是一种自我创造。反过来，生命的发展又受到了某些无法逾越的规律的限制和束缚。

教育者和引导者可以影响与环境有关的可变因素，但生命内在的神秘制约力量对孩子个体的影响，远远超过环境改变所带来的影响。一个伟大的天才不会被任何限制条件所遏制，也不会被任何错误的教育形式所窒息。

环境对个体生命的影响作用越强，个体的生命就会变得越发充满活力。但是，环境有正反两方面的作用，它既能有助于生命的成长，也能将生命窒息。

生命正是通过不断地克服前进道路上的艰难险阻，才向前发展。无论是一个生物种类还是一个生物个体，只有那些生机勃勃的具有旺盛生命力的生物，才能不断地保持前进，并最终成为胜利者。

## 2. 孩子有自主的选择倾向

儿童总是以一种很有趣的方式来满足自己的愿望。一个不到 2 岁的孩子，有时候会毫无原因地去拿一个他们根本拿不动的东西。比如他们总是喜欢帮助成人摆桌子。他们会不停地把东西拿来拿去，直到累了为止。成年人总是怕孩子劳累，但心理学认为，成年人这时对儿童进行帮助会阻碍儿童的行为，进而影响儿童的心理。很多精神上有问题的儿童都可能受到过类似的打扰。

一件儿童经常做的事情就是爬楼梯。成人爬楼梯是有目的的，儿童爬楼梯却没有任何目的。儿童爬到楼顶之后还没有满足，他们会跑到下面再爬上去，如此循环反复。儿童爬楼梯的目的是在劳累中寻找乐趣。通过研究发现，儿童的行为本身并不是他们要达到的真正目的，他们只不过是要满足内心的某种欲望。儿童只有完成准备工作之后才能对成年人进行模仿。只有到了那时，周围环境才能激发他。如果他发现有人在清洁地板或做糕点，他就会自己去做。做一些新鲜事可以激发孩子。

在"儿童之家"，一位老师有一天迟来了一会儿，事先她又忘了锁柜子。当她到教室后发现，孩子们已经把橱柜门打开了。许多孩子围着它，还有些孩子正取出教具，并把它们拿走。这位老师立即把这看作是偷窃，并认为他们对学校和老师极不尊重，应该严肃处理这件事，还通过讲一些道德原则来引导这些孩子。事实上这件事恰恰表明了一点：儿童已充分认识了这些教具，并且已经能自己做出选择！这使儿童开始了一种新的、有趣的活动。孩子们已经可以根据自己的爱好来选择不同的工作。孩子们所做的这种自由选择，正是了解他们的心理需要的最佳时机。

在"儿童之家"，老师们做了一个较矮的橱柜，以便孩子们能拿到与内心需要相符合的教具。一个有趣的发现是，这些儿童只选择提供给他们的教具的一部分，而不是所有。他们总是去选择一些同样的东西和一些自己偏爱的东西，而很少去留意其他物件。这无疑表明，对孩子们来说，每一样东西都应适合其内心需要。只要让教具不发生混乱，并且淘汰不需要的用具，儿童的兴趣和专注就会被激发。

另一个有趣而重要的发现是，尽管儿童能玩到十分精美的玩具，但没人愿意去玩。老师们因此决心帮助他们玩这些玩具。她们向孩子演示如何拿小碟子，如何在玩具娃娃的厨房里点火，并且在它附近放一个美丽的玩具娃娃。但孩子们的兴趣只持续了一会儿，就各自走开了。这使老师们认识到，在儿童的生活中，游戏也许只占很小的分量，他们之所以选择玩具，是因为没有更好的事可做。当儿童感到有更重要的事去做时，他们是不会去做那些在他们认为是琐碎的活动的。在孩子们的眼里，做游戏就像下象棋一样，只是闲暇时的消遣。如果强迫他们长时间地做游戏，他们就会痛苦。在"儿童之家"，正是由于手上总有重要的事情，孩子们对游戏就不特别感兴趣了。这正是孩子的心智从较低的阶段向较高阶段迈进的一种表现，由于儿童在不断成长，他们会对所有有益于自身发展的活动着迷。

遗憾的是，很少有成年人不对儿童的行为进行干涉。心理学家们也因此建议专门开辟一个儿童工作的地方,在那里,他们可以不受干扰地做任何事情。这可能是一个在树顶的小房子,下面放一个可以上下走动的梯子。当然这个房子不是用来休息的,而是为儿童设计的工作场所。

## 3. 工作,健康成长的必需

儿童的成长和发展,有赖于不断缩短他与环境之间的距离。这是因为,儿童只有不再依赖成人,才能发展自己的个性,获得"自由"。适宜的环境将有益于孩子的成长,在其中找到发展独特个性的工具。在儿童断奶时,可以发现类似的情况——他们已经渐渐不需要母乳哺育,而代之以谷类食物,换句话说,他们已经不再从母亲那里汲取营养了,而是从环境中汲取养分。

如果没有为儿童提供一个能使他变得独立的环境,他是不可能获得成长自由的。然而,如何为他们提供这种环境,就像应该如何正确地喂养儿童一样,需要进行仔细的研究。不过能正确关怀儿童心理需要的教育体系的基本轮廓已经足够清楚明了,人们只需在实践中去遵循即可。

最重要的一点就是,儿童能通过工作恢复到正常状态。对全世界各个种族的儿童所进行的实验证明,这个发现是心理学和教育学领域中最确切的事实。儿童的工作愿望代表了一种生命的本能,因为他不工作就无法形成个性。人是通过工作塑造自己的。不论是关爱还是身体的健康都不能代替工作。

同时,如果这种工作的本能偏离了正轨,也很难补救,不论是以别人作榜样还是用惩罚都不起作用。人是通过用双手的劳动来塑造自我的,他把手当做一种表现个性的工具，用手来表达自己的智慧和意愿，这一切都有助于他去征服环境。儿童具有工作的本能，这也足以证明人类有此本能并以此为特征。然而，为什么成人一直反对工作，并仅仅把它当做是只能带来烦闷的东西呢？这可能是因为整个社会都没有工作的正确动机。这种含义深远的工作本能，作为一种退化了的特征仍然藏于人们心中，它只是被人们的占有欲、权力欲、冷漠和依附心理引入了歧途。在这种情况下，工作只能依赖于外界的环境，或成为那些对工作没有正确认识的人们相互竞争的手段。工作因此而成为强制性的劳动，这样，工作反过来又成为人们的心理障碍。这就是为什么人们会觉得工作是艰难的和令人厌恶的原因。

不过，当人们处于有利的环境中时，工作就会成为内动力，并自然地表现出来，使得工作让人着迷、不可抗拒，并使一个人超越自我。我们可以从发明家的辛勤工作、探险家的发现和美术家的绘画中发现这一点。当一个人处于这种工作的激情中时，他就会拥有非凡的力量，并能再次体验到能使他表现自己个性的天赋。这种热爱工作的本能，就像从地下喷射出的激流，能使人类呈现焕然一新的面貌。这是人类文明发展的真正源泉，因为人有一种天赋的工作本能，并能通过工作使他们的生存环境得以完善。工作是人的特征，人类文明的进步和生存环境的更加轻松、舒适，都与人发挥出这种工作的本能直接相关。

在自然的发展史中，进化可导致新物种的产生。与物种进化类似的是，人类也是开始于自然生活，但渐渐地为自己创造了一种超越了自然的环境。显而易见，今天人们已不仅仅靠大自然提供的环境来生活，而是充分利用了各种可见和不可见的力量。

人类并不是仅仅从一个生存环境过渡到另一个生存环境，他还在不断地为自己建构新的环境，并且已经非常依赖于这个由他亲手创建的环境，已经无法离开环境中的各种奇妙的发明创造了，因此人类的生活是需要他人帮助的。大自然并没有像帮助其他生物那样帮助人。鸟可以找到现成的食物和用来筑巢的材料，但是人必须从他人那里获得他所需要的东西。

当然，这种依赖性并不妨碍每个人成为他自己生活的主人，能够按自己的意愿去选择自己的生活。人并不直接地受到自然变迁的影响。他与环境之间是有距离的，但每一个人却都毫无例外地受他人的影响，如果他周围人的心理遭到扭曲，他的生活就将处于危险之中。

一个人的工作与处于正常化状态之间的紧密联系，就是人具有天赋工作本能的最好证明。

关于工作还可以从生物学的角度来看待。我们都知道，每一种生物为了能生存、繁衍，都需要依赖其他的生物。所有生存在地球上的生物，被看作处于一个"生物圈"中，生物不仅保护自身的存在，而且还为其物种的繁衍提供条件，所有的生物都在地球上和谐地工作着。动物生产出来的东西比它们实际需要的东西要多，这就产生了一种剩余，这种剩余远远超过了它们消耗的能量。因此，所有的生物都可以被看作是宇宙的工作者和自然规律的遵守者。人，作为优秀的工作者，自然也要遵循这一规律。

人类所做的工作是否完美，不应该通过人们的需要来衡量。由于人们的心理严重地偏离正轨，他们与自己的人生目标就分离了。如果想让儿童健康茁壮地成长，就应听从其本能的指引，接受正常化的教育。

# 4. 绝不擅自干涉孩子

在日常生活当中的一个普遍现象是，成人之所以对儿童生气和恼怒，不仅是因为他们认为儿童所做的一切都毫无用处，还因为儿童行动的快慢和行为方式都与他们不同。然而行动的快慢，几乎就像一个人的体形，是儿童的特征。通过观察我们自己的经验就能发现，当别人的行动速度与我们接近时，我们就会高兴，而当我们被迫去适应别人时，就会感到不耐烦，甚至痛苦。

而当一个儿童动作缓慢时，成人就会有一种干预的欲望，总是无意识地极力阻挠儿童进行缓慢的、不慌不忙的活动，他们就像赶苍蝇一样，想摆脱掉这种烦恼，于是出手替儿童解决问题。但这种帮助有害无益，对儿童的心理需要没有丝毫的帮助，反而阻碍了儿童做他们自己喜欢的事。成人阻挠儿童自由地行动，因此就成了儿童自然发展的一大障碍。

"任性"的儿童或许会声嘶力竭地哭闹，不让别人帮他洗澡、穿衣或梳头。这种戏剧性的冲突表明，儿童想靠自己的努力成长。谁会想到，对儿童的毫无必要的帮助，会成为他成长中的一个心理压抑呢？事实上，成人仍然没有做到尊重孩子。我们总是试图强迫孩子们遵从我们，乃至专横、粗鲁地对待他们，以使他们表现得服服帖帖、规规矩矩。但孩子真正的内心需要却被我们漠视，甚至粗暴地否定了。

给予儿童自由和独立，其前提就是在坚持一定原则的基础上，尊重孩子的选择，不擅自干涉儿童的行动，即使他的行动显得笨拙、缓慢，看上去似乎无法完成。在儿童面前，成人需要做的只是，在某个地方细心地观察，并耐心地等待，随时准备分享他们所经历的困难和快乐。

当孩子需要我们同情时，我们应该积极而热情地回应他。让我们对他的缓慢进步保持无尽的耐心，并对他的成功表示热心和兴奋。如果我们能够说"和孩子在一起时我们是谦逊的，我们像要求别人对待我们那样来对待孩子"，那我们就掌握了最基本的教育原则。

就我们自己来讲，我们不也是希望在工作中不受打扰，在努力的过程中没有阻力吗？我们不也是希望在需要的时候，朋友能随时提供帮助吗？看到朋友们和我们一起快乐，是我们快乐共事所需要的。同样地，孩子们应该是比我们自己更需要尊重的人，我们需要的，他们同样也需要。

在儿童准备进入社会生活的第一阶段，成人如果对儿童进行干涉也可能会起到负面作用。儿童们排成一列向前行进时，可能会有一个孩子跑出来向相反方向走，于是矛盾就不可避免地发生了。我们成人的做法往往是把孩子抓住，带回到原来的队伍中来。但是，儿童会照顾自己，他们会解决自己的问题。虽然他们的方式可能与成人不一样，但他们所选择的方式

# 第十章 独立即发展
## ——孩子需要自由的活动空间

最能够满足自身的需求。儿童发展的各个阶段都会遇到这样的问题，它给儿童们带来了很大乐趣。如果成年人对他们进行干涉，他们会感到不快。如果我们让他们自由选择，他们会有自己的行事方式。儿童就是通过这些获得社会经验的。这种经验的积累可以使儿童能够正确处理所面临的问题，并且社会秩序感的建立也是通过这些日常经验形成的。

可能有人会问："儿童怎么会自己解决问题呢？"关于这个问题，有必要做一讨论。事实上，如果我们不对一群儿童进行打扰，只在旁边进行观察时，我们就会发现一些奇怪的事情，那就是儿童们互相帮助的方式与成人不一样。如果一个孩子拿了一个很重的东西，别的孩子不会来帮助他。他们都会尊重他的努力，只有在必要的情况下才会向他提供帮助。这对我们来说很具有启示意义，它说明孩子下意识里对别人的需求非常尊重，不会给予不必要的帮助。在"儿童之家"，有一次一个孩子把所有的木制几何图形和卡片弄到了地板上。这时学校窗外的街上来了一个乐队，所有孩子都跑出去看，只有这个孩子没有去，因为在没有把东西整理好之前他是不会去的。这个孩子努力把所有的东西放到应该放的地方，而其他孩子没有向他提供帮助的意思。这时他哭了起来，因为他也非常想看那个乐队。有些孩子注意到了这一点，就回来向他提供帮助，但对于成人来说当紧急情况出现时，就没有这种辨别能力。

成人很多情况下提供的都是不必要的帮助。我们经常会见到男士出于礼貌为女士挪椅子或扶女士下楼梯，这些都不是女士真正需要的。很多情况都是这样：当他人急需帮助时可能会没有人向他提供帮助，但当别人不需要帮助时，帮助可能又来了。儿童在潜意识里留有他们早期的一些东西，那就是只有必要时才向他人提供帮助。

另一方面，孩子们喜欢模仿成人，但我们为何不能友善地对待他们呢？我们不也希望帮助他们培养这种友善的态度吗？难道我们会认为第一次见面就拥抱我们的人是粗鲁的、粗俗的、没有教养的吗？友善包括了解且适应别人的愿望，在必要时牺牲自己的意愿。这就是我们必须展示给孩子们的友善精神。

我们应当随时准备提供孩子们所需的帮助，但永远不要成为孩子及其实践的障碍。平淡乏味的课程，或许会减弱孩子的求知热情，而保持孩子的求知热情是真正能够引导孩子的关键。这不是一项难以完成的任务，只要我们能够尊重孩子，冷静和耐心地对待孩子，在孩子做练习或行动时任由其行事而不过多地干预他。

接下来我们会注意到孩子有一种极力向外扩展的个性，他们有主动性，他们选择自己要做的事并坚持做下去，他们根据自己内在的需要来改变它。他们不逃避做任何努力，相反是努力探索并满怀喜悦地靠自己的能力克服困难。他们热情地要和每个人分享自己的成功、自己的发现和自己那些小小的胜利。因此，我们没必要去干预。"静观其变"是教育者的箴言。

要懂得孩子们的需要，我们必须科学地研究孩子，因为他们的需要常常是无意识的。那是来自生命内部的呼喊。这其中带着自然创造的神秘性。我们对这个非凡过程的干预是间接的，我们给这个小生命所提供的是必要的成长手段，做完这些，我们必须谦恭地等待孩子的成长。因此，让我们任由这个生命在他的极限内自由成长，让孩子们经历些艰难困苦吧，让我们仔细地观察其成长过程！这是我们的全部使命。

# 5. 训练孩子独立能力

不能独立，就谈不上自由。引导儿童自由的最初的积极表现，就是使儿童从断奶的那一天起，帮助儿童在独立的道路上前进。

### 1. 传统的错误做法

在父母中间普遍的错误做法就是，他们总是习惯性地待候孩子。但这种做法已经被证明会带来严重后果：这种行为不仅是在奴化孩子，而且还很危险，因为这将抑制孩子有益的、自发的活动。我们倾向于认为孩子就像木偶，为此我们像对待洋娃娃一样给他洗澡，喂他吃饭。我们从来不会停下来想一想孩子的感受。

应该让孩子自己做这些事情。大自然赋予了他们进行各种活动的身体条件和学会如何去做的智力因素。我们对他们的责任是，在需要的时候才帮助他们完成大自然所赋予他们的有益活动。如果喂养孩子的母亲没有尽一点力教孩子自己去怎么拿住勺子，然后把它放到嘴里，没有给孩子亲自示范，这样的母亲就不是一个好母亲。这对孩子很有害，因为它关闭了孩子自我学习的大门，并在孩子成长的道路上设置了障碍。这样的母亲不是把孩子当做大自然委托她照管的一个人看待，而是把他当做洋娃娃。

通过一个事实我们可以理解这种行为的后果。在近代，那些拥有许多仆人的贵族，往往越来越依赖他们的仆人，直至最终成为他们的奴隶，而且他的肌肉由于不运动会变得越来越虚弱，最后丧失了活动的自然能力。那些自己什么也不做而只会发号施令的人，他们的思想会变得非常沉重和迟缓。当有一天，这个人清醒地意识到他的处境，想重新获得独立的时候，他却已经没有能力独立了。

虽然教一个孩子自己吃东西、自己洗衣服和穿衣服是一件单调乏味且困难的工作，这需要付出比喂养孩子、给孩子洗衣服和穿衣服更多的耐心，但这是教育者的责任。

再举一个例子。一辆载着爸爸、妈妈和孩子的马车正沿着乡间小路行驶。突然一群有武装的土匪拦住了马车，并大声喝道："要钱还是要命？"面临这样的情况，马车里的三个人表现出三种不同的反应。男人是一名神射手，手里有一把左轮手枪，他迅速拔出手枪进行反抗；孩子只有一双自由轻快的腿，哭喊着，拔腿就跑；而那名妇女既没有枪，又跑不动（因为她的双腿好久不活动，而且被裙子裹着，没法跑），被这个场面吓呆了，顿时晕倒在地。

可以看出，这三种不同的反应与这三个人各自所处的自由程度和独立状况密切相关。

对父母的依赖性，其后果不仅在于其造成了"生命被白白地浪费"，导致孩子软弱无能，而且会使正常人的个性发展逐渐退化。

2. 独立性训练

没有独立就没有孩子的自由发展。我们必须指导孩子的个性得到自由、积极的表现，使之通过自己的活动达到独立。小孩子从断奶起，就开始努力走上这条独立的道路。怎样的孩子是断奶的孩子？实际上就是不依赖母乳的孩子。他可以用各种各样的食物来代替母乳。对他而言，生存的方式增多了，虽然他一开始局限于一种营养食品，但是他能在一定程度上选择自己的食物了。

不过，他仍有依赖性，因为他还不会走路，还不会洗衣服和穿衣服，也因为他还不会用清楚简单的语言要东西吃。他在很大程度上仍处于被控制的阶段。当到了3岁时，他就可以在很大程度上独立自由地表现自己了。

有效训练小孩的所有教育活动，都必须帮助孩子们在独立的道路上前进。我们必须帮助他们学会走路，学会跑，学会上下楼梯，学会捡起掉落的东西，学会自己穿衣服和脱衣服，自己洗澡，学会清楚地讲话，并清楚地表达。当他们做各式各样的手工劳动时，他们不仅逐渐懂得整合自己的动作，而且也发展出个人行为的独立性及适应环境行为的原创性。父母应该适时地帮助他们，使他们有可能达到自己的目标和欲望。所有这些都是独立教育的一部分。

## 6. 行动造就独立的人格

当儿童踏上独立之路，他们的人格形成也在各种教育中提升。大自然的训练方法能带来帮助，也提供了一个解释社会生活的新基础。成长中的儿童似乎毫无保留地将一切都展现在人们的面前。儿童的表现为我们提供了现实和真理的指南。

或许有人会问，获取越来越多的独立的目的究竟是什么呢？它从何处而来？显然，是从不断成长的个性中产生。实际上，每一生物都独立活动，这一事实在大自然中早已存在。让儿童独立，就是在遵循大自然的规律。儿童获得了自由，而自由又是一切事物的首要法则。儿童是怎样获得独立的呢？他是通过不断活动获取的。他是怎样获得自由的呢？是靠不断的努力。任何生命都不会是静止不动的，独立也不是一种静止状态，而是一种不断的获取。要获得自由、力量和完善自我的能力，就必须走这条艰苦不懈之路。

儿童的第一本能，是在没有任何人帮助他的情况下自己完成动作。当他不让其他人为他完成动作时，他就为独立做了最初的努力，为了靠自己获得成功他坚持不懈地努力。

当儿童做有关房子的各式各样手工时，他们懂得整合自己的动作，而且也发展出个人行动的独立性，及适应环境行为的原创性。这些全部都成为"人格"的一部分，孩子成为自作主张的小成人。轻拿易碎物而不摔破它所需的特别注意力，及搬动重物而不发出一声噪音的能耐，赋予了肢体动作一种轻巧及优雅，这也就形成了孩子的个性。这是一种深切的责任感,让孩子达到完美。举例而言,当他们一次拿三个杯子或者端一碗热汤,他们知道所要负责的不仅是手边的东西,还影响到晚餐是否能顺利进行。同样的情形,每一位小孩在"宁静课"中,也感到有责任不发出声响,也知道如何为公众利益而合作,以维持周围的环境。这一切都无疑在表明,小孩已踏上那条引导他们征服自己的路。

# 7. 集中注意力的重要性

在儿童心理发展的过程中,给他们自由选择的机会显然是非常重要的。只有在儿童了解自己心理发展的实际需要时,才谈得上真正的自由选择。如果儿童同时受各种外界刺激的吸引,并且每种刺激都激起了儿童的兴趣,儿童摆弄这个物件之后又去摆弄那个物件,自己本身的意志起不到支配作用,这就根本谈不上自由选择。

了解到这一点是非常重要的。如果儿童没有自己确定的主观见解就不可能走上通向完美的发展之路。儿童的心理非常敏感。不良的教育可能会扼杀儿童的这种敏感性,使儿童对各种刺激都感兴趣,最终成了外部感官刺激的奴隶,从而不能正常地发展。一旦儿童集中自己的注意力,他就会沉下心来,安排自己的世界。这就像指南针能够为我们导航一样,儿童只有注意力能够集中,才可以说是成熟了。由此可见,注意力的培养是儿童发展最重要的内容之一。这是他整个性格形成和社会行为的基础。

当儿童的注意力集中于某一物体,不停地重复摆弄这件物体时,他的心理即处于一种安全、放松的状态。这时我们没有必要担心他们,我们要做的是满足他们的需要,排除他们可能遇到的障碍。如果儿童不能专注于某件事情，如果儿童不能集中精力，他就会被周围的事物所左右。儿童喜欢各种各样的事情，并且会一件一件地去做。

在儿童的注意力能够达到这种集中状态之前，我们必须学会控制自己，以便让儿童的心理自由发展。我们既不对儿童所做的工作进行打扰，也不简单地向儿童提供帮助，即使在帮助儿童和为儿童提供服务时，我们也必须同时对儿童进行观察。当然，我们在观察时不应该突出自己，也不应该随便向儿童提供帮助，而是继续观察儿童，了解儿童这种集中注意力的能力，了解他的心理发展状况。

集中注意力对儿童来说是一件非常高兴的事。其个性会在这一过程中逐渐诞生。当孩子从所关注的事物中走出来时，世界对于他来说充满了新鲜感，并且开始热爱美好的事物。这是一个很简单的心理过程：把自己与这个世界隔离开来，以获得与这个世界更好融合的能力。

儿童通过集中注意力与外界隔离，形成一种坚毅而又平静的性格，同时还培养出自我牺牲、工作规律、服从等优秀的品质。

儿童注意力的集中能够培养他们的社会感。我们应当在儿童的这种社会感形成之后向儿童提供帮助。

# 8. 培养孩子注意力的方法

必须让儿童学会如何集中注意力，但这不是外在强迫所能达到的事情，只有靠儿童自己去调节自己的心理。儿童不是根据逻辑推理行事的，而是受自然规律的影响——自然已经为他指定好了发展道路。人的发展与动物有相似之处，他们都会遵循已经定好的发展道路，同时努力摆脱成年个体的约束。自然规律对成长和发展提供了指导。如果一个人想建立自己的性格，完善自我，就必须遵循这一规律。

儿童的行为受自然规律的影响，成年人的行为则是其思想的反映。如果儿童要锻炼某种能力，他显然不会时时刻刻按照别人的要求行事。内在力量决定了儿童的选择，如果这种内在力量的作用受到限制，儿童意志力和专注力的发展就会受到限制，因此，如果我们想让他们获得这种能力，就必须让他们远离成年人的影响。

正如我们不能通过建议让成年人集中精力，建议也不可能在一个孩子身上达到什么明显的效果。况且，儿童们也不是有意识地去集中自己的注意力的。儿童之所以会专注于某件事情，是因为儿童产生了一种特殊的兴趣，这种兴趣能够促使儿童完成个性发展所必需的创造性工作。当儿童具有了专注于某件事情的能力之后，就开始具有了韧性。韧性或持久力是人类性格的又一特点，在专注的能力出现之后，韧性也随之出现。通过观察可以发现，儿童经常不停地重复一些活动。但他们做这些重复的活动没有任何外在的目的，很显然，确实有一种内在的目的在驱使。儿童在集中注意力做完某件事之后，会不停地重复做这件事情。这种行为会起到一种巩固的作用。

兴趣往往来自于环境，儿童周围的事物是非常重要的。换句话说，必须让孩子找到能够使他集中注意力的东西。

学校是一个能够让儿童集中精力做事情的地方。在儿童身上，首先引起我们注意的是他们能够专注于某件事情。在"儿童之家"，老师们曾看见一个三岁半的小女孩，其注意力集中的程度令人吃惊。虽然她身边有很多有趣的事情，但她专注于自己的工作，丝毫未受影响。小女孩的这种专注程度是很少见的，即使在成年人中也只有一些个性鲜明的人才会如此专注。

一个封闭的区域也有助于注意力的集中。世界上任何地方的人，如果他们想集中精力，就会找一个安静封闭的地方。在神殿和庙宇里就是这样，因为在那里可以创造出一种集中精力的气氛。在神殿和庙宇里可以促使人形成某种性格。

同样，在"儿童之家"，老师们也为儿童提供了一个类似的、能满足儿童精神需要的环境，它不只是一个提供庇护的场所，它的价值也不仅仅取决于它的形态和颜色，还取决于在屋子里为儿童们所安排的东西，只有这些儿童们触手可及的东西才能影响儿童注意力的集中。而这个场所中的几乎所有东西也都不是随意摆放的，是通过对儿童的长期观察总结出来的。

1. **提供小部分物件**

首先在儿童的生活环境中摆放一小部分物件，让儿童自己对这些东西进行选择。在"儿童之家"，老师们把那些儿童们愿意使用的东西留下来，把他们从来没有动过的东西去掉。有一些东西为所有儿童所喜欢，这些东西应该引起注意。关于这一点，可以在其他地方找到印证，在自由活动时，孩子们总是选择一些昆虫、花之类的东西，这说明他们对这些东西感兴趣，其心理发展需要这些东西。而这种选择的意义就在于，能够帮助他们成长。

在"儿童之家"，老师们曾经为儿童提供了一些玩具，但他们几乎不动这些玩具。老师们还为孩子提供了许多显示颜色的东西，但他们通常只选择一种。

2. **每样东西只为孩子们提供一个**

如果向儿童提供过多的东西，就会造成一种混乱。因此，即使有许多孩子，我们也只为他们提供一小部分东西。如果其他孩子正在使用这个东西，另外一个儿童想使用这个东西就必须等待。这就会养成儿童一种重要的做人品格。孩子们会因此明白，他们必须重复其他人的工作，不是因为某人要求他们必须重复，而是因为他们的日常生活经验要求他如此。因为每样东西只有一个，所以他必须等待别人用完之后才能得到它。这样的事情每天、每年都在发生，重复别人、等待机会就会成为他的生活习惯，这就会加快儿童的成熟。这样一来，儿童就会逐渐地适应社会。社会是不可能完全以某个人所希望的方式运行的，它是一个各种行为和谐开展的整体。

通过这些行为，儿童又形成了另一种优秀的品质——耐心。有了这一优秀品质，其他一些性格特征就自然而然地形成了。我们不能仅仅通过教育让一个3岁的儿童具有这样的品质，是儿童自身的经验促使了儿童这些品质的形成。

### 3. 三个时期

培养儿童的注意力需要认真对待三个不同的成长时期：

第一，潜意识时期。孩子的意识模糊，有序行为通过神秘的内心冲动产生于无序行动之中，作为外部结果，完成某种有序行动。然而却在他们意识领域外，似乎他们还不能随意重复这种行动；

第二，意识时期。这时某些行动是有意识的，意志出现在行动的发展和建立过程中；

第三，完全发展时期。这时意志已能够指挥行动，因此也能执行他人的命令。

当孩子完成有一定目标的协调行动时，或耐心地重复练习时，都是在形成他们的注意力。

### 4. 宁静课

在"宁静课"中，需要长时间保持安静并停止某些活动。当孩子在等待叫他们的名字时，以及在后来，当听到他们的名字时，都需要严格的自制力，他跑到老师跟前时，必须尽量不碰到桌椅或弄出声音。

在家庭内部，父母可以采取类似的方式进行训练，也可以选取钟表，让孩子聆听钟表的滴答声，还可以教会孩子画画，锻炼孩子集中注意力观察某一事物。

### 5. 算数练习

另一种培养注意力的方法是算术练习。当孩子们随意抓到某个数时，必须从面前大量的物品中抓取与该数字相应数量的物品。然而试验表明，孩子总喜欢尽可能多拿一些物品。

在日常生活当中，例如在进午餐时，当一个孩子双手捧着盛满热汤的汤钵送往餐厅的桌上，他必须排除外界一切干扰的刺激，防止冲动，即使有苍蝇、蚊虫叮在自己脸上，也必须忍住，不得使汤泼出或打破汤钵，从而完成任务。孩子们在这些活动和日常生活中，能培养和锻炼自己的注意力。

注意力是通过系统练习来增强和发展的。而且这种练习既是心理练习，也是实际生活练习。在一般人看来，孩子似乎是在学习行为的准确性和优雅的动作，或是在完善他们的感觉，或在学习读写。但事实上，这些系统的练习或学习活动，都是建立在独立自由的原则之上的。它们有着更深刻的意义：孩子们在学习怎样成为自己的主人，怎样成为思想敏捷和意志坚强的人。

**6. 把握注意力训练的进程，改善孩子注意力**

许多父母最头疼的问题就是如何培养孩子的注意力。他们经常咨询的就是："你看我家孩子总喜欢看别的孩子玩，注意力一点也不集中。""我的孩子不停地换玩具，为什么不能长时间地玩一样玩具？""我的孩子总喜欢跑动，一点儿也坐不住。"等等。

但孩子的注意力真的无法集中吗？

研究发现，孩子的年龄越大，注意力集中的时间也越常：3 岁孩子的注意力可以集中 5 分钟左右，4 岁为 10 分钟左右，5 岁约为 15 分钟，6 岁的集中时间大致在 20 分钟。随着年龄的增长，集中注意力的时间增长。由此可见，注意力是否能够集中跟身体因素有关，对于孩子特别是 3 岁以前的孩子，父母不能过分苛求他们保持很长时间的注意力，而应以平和的心态，科学地、慢慢地加以培养。

（1）婴儿期

0~1 岁期间的孩子。婴儿的注意以无意识注意为主。心理学家认为，对乳儿不必进行专门的注意力训练，父母把注意力的锻炼放在对孩子进行的各种日常活动之中就可以了，如喂食、玩耍等。父母应该让孩子的注意力趋向稳定。

需要注意以下几个方面：

① 慢功出细活。在这个阶段，孩子的大脑发育还不发达，很难区分和理解成人有意施加的各种刺激。因此，在对孩子讲话时，父母的语速要慢，要温柔，带着很强烈的感情，以免引起孩子的厌倦、急躁和反感。当采用晃动醒目的物体吸引孩子时，速度要慢，在孩子的视线中要保持足够

的时间。孩子把注意力转移到其他事物之前，父母最好不要将刺激物拿走。总之要突出一个"慢"字，"慢功出细活"。

②重复多遍。由于孩子的大脑不发达，孩子对孤立的刺激很容易遗忘，因而需要重复行为和奖励来强化刺激的效果，增强注意力和记忆力。因此在这个阶段，给孩子讲优美的小故事或放动听的音乐，不要放一遍就算了，应该重复几遍，让孩子熟悉之后，再更换新的内容。要注意的一点是，这些是放给孩子听的，因此不要把自己的感觉强加给孩子。

③尽量靠近。这个阶段孩子的认知能力较弱，太远的刺激物很难产生效果，因此，对孩子要采取"近"的技巧。从视觉生理特点来看，近距离的刺激会让孩子的视野更多地被刺激物填充，大大减少了视觉干扰，对增强注意力的稳定性大有裨益。比如，新生儿醒来时，父母可以拿一个醒目的东西放到孩子眼前20厘米处让他看，这样孩子的视觉就能够获得恰当的刺激。

④适度适当。训练孩子的视觉、触觉、听觉等方面，选择恰当的刺激物是一个主要问题。比如训练孩子的视觉，最好选择颜色鲜艳、色块大、易于区分的刺激物，不要让其他的细节分散了孩子的注意力。父母的脸是容易获得孩子的欢喜和注意的，因此，父母要多在孩子面前"露脸"。另外，能够直接满足孩子的机体需要的东西，也能很好地引起孩子的注意，如奶瓶、小勺等。用这些物品来训练孩子的注意力，既简单又方便，效果不错。

⑤互动。研究发现，运动的物体更能够吸引孩子的注意，比如，飞着的蝴蝶比静止的蝴蝶更容易获得孩子的认知。和注意关系最紧密的是互动，因此父母要想办法使孩子和刺激物之间进行互动，在互动中，孩子的注意力很容易得到加强。如果缺乏必要的互动，孩子的注意力会很快转移，转而去寻找一些更特殊、更具有刺激性的事物。一旦有了互动，孩子兴趣就会很快改变，注意力能够持久。一般来说，正常人具有将"自我"扩大的本能和趋势，更容易接受受自己活动影响的事物。无论哪个年龄层次的人，对自己行为产生回应的事物往往都能够处于注意力的焦点，对孩子来说也是如此。因此，父母要特别关注刺激物与孩子之间互动，这样就

能获得很好的效果。

⑥ 内容正确。不管能不能听懂，一旦发现孩子注意力集中在刺激物上，父母就要告诉他们正确的名称。比如一个皮球，父母要告诉孩子"皮球"或"球"，而不要说"圆圆"；汽车说"汽车"或"车"，而不要说"嘟嘟"。这样做的目的是帮助孩子建立正确的影像概念。千万不要小看孩子的潜能，资料表明，5个月的时候，如果父母能够根据孩子的注意力指向告诉他们物体的正确名称，并把他们抱近物体，每次当他们注意到这些物体时再强化相应的词语，一两个月内就能培养出对物体的反应。

（2）幼儿期

孩子在1岁到2岁半之间，从开始学步，到能够完全自如地行走、活动并初步学会语言，整个阶段叫做学步期。在这个阶段，训练孩子注意力的有效方法主要有：

① 用拼图、下棋等进行训练。在这个阶段，让孩子学会拼图，并逐渐增加拼图的块数，其效果通常是很明显的。在父母看来，学习简单棋类的玩法实在是没有太大的意思，可是孩子对这类游戏有时能达到入迷的程度，只要一玩起来，二三十分钟都不停止。如果父母能够培养起孩子的这种习惯，其注意力是不会出现问题的。

② 带着问题听故事。这个时期的孩子对故事有比较浓厚的兴趣。父母应有意识地让孩子带着问题去听故事，听完故事后回答问题。研究发现，这种方法对发展语言能力很有效果。如果让孩子听完故事后复述，这种效果就会更好，更能增加孩子的兴趣。

③ 让孩子当个小帮手。这个阶段的孩子开始能听懂话父母的话了，这时就可以交给他们一些小任务，让孩子帮助父母拿一件到几件日常用品，比如父母可以对孩子说"请你帮我拿一个苹果、一把小刀和一些纸巾"等。这种方法是孩子喜欢的，能够培养孩子的参与意识。

④ 让孩子带个口信。为了培养孩子各方面的能力，父母不时地给孩子一些带口信的任务，也可以培养孩子的有意注意力。如："告诉奶奶，晚上6点，有好看的动画片"等。开始的时候，话语尽量简短一些，然后逐渐增加，成为一个完整的句子。

⑤ 阅读或欣赏配音图书。目前，这种有光盘、图书画面内容相一致的图书很多，应该花点钱给孩子购买一些。这种图书与电视的不同之处在于，孩子对电视故事的理解取自于画面，也就是用看来理解故事，除了长时间看电视有害之外，更重要的是，看电视的孩子是被动的。而这种图书却是以听磁带为主，用图片来加深理解。这种以听讲为主的学习方法，对孩子将来的学校学习有非常大的帮助。在听、看的过程中，孩子不仅丰富了知识，提高了对事物的理解能力，同时也培养了他安静、集中注意力去听讲的好习惯，增加了孩子的主动性、积极性。

⑥ 做一些专门的训练游戏。父母可以在家做这一游戏：让孩子观察几样东西，让孩子看上1～2分钟，然后撤掉其中的一个或两个，请孩子说出什么没有了。这种游戏，我们不用希望一次成功，多做几次，孩子就会了。不要因为孩子的失败而发怒，更不要因为孩子不会做而放弃。这对训练孩子注意力和记忆力等是很有好处的。

(3) 注意事项

作为家长，需要注意四个问题：

① 目的一定要明确。很多实践证明，孩子对目的越明确，注意力就越容易持久。

② 培养兴趣。如果孩子对某项内容发生兴趣，注意力就容易集中而且持久，所以对孩子进行教育的形式应该多样，形象生动。

③ 劳逸结合。经过5～10分钟的学习，父母就应该让孩子有几分钟的自由活动，切忌"连续作战"。

④ 创造安静的良好环境。孩子学习的时候，应该尽量保持室内外安静，父母不要在屋内多走动，不要与孩子说与学习内容无关的话。父母要特别注意电视、录像等对孩子的影响。在孩子学习的时候，父母最好不要看这类东西。即使要看，也应该调低音量，以免孩子分心。

## 9. 想像力与创造力

反复的实践表明，培养想像力和创造力的关键时期是在童年。父母应诱发孩子的创意思维能力。孩子就是探险家，父母在教育孩子的过程中，应注意与孩子一起参与各种益智游戏，并在交流中让孩子发挥想象力，赞赏孩子所取得的成果。

人类的发展是以想象力和创造力作为基础的。科学发明首先就是来自幻想，没有幻想像鸟儿一样飞翔的愿望，就不可能发现空气动力学原理，就不可能最终创造出飞机；没有最初对于浩瀚星空的幻想，就不可能有对太空探索的欲望，就不可能有实现人类登月的一天。

而反复的实践表明，培养想象力和创造力的关键时期是在童年。脑科学研究的新成果也表明，大脑皮层的细胞分化，3岁时大致完成，7岁与成人已无大的区别。日本学者的研究表明，2~6岁是儿童创造力发展的关键期。儿童期是创造性发展最自由、最迅速的阶段。

发展心理学的研究表明，在合适环境的鼓励下，儿童在4~7岁是富有创造性的。对于所有的孩子来说，这个阶段正是最自由的阶段。认识了儿童创造力的启蒙阶段，培养儿童的创造力就有了科学的依据。

儿童创造力的启蒙阶段，具有自动自发性。往往在成人觉得平淡无奇的地方，孩子能发现无穷的乐趣，创造新奇。这时候的孩子就像艺术家一样，其敏锐的观察力可以让他们发现一般人看不见、发现不了的东西。因此，这个时期孩子的创造性极其珍贵。

**1. 想像力的培养**

父母要诱发孩子的创意思维。虽然许多父母很关心孩子的成长，但如果只把注意力集中在体能、智能、社交、情绪、语言等方面的发展上，忽略了创作力的培养，就相当于浪费了孩子的一大天赋。要想孩子有无限创意和丰富的想像力，除了给孩子买玩具外，更要利用日常家居用品，给孩子一个发挥创造力的天地。1~3岁的孩子就像一个探险家，喜欢探索和尝试各种事情，所以通过亲子游戏能帮助孩子发掘更多新事物。

（1）讲故事

故事是孩子最好的营养品，给孩子讲故事是一件轻而易举的事情。父母可以选择图画比较多的故事书，比如动物寓言、神话故事等等，让孩子静静坐着听，父母注意在讲故事的时候应吐词清晰，并加上感情、表情、手势等等，借此来训练孩子的感觉力和联想力。

（2）玩水

孩子喜欢水。玩水对孩子来说是一项有趣的游戏，在利用不同工具装水、玩水时，可以让孩子对不同物体的属性增加认识，并且提高孩子的感官知觉能力。

（3）玩沙

在风和日丽的时候，父母找一个时间把孩子带到沙滩上堆砌不同形状的沙堆，这是发挥孩子自由创作的极佳游戏。2~3岁的孩子想像能力很丰富，只要父母利用家居用品稍加启发，就能让孩子发挥无穷的创意。实际上这也是一种日常生活训练。

（4）"假装"游戏

父母参与孩子的游戏，常常是孩子感到很高兴的事情。当孩子将玩具视作有生命的东西时，父母可以加入孩子的游戏里，把玩具当成活生生的东西，代表玩具回应孩子。比如代替玩具回答孩子"你好"等。

（5）剃须膏变白雪

剃须膏不易溶解，而且质料软，是最佳的道具，但注意不要让孩子吃到嘴里去。父母可以把剃须膏挤出，让孩子随意搓捏，用这种方法来引发孩子的无穷想像。而且也可以增加孩子的触觉感受，让孩子联想出各种有关白雪的物件，如小绵羊、白云等。

（6）印手掌

制作或购买彩色颜料和画纸，将七彩缤纷的颜料涂在孩子手掌上，再随意印在画纸上，让孩子自由创作喜爱的图画。

（7）捏橡皮泥

让孩子用泥胶捏出自己喜爱的动物形状。通过参与制作过程可增加孩子的乐趣，培养孩子对形状的感知能力和把握能力。

（8）堆积木

用积木让孩子按照自己的意思去砌桥、建屋、修隧道，设计自己喜爱的城市和模型。这种方法可以促进孩子思维、精神和肌肉的多方面发展。

父母应该参与孩子的游戏，但是也要留出足够的空间让孩子自由创作。在这一过程中，父母要注意观察孩子的一举一动，如果见到他玩得很认真、投入，就不要插手——即使孩子的玩法不是你想像的那样，也不要干涉。当孩子的水平到达极限时，父母就可以给他提示，鼓励孩子再去努力。

玩游戏就是让孩子快乐、感到自由，在游戏的世界里，很难有对与错之分，所以，父母要让孩子随意去想像、去尝试。父母的责任在于鼓励。父母要了解孩子真正的意愿，就得作为一个旁观者，观察孩子，而不是去教孩子这样做或那样做，最重要的一点是，让孩子全身心地投入到游戏中去。父母善于使用赞美的话，这往往胜过物质上的鼓励，能极大地提高孩子的自信心。

父母对孩子要宽容。过于严厉的管制很容易造成孩子自我规限，失去创作空间。不要特意选择那些具有教育意义的游戏，以免减少孩子发挥想像力的机会。

**2. 鼓励孩子多提问**

父母都希望孩子今后能独立思考，具有创造性，那么就要从小对孩子进行创造性思维的训练。

（1）鼓励孩子提问、探索

父母为孩子设计一个宽松的求知环境，经常向孩子提一些能启发发散思维的问题。如可以就"水"提问题：水有什么用途？什么东西在水里会漂浮？水为什么会变冷？水可以有哪些颜色？水里通常有什么东西？同样，也可以就火、冰、汽车、花、树等题目向孩子提问。

此外，提"有什么用"和"怎么办"之类的问题，也能启发孩子的思维。如筷子有什么用？渴了怎么办？迷路了怎么办？世界没有太阳怎么办？等等。

对上述各类的每一个问题，如果孩子答得越多越新奇，效果就越好。父母要注意不要用大人的理智去抑制孩子开阔的思路，因为创造性思维从某种意思上说是一种异想天开，并非都符合逻辑。

（2）建立"成果登记簿"

鼓励幼儿独立从事操作性的活动，如帮助做家务，利用废旧物品制作各种小玩具等。为了及时抓住幼儿创造性思维的火花，父母最好为孩子建立一本"成果登记簿"，把孩子在一定时间内完成的事情，或者把各种新奇的想法记录下来。即使是做得不好，甚至做糟的事情也要记下来。这可以成为幼儿从事创造性尝试的完整记录。

3. 帮助孩子克服单向思维

孩子的思维特点是很依赖于形象思维，而且常常是从自己的角度去认识事物。例如，母亲将奶瓶里的牛奶倒入大口杯时，孩子会觉得牛奶多起来，因为大口杯的口径大；当他不愿被别人发现时，就用小手捂住自己的眼睛，以为人家看不见他了。单向思维是低级的思维形式，它妨碍创造性思维的发展，应该帮助幼儿克服单向思维形式，养成多角度思考问题的习惯。

4. 从好奇心到想像力再到创造力

创造力是离不开好奇心和想像力的，所以父母要充分利用这些去开发孩子的创造力。

研究表明，好奇心是决定孩子优秀与否的关键因素。在孩子眼里，一切看上去都是那样的新鲜，因此他们的好奇心最强。孩子用眼睛去看，用耳朵去听，用唇舌去触摸、去品尝，用鼻子去闻，这是孩子的游戏和乐趣，也是孩子的需要和学习的动力。

好奇心就是一种求知欲。当孩子会爬乃至会走之后，便进入好奇心与求知欲极为旺盛的时期。要为孩子创造一个安全、丰富的探索性和应答性的环境。

孩子是否有创造力，首先要看孩子有没有好奇心，拥有强烈好奇心的孩子通常有以下特点：

（1）具有较强的直觉能力，对环境敏感，观察力强；

（2）有旺盛的求知欲；

（3）思维灵活，富于幻想，爱别出心裁，甚至想入非非；

（4）精力充沛，健康状况优于常人。

父母的好奇心对孩子会产生很大的影响。作为父母，要训练出孩子的创造力，应在5个方面下功夫：

（1）为孩子的伟大发现而惊叹。不管是小成绩，还是的确让人惊讶的成果，成人都应该表示惊叹和赞赏。

（2）在孩子面前，把自己所发现的事物的独特之处用惊叹、幽默的语气说出来。

（3）在父母的熏陶下，孩子感到生活很有意思。父母要让孩子知道，生活实在是太丰富多彩了，要不然父母怎么会对这些东西那么着迷！在此特别建议做父母的不要只把人生的希望寄托在孩子身上。

（4）父母应该有艺术细胞，对艺术要有兴趣。歌剧、话剧也许是孩子难以领悟的艺术，父母却可以多让孩子听一听古典音乐或动听悦耳、思想健康的流行音乐，尤其是民族乐曲，应该让孩子多听，因为听这些音乐是接触和感受传统文化魅力的好方法。

（5）父母应该与孩子一起玩游戏，做体育活动。这样有利于向孩子传递父母的智慧，培养孩子乐观、开朗的性格。

# 第十一章
## 纪律的自然建立——让孩子自动自发地工作

真正的纪律不同于旧式教育里那种绝对的、不容辩驳的高压政策下的"不许动"的原则,甚至不用刻意去表现一种纪律性,当儿童遵从自己内心的某种要求,热衷于某件工作时,他们的激情、高度集中的注意力、细心和耐心、毅力和持续性、自动性和创造精神,便充分体现了纪律的真正内涵。

# 1. 纪律必须通过自由来实现

不管儿童有怎样的行为,表现为怎样的行为方式,家长一方面要允许,另一方面还必须进行观察,但应作为一个被动的观察者,而不是一个主动并施加影响力的观察者。

上一章已经说过,儿童期的自由应当被理解为:儿童成长的环境必须最有利于其个性的发展。教育工作者必须有一种对生命的尊重。而纪律,亦即在孩子的意识中建立一种纪律感,必须通过自由才能真正实现。这是一个奉行一般教学法的人很难理解的重要原则。

一个孩子怎样才能在自由中维持纪律呢?这里首先要理解纪律的概念,它与普遍接受的观念不同。只有当孩子成为自己的主人并遵循一些生活规则时,他才能管住自己的行为,我们才认为他是一个守纪律的人。它不同于旧式教育里那种绝对的、不容辩驳的高压政策下的"不许动"的原则,换句话说,纪律不是让一个人默不作声或一动不动,如果是这样,就只会让孩子失去自我。

想让孩子终身受益,并不断完善他们的自制能力,我们就要有一些引导孩子遵循这些纪律的特殊技能。一旦孩子们学会了走动而不是坐着一动不动,那他就不是为学习而学习,而是为自己谋生活了。他将通过自己的习惯和实践变得很能干,在社会或社团活动中谈吐自如、举止得体。

当然,孩子的自由应限制在集体利益之内,这一集体可以是班级,也可以是家庭。从行为方式上看,孩子要达到的是有好的教养。因此,我们必须观察孩子是否有冲撞或激怒他人的行为,是否有粗鲁或不礼貌的行为。至于其他的行为，不管是怎样的行为，表现为怎样的行为方式，我们一方面要允许，另一方面还必须进行观察。这是最重要的一点。不管是老师，还是家长，都要去训练自己的观察能力。并且应作为一个被动的观察者，而不是一个主动并施加影响力的观察者。这种被动性表现为：一种带着渴望的好奇心，绝对尊重观察到的一切。

这一原则肯定适用于学校里那些首次展示出自己心理的孩子。人类在幼年时期所表现出来的智慧就如初升的太阳。我们必须虔诚地尊重孩子个性的初次展现。无论任何教育行为，如果它要行之有效的话，它就只能是帮助生命充分发展。要达到这样的效果，我们就非常有必要避免那些抑制自发行为和任意强加的行为。那些已习惯了普通学校那种旧式教育方法的人，尤其有必要接受这样的训练。

但把这种观察训练付诸实践并不容易。这是一个积累的过程，如果我们在心理学的科学文化知识和实践经验越广泛，我们就能越快地适应这个工作。渐渐地，我们就可以辨清哪些行为应该制止，哪些行为应该进行观察。

在干涉孩子之前，我们首先要注意观察和识别孩子行为的性质。

有这样一个例子：一个小女孩把她的伙伴们召集到身旁，她站在他们中间开始一边讲话，一边打手势。教员立即跑向她，抓住她的手臂，告诉她不要动，但这个小女孩，其实是在扮演教师或母亲的角色，教他们做早祷，向圣人祈祷和画十字架。她已经把自己当做一名教员了。

另一个孩子，他经常做一些无组织和捣蛋的行为。有一天，他非常小心地开始搬动桌子。不久，他就被教员要求站在那里不要动，因为他弄出了太大的噪音。然而，这是孩子第一次想好好表现，这本应该是值得尊重的行为。

在"儿童之家"经常发生这样的事情，当女教员把教具放回到盒子里，一个孩子就会走近，拿起这个教具，模仿教师。但教师的第一想法就是让孩子回到座位上，便对孩子说："别动，回到你的座位上。"然而，孩子只是想通过这个来表达他们想成为有益的人的欲望，对于教师来说，这本是教会孩子东西要摆放有序的一个好时机。

在"儿童之家",最初的日子是教员们最困难的。为了能够积极遵守纪律,孩子们学会的第一个思想就是能辨别好与坏。而教员的职责就是观察孩子们有没有混淆好与不好、坏与不坏这些概念。我们的目标就是建立一个积极的纪律、工作的纪律和有益的纪律,而不是一个不动的、被动的和顺从的纪律。

当建立了个性化纪律后,我们将安排孩子各就各位,让他们到自己喜爱的位置,保持秩序。我们要尽力让他们明白这样的道理,即这样的安排看起来很好,这样的井然有序是件好事,房间的布置非常好并令人愉快,他们为此应保持秩序,安静地呆在教室里。后来,他们就安安静静地呆在自己位置上了。这是一种教育的结果,而不是强迫接受的结果。让他们明白道理,而不是强迫他们去做,这才是最重要的。事实上,这种行为也是在训练孩子的反省能力。

孩子们经过这样的训练后,他们就在一定程度上有了可以选择自我行为的倾向。这种倾向一开始被与不自觉的活动相混淆。但只要这样进行下去,孩子将能清晰地表现自己的个性。

也有一些孩子,他们静静地坐在座位上,显出毫无兴致或昏昏欲睡的样子。有的孩子则会离开位置,去同别人争吵、打架或打翻各种各样的木块和玩具。后来则有另外一些孩子开始做明确的判断性行为,如,把一张椅子搬到一个特殊的地方,然后坐在上面,把一些不用的桌子搬过来,像玩游戏一样布置它们。

由于孩子生来具有的不能自立的特性,以及作为社会个体的性质,孩子总是被镣铐限制着自己的活动。我们必须采用以自由为基础的教育方法,来帮助孩子克服这些各式各样的束缚。

## 2. 发自孩子内心的"服从"

通过乞求、命令或暴力行为使孩子们服从，是家长中间最常见的错误教育方式。企图用这些手段达到教育目的是非常困难的，或者根本就不可能。

许多家长错误地认为，为了达到让孩子自愿行动的目的，就是"命令孩子们去做"，并把这种被迫的自愿行动称为"自愿的顺从"、"听话"。但幼儿却特别不"服从"，甚至更喜欢反抗，他们特别"不听话"，常常"说反话"甚至"反驳"。他们长到四五岁时，似乎变本加厉，使我们彻底丧失信心，被迫放弃使他们服从的做法。但是，许多家长却不愿放弃偏见，仍坚持认为幼儿应具有"顺从美德"，并称为"幼儿美德"。事实上，我们还不懂，导致我们如此强调顺从的原因。

我们需要思考的是，我们如此轻率地对待的这种"顺从"，随着年龄的增长，到了成年，似乎"顺从"已经成为一种自然倾向，成为本能。我们发现，社会就是建立在奇妙的"顺从"基础上的，文明就是在"顺从"筑成的道路上前进，人类组织往往滥用"顺从"。

"顺从"意味着牺牲。在这个世界上我们习惯于无条件地"顺从"，习惯于自我牺牲，习惯于自我克制。尽管士兵的天职就是服从，如果他们因服从而牺牲，一般人还会敬慕他们；如果谁企图逃避"服从"，则被认为是犯罪或发疯。此外，许多人都有过深刻的生活体验，大家都热衷于服从指引他们生活道路的事或人，而且甘愿作出牺牲。

所以，很自然，我们爱孩子，应该向他们指出"服从是生命的规律"。

但是要使之服从，必须通过一个复杂的个性心理形成过程。服从，不仅需要有服从的愿望，而且也要知道怎样服从。当做某事的命令发出后，我们假定孩子将产生相应的行动或抑制能力，很明显，服从必然产生在相应的理智和意志形成之后。所以，为了一点一点地准备这个形成过程，就应当在分阶段的、分层次的练习中形成孩子的秩序感、纪律观念和意志力，从而间接地培养孩子的理智的服从。

除了提供发展意志力的练习外，在服从中还有另一个因素，就是要培养完成服从行动的能力。在"儿童之家"，老师们做了一项有趣的观察，观察孩子们的服从和知道服从的关系。她们发现，孩子的个性一旦形成，服从也就潜伏于孩子们的个性中了。例如，一个孩子开始试做某种练习，突然一次做成功了，他很高兴，凝视着，希望重新再做，但有时他会失败。然后，经过一个时期，当他自愿做时，几乎每次都能成功。而当别人叫他做时，却会出错。这是因为外部命令还没有使他从内心产生自愿行动。然而，当练习总是成功、有绝对把握时，别人的命令便会使孩子产生有条不紊的正确行动。这就是说，孩子每次都能完成命令了。

培养孩子的服从必须遵循孩子的成长规律：

第一个时期，0～1岁，精神无序期。孩子们这时不能服从，他们的心理如同聋子，听不见命令。

第二个时期，1～3岁，他们愿意服从。他们似乎懂得了命令，并愿意相应地去执行，但他们还做不到，或至少是不能完全成功地做到，他们的"心理活动的速度还不够快"，行动时显得不愉快。

第三个时期，4～6岁，孩子们会立即服从，十分热情。随着练习越来越熟练，他们会感到骄傲，他们知道该怎样服从了。在这个乐于服从的时期，不管是多么小的要求都会使他们抛开正感兴趣的事情，打破自己生活的内心孤立状态，以服从的行动进入另一种精神状态。

所有的纪律和精神发展的现象，都是从原来的紊乱的意识状态中建立了秩序。心理活动由混乱而有序，并产生了情感和精神的奇迹。孩子的心理上不仅有他勤奋努力获得的成果，而且也有他精神生活的天赋力量。

孩子从反复的练习中训练了自己的耐心，从服从别人的命令和要求中训练了温顺，在为别人做好事中培养了善良，毫无妒忌或敌意。他们主动劳动，帮助他人，但在精神上并没有什么优越感，他们开始沿着正义的道路前进，纯粹是因为这是通向自我发展和学习的唯一道路。他们以纯朴的心享受着沿路收获的果实。

## 3. 奖励和惩罚绝非最佳方式

真正的奖励是孩子的自我奖励。虽然十字奖章能够让接受处罚的孩子感到满足，却不能满足那个积极主动、内心充实、愉快工作的孩子。

纪律的形成一旦建立起自由的原则，奖励和惩罚形式就会自然取消，而一个享有自由并自我约束的孩子，会追求那些真正能激发和鼓励他的奖赏。当内心有了力量和自由时，孩子就会迸发出强烈的积极性。

**1. 真正奖励是孩子的自我奖励**

在"儿童之家"的最初几个月，老师们还没有学会实际运用有关自由和纪律的教育法则。尤其有一个老师，自作主张地采用了她以前习惯使用的教育方法。有一天，一个最聪明的孩子的脖子上用一条精致的白色带子挂着一个很大的希腊式银质十字奖章，而另一个孩子则坐在教室中最显眼的地方的一把扶手椅上。很显然，前一个孩子受到了奖励，而后一个孩子是在接受惩罚。不过那个老师对孩子没有再进行任何干预。结果，得到十字奖章的孩子来回地忙个不停，他把自己用的东西从自己的桌子上搬到老师的桌子上，把其他的东西放回原处。他高兴地忙着自己的事情。

当他来回走动的时候都要经过受罚的孩子坐的地方。他的奖章在走动的时候不小心从颈上滑下来掉到了地上，受罚坐着的孩子把奖章捡了起来，提着缎带摇晃着，翻来倒去地看，然后对他的同伴说："你知道你掉了什么东西了吗？"

那个掉了奖章的孩子转过身，无所谓地看了一眼那个小玩艺儿，他的表情好像是在责怪别人打断了他，他回答说："我对它无所谓。"

受罚的那个孩子平静地说："你真的无所谓吗？那么让我戴一下吧！"他回答："行，你戴吧。"语气中好像是在说"你让我安静点好吗？"

受罚的那个孩子小心地整理一下缎带，把奖章挂在自己的胸前。这样他就可以欣赏奖章的式样和光泽了，然后他调整一下坐姿，把手搁在扶手上，舒服地坐在小椅子里，神情显得那么轻松愉快。

可以发现，虽然十字奖章能够让那个接受处罚的孩子感到满足，却不能满足那个积极主动、内心充实、愉快工作的孩子。

有一天，一位女士参观另外一所"儿童之家"，她高度赞扬了孩子们。然后她打开了带来的一个盒子，拿出系有红色缎带闪闪发亮的奖章给孩子们看。她说："你们的老师会把这些奖章戴在那些最聪明、最优秀的孩子胸前。"

这时，一个静静地坐在小桌旁的很聪明的 4 岁小男孩，皱着眉头表示抗议，他一次又一次地喊到："别给男孩子！别给男孩子！"

这是一个启示！这个小家伙已经知道他属于班上最聪明的孩子之列，尽管谁也没有这么对他说过。但是他不希望受到这种奖励的伤害。由于并不知道如何维护自己的尊严，他只好借助于他作为男孩子的优点，不让那位女士把奖章颁发给男孩子！

2. "孤立"的惩罚方式

对于那些喜欢干扰别人而又根本不注意纠正错误的孩子，惩罚应该被取消，至少，它应该以另一种方式来完成。惩罚不能以伤害孩子的自尊心为前提，相反，好的方式和方法能引导孩子认识自己的错误，并主动做出改正。

在"儿童之家"，对于不注意纠正错误的孩子，老师们在教室的一个角落里放一张小桌子，让他坐在那里，用这种方式来孤立他。这样就可以让他看见自己的同伴们学习，同时给他最喜欢玩的游戏和玩具。这种孤立总是能成功地使这样的孩子安静下来。在他的座位上他可以看到全体伙伴的学习情况，这对他来说是一次比老师讲什么都更有效的直观教学课。

渐渐地，他就会明白，如果能成为在他面前忙碌的伙伴中的一员，他就会愿意回去和其他孩子一样学习。我们可以用这种方法教导那些原来不守纪律的孩子。被孤立的孩子总是应当受到特别的照顾，就好像生病的小孩应当受到特殊照顾似的。

对于必须进行纪律教育的孩子而言，我们无法完全知道他们的心灵变化，但可以肯定一点：经过纪律教育，这些孩子都将变得很好，而且这种良好的态势会持续。孩子能从其中学会如何学习和如何表现自己。

## 4. 纪律源自"自发的工作"

良好的纪律需要一系列成套的动作准备。它不是通过攻击错误以及与错误作斗争，而是通过符合孩子自然发展潜在倾向的自发工作。

### 1. 孩子的内心需求

纪律会在孩子自发的工作中悄悄降临，意思是，在孩子们非常热衷于某件工作的特定时刻，他们的激情、高度集中的注意力、细心和耐心、毅力和持续性、自动性和创造精神，充分体现了纪律。不管孩子承担什么任务（感觉练习、解扣或系带练习，或洗盘子练习），都会同样地保持良好的纪律。

儿童总是遵从自己内心的某种要求，他们的成长和自信，也主要取决于他们自己。一旦对自己的工作有足够的信心，孩子就不会再寻求他人的鼓励了。他会在别人不知道的情况下一件接一件地做事情，只注重自己工作成果的好坏而不注重其他事情。儿童感兴趣的是工作本身而不是别人的羡慕。他们在认真地、一件又一件地完成作品的同时，逐渐形成了一种纪律。显然，这种纪律不是靠命令、惩戒和说教所能得到的，而是通过学校里进行的特别练习。

### 2. 自发的工作及其行动

当孩子们的工作习惯形成之后，就必须严格监督。经验表明，在建立纪律的过程中，一定要严格按自由的原则和方法进行，按照不同层次、分阶段练习。

没有人是"通过听别人的说教"来学会自觉遵守纪律的。良好的纪律需要经过一系列成套的动作准备。

这种工作方式不是随意提出的，因为它必须符合人的本能要求和生命自然发展的潜在倾向。

这种工作，首先是使个性成长进入秩序状态，并为其继续成长创造广泛的可能性。例如，我们要抓住婴儿缺乏控制力的弱点，这主要是婴儿缺乏肌肉训练的原因。他总是处于无序的运动状态：他摔倒在地，做出奇怪的姿势，或大哭大叫。可以看出，孩子身上有一种潜在倾向力求建立协调运动。但是，他还是一个不能准确进行各种肌肉运动的人，也是一个还不能控制语言器官的人。虽然他最终会建立起这种运动，而目前还处于充满错误的试验阶段，仍然是无意识地进行。

对婴儿说"像我一样静静地站着"，这并不现实。在个体的发展过程中，要使婴儿的复杂的心理——肌肉和神经系统建立起秩序，依靠命令是不行的。一个成人可能会因为一个不良冲动而喜欢无秩序的行为，他也可以因服从严厉的警告，而转向秩序的发展方向。儿童的情况则不同。对于儿童来说，存在着一个如何帮助儿童自愿行动的自然发展问题。所以，有必要教会儿童所有的协调运动，尽可能把这些运动分解开来，让他们逐步学会。

例如，必须训练孩子们保持安静，教会他们各种协调动作，如从椅子上起立和坐下的有关动作；走路、在教室里用脚尖行走，以及沿着地板上的直线行走等保持平衡所需要的动作；搬运东西时轻拿轻放；穿衣、脱衣的复杂动作；在框上系带、解扣等动作。

当孩子在这个年龄阶段还缺乏自我约束的时候，通过这样的练习，使他在学会各种动作的过程中获得了秩序感，并形成了纪律。孩子会自然作出反应，因为他在行动中。但这些行动指向一个目标，不再显得紊乱，而是在工作。这就是纪律。它代表了通过一系列努力而达到的结果。孩子以这样的方式受到训练，不但知道怎样去做才是正确的，而且成为自我完善的个体，克服了通常的年龄局限，向前迈进了一大步。孩子们由此也扩大了自主范围。他们不再需要身边随时有人提醒："安静！做个好孩子！"孩子们取得的成果是行动造就的，是孩子们的内在发展更有序和有益的外部行动。

### 3. 精神"有序"的快乐

在我们培养孩子们的努力中，行动是刺激其内部心灵发展的手段，而内部心灵发展又会通过行动表现出来。这两种因素相互促进，共同发展。工作使孩子们的心灵得到发展，而心灵充分发展又会促使其工作得更好；工作进步又使孩子们感到愉快，于是他们的心灵又进一步得到发展。所以，纪律不是一种事实，而是一种途径，沿着这条途径，孩子们可以科学、准确地掌握"好"这一抽象概念。

除此之外，在达到最终目的的路上，孩子们通过克服困难会品尝到精神"有序"的快乐。孩子们因为经历了内心的快乐、精神的觉醒，获得了一个精神宝库——在这个宝库中，不断储存甜蜜回忆、坚强和毅力。这将是他们未来正直性格的源泉。

# 5. 教师和家长的任务

儿童能够将注意力集中于对于他们来说具有吸引力的事物时，就说明他们已经具有了纪律性。这些具有吸引力的物体不仅能够给他们有用的实践经验，也能够帮助儿童控制错误。正是由于这种实践经验的作用，儿童的心理开始具有了整体一致性，他们也变得安静快乐起来。

成人的任务就是给他们指明一条通向完美之路，教授他们方法、帮助他们排除障碍等等。儿童的智慧和纪律正等待着我们去唤醒。虽然儿童受到过压制，但他没有完全被打倒，我们也并非无法改正他的缺点。我们必须给予足够的精神空间和发展机会。同时，也必须记住儿童的那些防御性的反应和不良行为是儿童心理正常发展的障碍，只有排除这些障碍儿童才能达到完全的自由。

教育应该以此为起点。如果我们不能将纯粹的冲动与平静心理所自然产生的能力区别开来，那么孩子的行为就不会产生任何结果。能够区别这两种行为是老师工作有效性的基础。我们只有能够对这两种行为进行区别才能成为一个观察者和指导者。

下面对3、4岁的儿童进行讨论，他们还没有接触过任何可以在内心产生纪律性的因素。我们将通过简单的描述对三种类型及其特征进行讨论：

### 1. 主动行为的失常

这里只限于讨论行为本身，而不讨论行为的动机。这种行为能够把这种极不和谐和缺少协作的情况表现出来。医生可能会在一个严重患病者的主动行为中发现一些微小的缺陷。他们知道这些缺陷是非常重要的。因此，他将不只以心理失常和行为紊乱为基础对病人进行诊断。

我们通过教育可以使儿童的早期运动变得和谐，主动行为失常的情况也会减少。我们不必对儿童正常发展过程中的各种失常现象一一进行纠正，只需为儿童协调运动的正常发展提供一种有趣的形式和方式就可以了。

### 2. 耽于空想

失常的另一个特征是儿童无法将注意力集中于某一物体上。他的大脑更倾向于进行空想。他总是喜欢玩一些石块、树叶之类的东西，并且总是对这些东西说话。这种孩子长大之后，他的想像力就会更加天马行空。他的大脑越是偏离正常的功能就越会感到疲惫，最后成了想像的俘虏。不幸的是，很多人认为这种影响个性发展的空想会促进心理的发展，认为这是一种具有创造性的想像力。其实不然，这种想像力对于儿童来说除了石头、树叶之外什么也不是。

人的精神世界是以能够与外界和谐相处的完整的人格为基础建立起来的。空想远离现实世界，并非一种正常的发展状态。空想会产生错误的想法，也无法使我们的思想变得和谐。人应当更关注现实事物，空想则会影响人类对现实事物的关注。

帮助孩子协调运动和将注意力集中于现实世界是消除空想症状的最好办法。我们也没有必要对儿童的各种不良症状一一进行纠正，一旦儿童能够将注意力集中于实际事物上，他就会逐渐恢复健康，各种功能也将发挥正常。

### 3. 随意模仿

第三种现象就是模仿的倾向，与以上两种现象密切相关。这是人类弱点的一种表现，是2岁儿童个性的基本表现。由于相应的能力还没有形成，儿童只能在行为中对他人进行模仿。这种行为不属于儿童正常发展的范围之内，这时的儿童就像一艘没了帆的船一样随波逐流。对2岁的儿童进行观察就可以发现，他们的所有知识都是通过模仿得来的，这是一种心理的退化形式。它无助于儿童的提高，只能使儿童走下坡路。

一个孩子可能因做错了某件事而大吵大闹，其他孩子就会学着他的样子，甚至会更进一步。这种行为会在儿童群体中传染开来，甚至可能传到班级之外。这种"群体本能"可能会使大量儿童表现反常，做出违反社会常规的行为。这种模仿行为会使个体的缺陷传播给其他人，最终导致整体退化。这种退化越严重，我们就越难以把儿童拉回到正轨上来。

当老师被派去管理一个班级时，如果只知道帮助儿童发展的方法，只知道让儿童自由地表达自己，那么他就会发现他面临着许多非常头痛的问题。这些小家伙开始变得散漫，随意拿身边的东西，如果老师们坐视不管，局面就会变得更加混乱，吵闹声也随之四起。面临这种局面，不管是由于缺乏经验还是由于思路不对，老师们都必须对儿童那简单而又丰富的心理进行研究。老师必须向这些跑来跑去的小家伙提供帮助并以某种方式让这些孩子有所警醒。一种略带威严而又不失和蔼的口气可能会起到一些作用。不要害怕阻止这些孩子的错误行为。

老师必须拿走孩子们身边所有的小物件，抛弃固有的各种教育原则，通过自己的判断来解决问题。老师可以提高自己说话的声音，也可以对几个孩子低声说话，以吸引其他孩子的注意力，恢复班级的平静。这些都要由老师自己来选择。

一个有经验的老师管理的班级永远也不会出现混乱的局面，因为在他离开班级之前会对儿童进行一段时间的指导，防止儿童在没有管束之后变得混乱。因此，老师应该做一系列的准备工作，让儿童感觉到老师可以给他很大的帮助。

对儿童进行夸奖和教导时的语调应该是平静、坚定而有耐心的。一些方法可能是非常有用的，比如，让孩子们把桌子、椅子悄悄地放回适当的位置，或者把椅子摆成一排然后坐到椅子上，或者轻手轻脚地从屋子一头跑到另一头。如果老师感觉时机成熟了，他就可以说："好，孩子们，让我们安静下来吧"，安静的局面就会神奇般地出现。

这些简单的方法可以使孩子散漫的心回到自己应该做的事情上来。班级恢复平静之后，孩子们的各种行为都有了一个特定的目的，比如，擦桌子、扫地、从橱柜中拿出小物件，并对这些小物件正确地进行使用，等等。很显然，儿童自由选择的能力在实践中得到了加强。

### 4. 心理转型期

但有一个问题显示出了以上做法的脆弱性，并对全局构成威胁：孩子们不停地摆弄完一种物件又去摆弄另一种。每种物件他们只摆弄一次，然后又去摆弄其他物件。孩子们总是不停地往装物件的橱柜那里跑。没有一种物件足够激起孩子们的兴趣，使孩子们的能力得不到发展。

一旦这种不稳定的局面出现，老师就会感到他的工作非常难做。他只能在孩子们之间穿梭，又把自己的焦虑扩散到了孩子们身上。许多感到厌烦了的孩子在他转过身之后，又开始胡乱地摆弄起了那些物件。老师在这个孩子身边时那个孩子可能又出了问题。道德和智力的发展至今也没有出现，仍在等待着我们去开发。

这是儿童心理的一个转型期。我们必须对儿童的这一情况有所了解。在这一阶段，我们要做的，就是监督儿童和逐个对他们进行教育。老师应记住，在他单独指导某个学生时不要背对着其他孩子。在这些迷茫的孩子面前，他必须保证自己的存在。老师应当逐个地对学生进行准确的指导，这种指导应该以一种非常亲密的方式进行，这样才能打动儿童的心灵。终会有一天，这些孩子的心灵会有所觉醒，他们的注意力也随之集中起来。

成人的这项工作是一种准确的、经常性的工作。起初，我们可能觉得自己毫无用处，因为儿童的进步与他所发挥的作用不成比例。不久，就可以发现儿童变得越来越独立，表达能力也越来越强，其发展也迅速起来。这时我们又觉得自己所有的幕后工作有了价值。这一时期的儿童非常需要一个权威的指导。当儿童运用自己的智力和行为完成某件事之后，他会主动来征求意见。儿童不需要别人告诉他事情该如何做。一个自由的心灵需要自由地选择和从事自己的工作。但在完成工作之后，儿童也需要得到成人的肯定。

# 6. 正常的孩子具有自制力

我们经常听到人们说，儿童的意志是"薄弱"的。最好的意志训练是让儿童学会放弃自己的意志，服从成人的意志。但这种观点并不合逻辑。因为怎能让儿童放弃自己本来所不曾具有的东西，而且总是考虑如何阻止培养和形成他们自己的意志呢？孩子们从没有机会检验自己的力量，因为他们的行为总是遭到阻挠与破坏，总是被迫服从成人。成人总是对孩子进行严厉的责备，使得孩子变得软弱无力。

这会产生一种自然后果，即儿童的胆怯。这是一种病态心理，是意志得不到发展和遭到有意无意的责骂而造成的，这会促使孩子们掩盖自己的错误，从而使孩子的意志力得不到充分自由的发展。

这些因无知和野蛮造成的结果，类似于人为地把那些孩子的身体压制成为畸形的"家庭小丑"。然而在我们今天的文明时代，几乎所有的儿童从精神上都仍然受到这种待遇。

事实上，在所有的教育会议上都可以听到当前最大的危险是学生缺乏个性特点。但提出这样的警告的人却未指出，这种现状不是由于学生处于奴隶状态，而是由于教育管理方法不当造成的。这种特征的形成，正是因为孩子的意志和个性受到了压抑！补救的唯一办法，就是在长期而密切的观察中，让孩子自由发展。

一名教授用电影记录了一项有趣的心理学实验，这部电影有助于说明这个问题。电影的目的是通过儿童对同样一些物体的反应，来区分有缺陷的儿童和正常的儿童。这些儿童都来自"儿童之家"。他们年龄相仿，生活背景基本相同。道具是一张大桌子，上面放满了许多不同的东西，包括专供儿童使用的一些玩具。

在电影中，当第一组儿童走进教室，他们立马对面前的各种东西都产生了兴趣，并被吸引住。他们显得很快乐，他们的微笑表明，拥有这么多的东西使他们非常高兴。每个儿童都拿同样的东西开始工作，过一会儿就把它放在一边，又拿起别的东西玩了起来，这样反反重复，干完这个又做那个。

电影的上半部放完之后，第二组儿童走进教室。他们慢慢地走，停下来并环顾四周。他们很少拿这些东西，只是聚在它们周围，似乎并不踊跃。从电影的下半部开始，这种情况一直持续到结束。

这两组儿童，哪一组是有缺陷的儿童，哪一组是正常的呢？也许有人说第一组是正常的，第二组是缺陷儿童。因为在人们看来，第一组儿童给人们的印象更聪明，他们习惯于把做了一件又一件事后感到活泼又快乐的儿童看做是更聪明的。

但实际上，有缺陷的儿童，正是表现得高兴、活泼的那一组，他们到处走动，玩每一件东西。正常的儿童则恰恰相反，他们是以一种平和与安静的方式到处走动。在电影中，我们看到他们长时间地站着不动，沉思着注意一件东西。他们以惊人的方式表明：安静和有分寸的活动，并伴随着认真的思考，是正常儿童的标志。

这名教授的实验与普遍接受的观念是相冲突的，因为在通常的环境中，聪明的儿童会像电影中有缺陷的儿童那样活动。一个正常儿童则表现得缓慢，并且陷入某种沉思，他的行动受自我控制，并由理性指导。这样的儿童会被他所看到的物体吸引，并且会尽力弄清楚这个东西以便能充分利用它。

自我控制和有节制才是有价值的。儿童应该控制自己的运动器官，而不仅仅是毫无目的地到处乱闯。在理性的指导下四处活动的能力，不仅仅会对感官刺激做出反应，而且能使孩子的精力集中。这种能把精力集中在一个物体上的现象是非常重要的。

对于一个人来说，有能力用一种审慎和沉思的方式活动，实际上是正常的。这是内心自律、外在有序的体现。当缺乏这种自律时，他就无法控制自己的活动，而受别人意志的支配，或者就像漂泊的船一样，成为外界影响的牺牲品。

　　他人的意志很难使一个人产生举止得当的行为，因为这种外部的影响不会为这个人的行动提供有条理的指引。当一个人不得不靠别人的意志活动时，我们就可以说他人格分裂。当这种情况发生在儿童身上时，他就失去了他本来应该得到的发展良机。作为家长，应该尽力引导孩子有序地活动和思考，最佳方式是通过日常生活训练或数学运算。

# 第十二章
## 道德教育——培养孩子分辨善恶的"内部感官"

满足儿童的精神需求便是对道德作出的一项巨大贡献。实际上，当我们的孩子能够自由地专心于选定的刺激物，在他们能完成抽象的工作以及集中精力，潜心思考时，秩序和平静已在他们身上得到发展。在这之后，典雅的举止，对美的欣赏力，对音乐的敏感，以及他们之间友好的关系便像泉水一样涌现。

# 1. 组织与自由的辩证统一

教育方法的重点不在于如何将孩子有秩序地组织起来，而在于它究竟能对孩子产生什么样的效果。"儿童之家"的教育方法之所以很有价值，并取得了一定的成功，是因为符合了孩子自由发展的本能要求。孩子的本能表现似乎揭开了人内在发展的法则。"儿童之家"若能开设一个心理实验室，那将会带来更多的真理。

众所周知，在孩子们工作或是进行其他不惹人烦扰的任何活动的时候，我们都给他们自由。也就是说，应尽力排除"不好的"混乱，同时让那些有秩序的和"好的"活动，拥有最完全的自由。

在"儿童之家"，这一教育法则所取得的成果是令人赞叹的，因为孩子们已经表现出了他们对工作和劳动的热爱，尽管孩子们对此毫无察觉。孩子们的动作中还表现出一种镇静和井然有序的气质，这种镇静有序已经超出了纠正的界限，而升华为"优雅"。自发的纪律性和整个班级随处可见的服从精神，是"儿童之家"的教育方法最鲜明、最显著的成果。

虽然古往今来，关于人性是善还是恶的哲学争论一直没有停止，很多支持"儿童之家"教育方法的人曾提供了人性本善的例证，同时，也有很多人反对这一教育方法，因为在他们看来，给孩子们自由，是一个很危险的错误，因为孩子们天生具有向恶的倾向。实际上，这仍然是没有解决任何问题，况且如果在善恶的问题上争执不休，那也将不可能得出任何结论。因此，重点不该放在对人性的争论上，而是放在通过某种方法去培养和发扬孩子的善的天性。为何不从积极的方面看呢？观察是我们看待世界的一个重要保障，在孩子的成长过程中，家长的主动性就表现在，他能观察孩子的举动，并做出判断，这种判断不仅有心理学上的依据，而且家长试图去了解自己的孩子，其动机正是来自对孩子的关爱。

事实上，"善""恶"这两个词包括了极其多样化的概念，尤其在实际处理小孩的事情上，稍有不慎，就会把两者混淆。

我们诬蔑的、出现在3~6岁的小孩子身上的向恶倾向，通常不过是当我们不理解孩子的需求却试图限制他们的任何行动，阻止他们去了解世界的各种尝试时，他们制造的那些对于父母或老师来说，令人烦恼或可厌的事情。然而，孩子通过这种自然的倾向被引导着去协调自己的行动和聚积各种印象（尤其触觉上的印象）时，当他们受到了阻拦，他们就会反抗，而这种反抗通常就表现为"顽皮淘气"。

令人惊讶的是，如果我们给孩子适合他发展的正确的工具，并给他使用这一工具的绝对自由，他的这种向恶性就消失了，当然反抗也就不再有存在的理由了。

此外，让欢乐的爆发来代替狂怒的爆发，孩子的精神面貌也会呈现镇静和亲切的状态，而这会让孩子与众不同。

从生存竞争的角度看，为了能够按照自己的精神发展需要生存，孩子经常会从父母或老师那里攫取那些在孩子看来是必需的东西。因此，他的行动必然与成人的法则相悖，甚至有时还需要与其他的孩子竞争，以夺取他想要的东西。

另一方面，如果我们能够给孩子生活的手段和工具，这种斗争就消失了，取而代之的是有力的生活扩展。这个问题牵涉大脑还在快速发育的艰难阶段与神经系统有关的卫生学原理。人的精神生活和智力的起源是受特定的法则和至关重要的必需品控制的，如果我们的目标是人类健康，那么我们就不能忽略这些特定的法则和必需品。从这一角度来说，培养和保护孩子精神活动的教育方法不只与学校和老师有关，它是一个涉及家庭的普遍问题，与父母休戚相关。

通常，正确地回答一个问题的唯一方法，就是将其更深入地探讨下去。比如，如果我们看到有人为一片面包抗争，我们也许会说："这些人是多么坏呀！"另一方面，如果我们进入一家非常暖和的餐厅，看到人们静静地找一个地方，相互之间谁也不嫉妒谁地点自己的饭菜时，我们也许会说："这些人是多么好呀！"很明显，绝对的善与恶的问题，即引导我们进行表面评价的直觉概念超出了这样的界限。我们可以给所有这些人提供一个很好的餐厅，而不直接影响他们的道德问题。有人也许会说，根据外表就判定说吃得好的人，比那些吃得不好的民族的人们要更好、更安静而且更少犯错，但是，一旦谁认为只要让人们吃好了就足以使其成为好人，谁就犯了一个显而易见的错误。然而，我们也不能否认食物会是一个获得好的必需因素，因为它能够消除由于缺乏面包而造成的恶行和痛苦。

在这里，我们现在所谈的是一个更深层次的需求——人类精神生活的"食物"以及它的更高层次的功能。在"儿童之家"，让孩子们达到更高层次的镇静和善良的新方法已经出现。这些方法和工具之所以能取得成绩，归结起来主要凭借两点：（1）工作的组织；（2）工作的自由。两点看似矛盾，实则相辅相成。

工作组织得合理，使孩子能够有自我发展的可能，让孩子散发能量，让孩子获得有益的、从容的满足。就是在这种工作条件下，自由引导着孩子不断完善自己的行为和获得很强的纪律性，而这种杰出的纪律性本身，就是孩子身上培养出的镇静从容这一素养的结果。

只有自由而没有工作的组织也是不行的。只给孩子自由而不让他工作，他就会被浪费掉。因此，工作的组织是"善"这个新结构的基础，但如果不给孩子利用它的自由，不给孩子去扩充自己从最重要的活动中获得满足的自由，这种组织也是毫无意义的。因此，组织与自由在孩子那里是一种辩证统一的关系。

人类文明的历史就是一个将组织工作和获得自由成功地结合在一起的历史。从整体上说，人类的"善"也有所增长，在人类从野蛮到文明的进步中就可以看出来。可以说，罪恶、形形色色的邪恶、残忍和暴力在这个进步过程中逐渐地减少。事实上，当代的犯罪曾被比喻为文明人中间还残存的一种形式的野蛮。因此，只有通过对工作的更好的组织，我们的社会才有可能获得更深入的净化，同时，这似乎也是在不知不觉中寻求推翻它与自由之间最后屏障的途径。

如果这就是我们从社会中所学到的东西，那么，对于3～6岁的孩子来说，如果他们工作的组织是全面的，并且他们也有绝对的自由，他们的进步该多大呢？

试问，如果至今人类痛苦地并带着缺陷地沿着工作和自由的道路前行却依然能够变得更好，那么我们为什么害怕同样的道路或发展途径，对孩子们来说会是灾难性的呢？

但要注意的是，也不能说孩子们在自由中获得的"善"能够解决人类绝对的善与恶的问题。在"儿童之家"，也只是通过为孩子消除障碍，从而对"善"的发展作出了贡献。父母或老师都应了解一点：那些在孩子发展过程中人为制造的障碍是造成暴力和反抗的原因。因此，不管是老师还是父母，都应认真履行自己的职责。

## 2. 父母是孩子的观察对象

道德教育的概念就如智育的概念一样，必须包括一个感情基础，并建筑在此基础之上，才能避免孩子走上歧途。一方面，道德教育是通过感官教育及根据自身规律发展智力的自由，另一方面，是情感教育以及发展自我的精神自由——这是两个类似的概念，就恰似两条并行的道路。在儿童的道德感教育中，父母和老师与孩子密切相关，可以说，父母或老师是孩子微妙发展着的情感得到培养和加强的刺激物。

对于理智，我们有许多观察对象、形式等等，但对于孩子的精神，观察对象就是父母自己。孩子纯洁的心灵必须从我们这里获取营养。如同孩子的注意力集中在自己喜爱的一些刺激物上一样，他们会把全部心思扑在父母和老师身上。通过爱他们，孩子的内部精神创造得到了提高。

当好奇心驱使儿童拿起五彩盒，并被它们深深吸引时，盒子里的东西便被动地任他们摆布。这些色彩反映了太阳的光芒，落在这尚未完全成熟和适应的孩子们的视网膜上。同样，当孩子们向我们的心灵索取营养，将心思转向我们时，我们应像消极被动的物体一样，时刻做好准备。我们绝不应由于自私而对孩子的需求置若罔闻。我们应竭尽全力，为他们那尚未适应生活的纯洁的心灵带来所需的光芒。

我们既不应责骂孩子，也不应溺爱他们，请求他们接受我们的帮助，而应像吸引他们的平滑、光洁、形态各异而有趣的具体实物那样，应像在彩色字母表和小盒里包含着计数的最基本的秘密一样，将复杂的智力练习用直观的演示表现出来。

我们也应等待，但不是冷漠地等待，而应该让孩子感到我们拥有丰富的物质供他使用，他只要一伸手，便随时都可以得到。我们对孩子做出的"反应"应像他所摆弄的、每触摸一下都对他的智力有所提高的玩具或物体那样强烈、及时、完备。

不少家长一定注意到了，有时他们抚爱孩子时，小家伙像反感和被冒犯了似地逃避。许多家长也一定注意到了，当孩子的感情冲动受到阻止时，他们便像含羞草被触摸了似的，沉默寡言，含羞忍辱。我们应以这样的方式对待孩子，才是真正尊重了孩子的精神自由：无论如何都要强烈地爱孩子，但绝不能将我们的爱抚强加于他们。我们也绝不应压制他们感情的迸发，即使没有做好准备去接受这些爱，我们也应真诚地、小心地做出回应，要知道，我们是孩子爱的"对象"，是孩子用以组织生活的对象。

有人也许会问：那么，我们怎样才能使孩子爱我们呢？我们又怎样才能使孩子发觉这一点呢？

孩子如果看不见颜色，便是瞎子。谁也无法使他看见什么。因此，孩子如果不能感觉，谁也无法给他们感情。婴儿降临人间时，不只带着肉体，还带着感觉。即使只是一个简单的动物，只要它能爱，它便拥有一种能永远接收印象的感官。因此，为父母所爱，并受父母帮助的孩子能拥有

第十二章　道德教育——培养孩子分辨善恶的"内部感官"

一种"内在的感官"。凭着这种感官，他也具有爱。我们要让孩子理解我们，应该耐心地等待。

对孩子来说，内在感官的日益加强，亦即爱的意识的建立乃至成熟，将意味着一次新生，一次与孩子第一次被某物深深吸引时的觉醒相似的新生。那一天、那个时刻一定将来临。我们藏在背后，不让孩子发现，但又时刻准备给予帮助，给孩子以满足精神需要的方式，对孩子进行一次小心的爱的尝试。我们帮助他们，给他们以巨大的满足。他们需要用语言来进一步表达思想时，我们便教给他们事物的名称。不过，我们就此止步，不要再问他们，也不要提出什么问题。我们已经告诉了他们字母的发音和数字的秘密，已经将他们与事物相联，但我们应将自己"掩藏"起来，把自己限制在只对孩子的身心发展有利的事物中，从而使孩子有了选择和欲望时，绝不会在我们这里遇到阻碍。他们长时间做练习时，我们便会像保护婴儿睡眠一样，精心保护他们，使他们能安心学习。

孩子第一次尝试抽象思维时，除了在我们身上感到快乐的共鸣外，别的什么也没感觉到。孩子有事相求时，发现我们总是有求必应，就像无穷无尽地飘逸芳香是花朵的使命一样，孩子的需要便是我们的职责。孩子在我们身上找到新生命，如同乳汁一样的甘美。随着吮吸母亲的乳汁，他第一次产生了爱。母亲为了孩子的生存而付出代价。从母亲的自我牺牲中产生了孩子的生存和繁衍的自由，因此，有朝一日孩子会对母亲非常敏感。

毋庸置疑，孩子的精神对父母的精神敏感的那一天终将来临。从此以后，他便开始欣赏灵魂之间密切接触的极大乐趣；他也不会只用耳朵听我们的声音。听从我们、与我们交流他的成功、与我们分享欢乐的能力，将构成他生命的新鲜成分。我们一定会看到他突然注意到自己的同学，几乎与我们同样深切地关心他们的同学的进步与学习。在"儿童之家"，四五个孩子曾拿着汤勺，围坐在桌旁，瞧着热气腾腾的饭，但他们却一点也没有被饥饿感所刺激，因为他们都在细心观察一个小同学，那小同学竭力将餐巾往下巴底下塞，好不容易才塞好。我们又看见这些旁观者像父亲看见儿子成功一样，显出一副宽慰和骄傲的神气。目睹这样的情景，显然是令人愉快和温暖的。孩子们会非常令人惊异地用进步、感情和惬意的服从来回报父母和老师。因此，解释生命的奥秘时，你如果付出了劳动和代价，你就会得到果实，而这种果实是孩子带来的，因此能让父母更加激动、幸福。

## 3. 分辨善恶的"内部感官"

道德教育的目的是保持和完善孩子的心理敏捷性。良好的秩序会围绕这种敏捷性而获得建立，比如区分善恶。显然，谁都无法将这种区别详尽地教给那种看不见它的人。而看到差异与知道差异，也并不是一回事。

为了促进儿童的道德成长，有必要合理安排儿童生活的周围环境，这种环境应对善与恶进行恰当而明确的区分。试想，一个善与恶相互混淆，热心与冷漠、呆板与灵活、好与坏、幸运与灾难混杂一起的环境，怎么可能成为一个有助于让孩子建立道德意识和秩序感的场所呢？那些暴力泛滥和秩序混乱的地方就更不用提了。如果孩子在这样的环境下生存，那么幼稚的心灵就会像被污染的水，比酒精对胎儿的毒害还要可怕——秩序也许会和纯洁的心灵一样，不复存在！无法预测，等候着这种"道德"的人是什么样的后果。

当然，合理安排的环境并不就意味着一切。即使是在孩子的智力教育中，开发智力的也不只是创造性活动，教师的授课和父母的教育也巩固和启发了孩子心灵发展过程中的内在秩序。我们说："这是红色，那是绿色。"又说："这是正确的，那是错误的。"在这种教育之下，有的孩子可能会把美好和丑恶看作意识的中心，并将其置于物质和精神之上。这样的孩子往往会提出"什么是美好？什么是丑恶？"的问题。在道德教育上，老师和家长都务必简明扼要。

除此之外，对于孩子来说，美好与丑恶也可能凭借一种"内部感官"，或者说直觉认识，而不必通过对道德的理解来加以区分。当然，在这种情形下，所讨论的美好和丑恶应当是绝对的，即孩子应该与生活，而不是与获取的社会习惯紧密联系在一起。我们常说的一种"心灵之声"从内心教导我们区分这两个东西——美好带来安宁，即秩序，带来热情，即力量；而丑恶则往往是无法容忍的痛苦，悔恨不只是黑暗和混乱，还是灵魂的疾病。可以肯定的是，社会法则、公共舆论，以及可怕的威胁都无法产生这些感觉。

不足为奇的一种现象是，我们具有一种警告我们危险的存在和使我们辨认出适合于生活环境的"内部知觉"。当今的科学如果能够证明维持物质生活手段与合乎道德的行为相一致，那么我们就可以断言：我们将能够凭"内在知觉"去推测生活的必需品。生物学不是也证明了一个类似的事实吗？运用于人类的生物统计学能够再造出完全相同的人，即身体的各个部位的比例相同的人。对医生进行的统计和形态研究发现，这些相同的比例与"正常"相一致。这类人造型完美，体形与希腊雕像的比例惊人地一致。

这个事实有助于重新解释"美感"。很明显，只有凭美感经验，希腊艺术家的慧眼才能抽象出各个器官的标准尺寸，才能建造一个奇妙、精确的整体。艺术家的"享受"就是对"美"的享受。而且艺术家能更深刻地感到生活欢欣的享受，并将它与易患病的自然的缺陷相区别。成功的创作，给能"感觉"它的人以直接的快乐。而即使是微不足道的缺陷，也会被看作是不和谐的。

在美好和丑恶的区别相关联的心灵上，同样的事也会发生，只要"好"在世上远比"美"更实用，那么，恶就可以说是代表危险了。动物也具有敏锐的自我保护的本能，这种本能支配着它们的一切行为，既维持生存，又保护自身。许多人都知道，几乎所有家畜都不会像人类那样麻木地静候着地震的来临。地震到来之前，它们会烦躁不安。当冰层即将破裂时，拉着雪橇的爱斯基摩狗便互相分开，仿佛是为了避免掉进雪窟里去似的。人类只能茫然地看着动物惊人的本能，因为人类天生没有这种本能。人类是运用了才智、理性和对善与恶的意识感情，才建造了防御工事，才得以感知到危险。如果这种改变世界的才智使人类高于动物，那么，通过开发自身的道德意识，人类将成就自身的卓越不凡。

动物总是具有那种令人羡慕的本能。这种本能赋予了动物一种奇妙的力量。如果人类缺少意识的情感，就比动物还要低劣，什么也无法将人类从过度的行为中解救出来。人类由此会走向毁灭，用一种使动物茫然不解和惊骇不已的方式冲向灾难与死亡。而没有意识的人，就像没有自我保护本能的动物。

运用科学，尽量发现保护自身的规律对人类有什么益处呢？如果一个人具有完善的卫生保健知识，以及如何遵循强身、洗澡以及按摩的方法，但却丧失了慈爱的本能，去残杀同伴，或结果自己的性命，那么，他悉心照料、保养又有什么用呢？要是他心里空虚呢？如果是空虚感迫使他这样做，并使他深深痛苦，就算他拥有营养充足的身体，又有什么用？

善维系和助益生存，恶则意味着灭亡。人类的意识感情就像美感经验一样，可以完善到能辨别"善"，直至尽善尽美的境界，同时又能对最细小的邪恶趋向异常敏感。谁具有这样的感觉，谁就会得到"拯救"；谁这样的感觉少些，谁就得警惕，并尽其最大的努力保护和发展那种指引我们区分好坏的珍贵感知力。

进一步说，在不仅拥有道德规范知识，而且拥有爱的知识作为我们启蒙的源泉的同时，有条不紊地检查我们自身的意识是一生中最重要的行为之一。这种感情只有通过爱，才能趋于完善。谁的感官没有受到训练，谁就不能评定自己。譬如说，医生可能对疾病症状了如指掌，对心脏和脉搏的跳动非常熟悉。但是，如果他的耳朵听不见，手没有触觉，感知不到脉搏的跳动，那么，科学对他又有什么用呢？他诊断疾病的能力是以感官知觉为前提的。如果没有这种能力，他的知识对病人是没有价值的。这种情况同样适合于诊断我们的意识。我们如果又瞎又聋，那么不胜枚举的症状就会在不经意间从我们身上溜走，我们就不会知道我们的评定应建立在什么基础之上。

实际上，鞭策我们走向完善的正是"感觉"。如同希腊艺术家在美感经验的指导下显露出来的非凡的辨认标准体形的能力一样，世上也有人具备非凡的分辨好坏的能力。曾有一个人告诉朋友，当坏人接近她时，她就像是吸进了一口恶气一样，感到非常难受！她进一步解释说，这倒不是说她闻到了什么"恶臭"。这一点我们可以理解，她确实感受到了难受，这种感觉不是凭空想像出来的。她的痛苦是她不能容忍的忧伤和苦楚。

孩子的道德教育就是建立在对人类这一善恶感知力的基础之上的，它是孩子分辨善恶的"内部感官"。它不完全是来自理性认识，那是后天的建构，而且即使理性被建立起来，我们同样可以看到，许多"理性"的成人也屈从了恶。这或许是一个复杂的社会问题，但是正如一个小孩天真地问到的那样："为什么坐牢的全是大人？"这句话如果深入思考下去，就不难发现其所蕴含的道理。

## 4. 爱是儿童心智发展的核心

在社会当中，不难发现的一个事实是，不管人们属于何种政治或宗教团体，他们都会十分亲近和热爱儿童。尽管从教育的角度看，这种态度似乎是矛盾的，但从根本上说并不矛盾，因为父母教育孩子时的心理状态与跟孩子单纯相处大不一样。教育一个孩子需要的是耐心，然而许多家长都缺乏这种耐心，因而变得暴躁、粗野，拒绝和呵斥自己的孩子。问题的关键显然是在成人。而当成人与孩子们交流时，人们的心态则处于一种放松的状态，因为人们知道孩子是单纯的，可爱的，不像其他年龄段的人那样世故圆滑，乃至心怀不轨。

　　儿童的单纯和稚拙，促成了成人之间的团结与和谐，这种团结正是以儿童的爱为基础的。但这种爱到底是什么？也许我们有必要对爱的本质进行深入的探讨。我们可以先看一看诗人和先哲们是如何描述爱的，因为诗人和先哲能够把爱的强大力量以最为完美的方式表达出来。爱的伟大情感孕育了人类的生命，难道还有比爱更美好、更高尚的情感吗？即使那些给整个人类带来死亡和毁灭的人也能被爱的美好情感所感动。因此，不管行为的本质如何，人们的内心深处都蕴藏着爱。这种力量一旦醒来就会发挥作用，触动人们的心灵。

　　我们要使这个世界变得更为和谐，就应该更多地研究爱的内在涵义。儿童是人们温情和怜爱的汇聚之点。但没有人能够解释什么是爱，爱的根源在哪里，爱的影响有多大，也没有人能够解释爱对人类的团结有多大的作用。尽管人们之间的种族、宗教信仰和社会地位等各有不同，可一旦儿童成为他们之间的话题，一种友好团结的关系就会在他们之间形成，人们之间的戒心也随之消失了，日常生活中人与人之间以及团体与团体之间的那种隔阂也不见了。

　　与儿童生活在一起，人与人之间的关系就会变得温和、亲切，人们就不会互相猜疑。人的生命恰恰就发源于此。成年人就有一种为了爱而保护他人的冲动。正如我们在儿童身上所感觉到的那样，成年人之间也蕴藏着爱，因为人们之间也有一种团结的力量。没有爱就不会产生这种团结的力量。

　　尽管存在着战争，人们依然一如既往地对爱进行着讨论，这是一件多么奇怪的事情！人们制定了未来团结的计划，这不仅说明了爱的存在，也说明爱的力量是团结的基础。宗教人士在谈论爱，反宗教人士也在谈论着爱，电台、新闻界、路人、受过教育的人、没受过教育的人、富人、穷人、持各种各样信仰的人都在谈论着爱。

　　如果没有更为有力的证据证明爱的力量的存在，我们为什么不对这一重要现象进行研究呢？人们之间的相互仇恨给世界造成了极大的破坏，我们为什么只对爱进行口头的讨论呢？我们为什么不把它作为一个课题来进行分析和研究，使人类能够受益于爱的力量呢？我们应该问一问自己，为什么没有人想过对这种自然力量进行研究，并把它的力量与其他力量联合起来呢？人类把许多精力投入到对其他自然现象的研究上，由此得出不计其数的发现。我们为什么不花点工夫来研究可以团结人类的力量呢？所有能够唤起爱的潜在力量和使爱能够流露出来的工作都应该受到欢迎和重视。诗人和哲人常常谈论爱，似乎爱是一种理想。然而，爱不仅仅是一种理想，它还是一种客观存在。

我们应该知道，我们能够感觉到爱的现实存在，并不能归功于学校教育。人们强烈地呼唤爱，并不是受外界的影响。爱和对爱的渴望不是人能够学到的东西，它是人类生命延续的一部分。只有生命才能真正地表现出爱。

爱的力量是宇宙间最为伟大的力量，更是一种伟大的创造。圣保罗把爱表述得淋漓尽致，他说："如果没有爱，人类甚至天使的语言也只不过是一些无意义的声音。即使我能够预言所有事物，了解所有奥秘，掌握全部知识，即使我的信心能够移山，如果没有爱，也肯定一事无成。即使将我所有的财产接济穷人，即使我舍身成仁，如果没有爱，那又怎样！"

圣保罗的话正是现代文明的一种反映。人类不是已经能够移山填海，甚至创造更伟大的奇迹了吗？但是，如果没有爱，所有这些都没有任何意义。我们已经建立起了庞大的组织体系，为穷苦人提供粮食和衣物，但如果没真正的爱，那又有什么意义呢？

圣保罗说："爱是一种恒久的忍耐，是仁慈；爱是不嫉妒、不做羞耻之事，不矜持；爱是没有野心、不谋私利，不发怒、不作恶；爱是对真理和正义的热爱；做任何事情都应该包容、信任、期望和忍耐。"

诗人和先哲们没有对爱进行分析，儿童的发展过程却向我们展示了爱的轨迹。如果我们研究一下圣保罗的话，再看一看儿童，我们就会说："圣保罗的话在儿童身上完整地体现了出来。儿童身上有各种各样爱的财富。"

因此，爱不仅仅存在于能够用诗歌和宗教把它表达出来的人的心中，它存在于每个人的心中。它是大自然赋予所有人的奇迹。这种伟大的力量在任何场合都能得到体现。

爱是降生到这个世界上的每个儿童的天赋。如果儿童爱的潜能得到发挥，人类的成果就会无可估量。因此成年人应该谦虚地向儿童学习。

然而，爱远远不止这些。在人们的心中，爱已经被蒙上了一层幻想的色彩。我们认为，爱只不过是一种复杂力量的一个方面。这种复杂的力量可以通过"吸引力"和"亲和力"这两个词汇来表述。虽然爱是无意识的，但在生活中，它又可以被意识到。我们所能感觉到的这种力量就是"爱"。

所有动物都有周期性的繁殖能力，这也是爱的一种表现形式。对于人类来说，婴儿长大之后，爱仍在继续，并延伸到了家庭之外。一旦某种愿望对我们有所触动，爱就会迅速地把我们团结起来。

爱是大自然为了某种目的馈赠给人类的特殊礼物。它就类似于"宇宙意识"的作用。我们必须尽我们的所能珍惜它、热爱它、发展它。在所有生物中，只有人才能够将爱的力量升华。

人还能够通过这种力量将自己劳动和智慧的成果结合到一起。如果没有这种力量，人类所创造的一切都会带来混乱和破坏；如果没有这种力量，随着人类的发展，人类所创造的所有东西都将归于毁灭。

爱不是照亮黑暗的明灯，也不是传播声音的电波，它胜过人类已经发现和利用的任何东西。每个人的心里都具有这种爱的力量。虽然自然界赋予人类的这种力量有限而且分散，但它却是支配人类的所有力量中最为伟大的一个。每个婴儿降生到这个世界，都会给我们带来新鲜的力量。

爱的天赋就像是一种特别的恩赐。父母之爱，朋友之爱，长辈之爱，男女之爱，编织出了一个丰富多彩的充实的世界。正是爱让世界变得微妙而神秘。没有什么能比培养爱心更适合作为孩子的道德教育的终极目标了。爱的教育，就是发展孩子的爱心这一本能，让孩子懂得爱自己，爱家人，爱朋友，爱整个人类生活，值得一提的是，爱心本身就是孩子心智发展的一个核心内容，一个孩子敏锐的观察力和创造力正是源自对周围世界的好奇和热爱。相反，一个没有爱心的人，往往表现得冷漠、麻木，没有激情，从而陷入精神贫乏，失去了创造性和想像力发展的基础。

## 5. 善待孩子对成人的热爱

儿童的爱是单纯的。他之所以爱，也许是因为他想获得感官印象，并借助这些印象不断成长。

儿童热爱的一个特别对象是成人。他从成人那里得到他的需要和物质帮助，并向成人热切地索求自我发展所需要的东西。对儿童来说，成人是令人尊敬的。在儿童看来，成人的嘴唇仿佛是一个喷泉，儿童不断地从中学习用来说话的词汇。

成人用他的行动向儿童展示了人类的举止行为。儿童正是通过模仿成人而学会如何生活的。成人的一言一行都深深地吸引着儿童，并使他们着迷。儿童对成人是那么的敏感，以至于成人在某种程度上支配着儿童的生活和行为。

一个成人对儿童所讲的话，就像用刀刻在大理石上的字一样，深深地印在儿童的脑海中。既然儿童如此渴求学习，并且热爱他周围的一切，成人就应该仔细斟酌他在儿童面前所讲的每一句话。

儿童乐于听成人的话，但是，当成人让他放弃那些对他成长有利的本能时，他就会反抗。成人为了自己的利益而让儿童做出牺牲，这种情况就像儿童长乳牙的时候，阻止乳牙长出来一样。儿童发脾气或反抗，只是因为儿童想发挥创造的欲望，而成人却置之不理。我们应该记住，儿童爱我们并想服从我们。他感到需要成人在他身边，而且很高兴地引起人们对他的注意："看着我！和我呆在一起！"

晚上，当成人想去睡觉时，儿童就会向他呼喊，因为儿童爱他，不愿他离开。当我们去吃饭时,一个正被喂奶的孩子也要一起去,这并不是因为他想吃东西,而只是因为他想留在我们身边,看着我们。成人却没意识到儿童对我们的深深的爱。但是我们应该记住,儿童在幼年时期对我们如此深沉的爱,在他长大后就会消失。到那时谁还会像现在这样爱我们呢?谁还会在睡觉前呼喊我们,并充满深情地说:"和我呆在一起!"相反,那时他只会向我们不痛不痒地来一句:"晚安。"当我们吃饭时,谁还会仅仅为了看着我们而热切地希望和我们呆在一起呢?然而我们却因为不想接受这些爱而处处设防,我们应意识到我们将永远也无法找到另一种同样的爱了。

早晨,儿童进去唤醒他的父母,这对成人来说极为讨厌。但如果不是爱,还会有什么力量能促使儿童刚一醒来就去寻找他的父母呢?黎明的时候,当儿童早早地从床上爬起来,来到他还在熟睡的父母面前时,他似乎是想说:"勤快一些吧,天已经亮了,是早晨了!"但是,儿童走到他父母跟前,并不是想说这些话来教育他的父母,而只是为了看一看他所爱的人。

也许父母的卧室仍然是暗的,门紧关着,以便黎明的阳光不会打扰他们的酣睡。儿童走过来并触摸他的父母,父母却抱怨说:"我们已经跟你讲过多少次了,不要一大清早就来叫醒我们!"实际上孩子也许只是想说:"我并不是想把你们叫醒,我只是想看看你们。"

然而父母似乎对一切都麻木了,需要一个新人去唤醒他们,用他们不再拥有的生机和活力再次激励他们。父母需要一个与他们行动不一致的人,每天早晨对他们说:"开始新的生活!学会更好地生活吧!"

儿童的爱如此重要。成人没有儿童的帮助,或许很快就会陷入颓废。如果成人不努力超越自我,他的心理就会慢慢生出硬茧,最终变得冷漠、麻木。

在这里父母亟须了解的一点就是,父母并不是子女的创造者,而只是他们的监护人。他们必须像承担某种崇高使命的人一样去保护儿童,关心儿童,关心他们的爱。为了这个使命,父母应该净化对子女的爱,尽力去明白这份爱是内心深沉情感的表露,绝不对它留有私心或稍加怠慢。

如今父母把儿童扔给社会习俗就不管了，仿佛这样做是不可避免的。社会上没有保护儿童的呼声，如果有的话，那应该是爱的呼声、爱的力量和父母的职责。

# 6. 发展孩子爱的天赋

爱心是孩子与生俱来的一种天赋，一种本能，它是爱的来源，是一种生命创造力。儿童的心中充满了爱，他的自我实现也受到爱的影响。

在"儿童之家"，有一次新来了一个孩子，他还没有完全适应环境，总是坐不住，并且做一些事情打扰其他孩子。老师于是就告诫他："不要这样，这样做不好"，"你真是个淘气的孩子！"但其他孩子的反应却与老师完全不同。他们走到新来的孩子面前说："你真淘气，但是不要担心，我们刚来的时候也是一样。"显然，孩子们是知道新来孩子的行为是错误的，但他们不把他的行为看做是故意的，并尽力安慰他，以期待唤醒新来者的优秀品质。

对于儿童来说，做错了什么事，比如摔坏了一个杯子，他会感觉非常难堪。他不会因为打破东西而感到快乐，只会因为没有好好保护这件东西而感到羞愧。家长可能会本能地大喊一声："你打坏了杯子，我告诉你多少次了不要碰这些东西！"家长最起码可能也要孩子把碎片捡起来，以便让孩子记住。但孩子们的反应又是如何呢？他们往往会跑来帮忙，用他们稚嫩的声音以一种鼓励的口气说："没关系，我们可以再找一个"，然后大家一起把碎片捡起来，有的孩子则去擦拭地上的水。

儿童们是有帮助、鼓励和安慰弱者的本能的。这种鼓励和帮助不仅体现在他们对待弱者的方式上，也体现在他们对待动物的方式上。人们通常认为，如果不进行教育，人是不会尊重动物的，因为我们总把儿童看做生来就是残酷的、没有感情的，但这种想法并不正确。一个正常的儿童总是有保护动物的倾向。

在"儿童之家"曾养了一只山羊，老师们每天都给它喂食。每次喂食时，一名老师总是把食物抬得高高的，让山羊抬起前腿取食。老师发现山羊渐渐地习惯了这一姿势，并且有点以此为乐。但有一天，一个小孩子跑了过来，把手放到了山羊的肚子下面帮助它站立。他脸上的表情似乎在表明，他害怕山羊两条腿站立过于劳累。无疑，儿童的这种行为表现了他们善良和自然的一面。

但这种爱心不仅表现在他们对待事情方面，还表现在对于环境的喜爱。儿童在敏感期中那种对周围物体不可抑制的冲动，实际上就是他对所处环境的爱。这种爱不仅仅是情感的反应，也是智力发展的需求，它能促使儿童去看和听，进而不断地成长。

正是这种天赋的爱，使得儿童能以一种敏锐和热情的方式去观察环境中的特征。正因为儿童热爱他的环境，而不是对它漠不关心，才使他们能看到成人视而不见的东西。儿童热爱他的环境，这在成人看来似乎是因为儿童天生的兴趣和活力，但是成人没有认识到，这种热爱是一种精神上的能力，它能够创造美丽的心灵。

# 第十三章

*meng tai suo li*
*jiao yu yang fu xuan*

## 儿童心理健康——父母的自省与职责

一个儿童之所以不能正常地成长，一是受到了成人的压抑，二是被环境所束缚。成人往往会对此作自我辩护……实际上，问题的解决并不在于成人应掌握更多的知识或者提高文化水平，而是必须找到正确的出发点，给予孩子成长的环境，避免以自我为中心，摒弃自我保护，真正做到尊重孩子的需求，倾听孩子的心声，与孩子建立一种良性的互动。

## 1. 成年人对儿童的"专制"

在与儿童打交道的过程中，成人越来越自私自利，以自我为中心。他们只从自己的角度去看待与孩子有关的一切，结果使他们与孩子之间的误解越积越多，"代沟"就这样形成了。

精神分析学鼻祖弗洛伊德曾用"压抑"这个词来形容成人根深蒂固的心理障碍，这一词的字义已经清楚表明了心理障碍产生的原因。

一个儿童之所以不能正常地成长，主要原因就在于受到了成人的"专制"的压抑。由于儿童与社会是隔离的，当他受到成年人的影响时，他就变成了一个特殊的成人，他的行为、举止就会与其最亲近的人相像。这些能影响他的人，通常是他的父母或老师。

然而，社会却赋予成人截然相反的使命：让他们有权决定儿童的教育与发展。只是到现在，当人类的思想达到了一定的深度之后，我们才转而发现，那些过去被认为是整个人类的守护者和施舍者的成人急需自省。对儿童负有不可推脱责任的整个社会，也应接受审判。

但成人会对此作出抗议，并自我辩护："我们已经尽了最大努力，我们热爱我们的儿女，我们为了他们甚至牺牲了自己的幸福。"他们虽然表面上在为自己辩护，其实内心也充满了矛盾。这里的重点是这种自省本身。被告们虽然在照料和教育孩子上殚精竭虑，但还是发觉自己恍若置身困难重重的迷宫，无力自拔。其实他们并不知道，他们之所以会迷路，都是由他们自己造成的。

这一控告公开谴责的并不是那些见不得人的错误，并不是那种让人觉得自己丢人、没用的错误，而是要指责一种在无意识下犯的错误。这种指责能使人们加深对自己的了解，从而提高自己的精神境界。

不难发现，人们对自己所犯错误的态度之间的矛盾：对有意识犯下的错误感到痛心，对无意识犯下的错误则不置可否。其实，在无意犯的错误中隐藏着很大的机会，即一旦人们认识并克服它，就能使自己超越某个已知的、或梦想达到的目标，并使我们最终得到进一步提高。

所有心灵上的进步，都是经由把不自觉变为自觉，并进而征服自觉、征服自己的思想而取得的。

如今，要想不再像从前那样错误地对待儿童，把他们从内心的冲突与危险的思想中解救出来，首先必须进行一次彻底的变革。这种变革必须在成人中进行。的确，尽管成人宣称，为了孩子他们正在倾尽一切所能，并进一步声明他们牺牲了自己的幸福来成全对孩子的爱，他们也不得不承认，他们确实遇到了难以解决的问题，对此，他们必须从现有的知识以外去寻求答案。

尽管关于儿童依然存在大量未知的东西，他们的心灵中也有大量让人不甚了解之处，但我们必须去认识它们。这是那些想寻求儿童深处未知因素的成人必须做的事情。

成人至今也无法理解儿童和青少年，因此，他们之间仍然因为无法沟通而不断产生冲突。问题的解决并不在于成人应该去掌握更多的知识或者提高他们的文化水平，而是他们必须找到一个完全不同的出发点，必须认识到他们因为无意识所犯下的过错。这些错误有碍于他们真正理解儿童。如果成人不做好纠正错误的准备，没有采取与这种准备相应的态度，他们就不可能进一步了解儿童。

自我反省，并没有想像的那样困难。就如同一提起药物，人们就会联想到它能用来治病。

只要我们认识到我们的确在过多关注自己的同时忽视了儿童，只要我们相信自己实际也能够做到那些自以为力所不及的事情，那我们就会渴望去了解儿童的心灵，并会发现他们的心灵与成人的心灵之间存在着截然不同之处。

在与儿童打交道的过程中，成人会慢慢变得自私自利，或者以自我为中心。他们只从自己的角度出发来看待与孩子有关的一切，结果只能使他们之间的误解越积越多。正是由于这种以自我为中心的观点，成人把儿童看做是心灵里空无一物、有待于他们去尽力填塞的某种东西而已。因为把儿童看做是脆弱的和没有自理能力的某种东西，成人就觉得必须替他们做所有的事；因为把儿童看做是缺乏精神指导的某种东西，所以成人觉得需要他们不断地给予指导。总之，我们也许可以说，成人把自己看做是儿童的造物主，他们只站在自己的立场上来判断儿童行为的正确与否。他们把自己当做标尺来衡量儿童的善与恶，他们认为自己是完美无缺的，儿童必须以他们为样板来塑造。儿童的任何举动一旦偏离了成人的方式，就会被认为是邪恶的，必须马上予以纠正。

成人用自以为是的方法来解释孩子的行为，用自认为正确的方式来对待孩子，不仅造成学校教育的偏差和整个教育体制的误导，更采取了一连串错误和行动，引发了一项社会与道德的新疑问。长久以来，儿童和成人之间的关系，一直是处在一种相互对立的冲突状态，这种情势的逆转，迫使我们必须采取教育改革的行动，这个行动不光是针对教育学者，更是针对所有成人，特别是为人父母者。

成人如果以上述方式对待儿童的话，即便他做出了自我牺牲，事实上都是在无意识地压抑儿童的个性发展。

## 2. 惩罚是对儿童权利的剥夺

从遥远的古代到现代，教育一直跟惩罚具有同样的含义。教育的目的，就是让儿童像成人一样做事。成人使自己代替了自然，抛弃了生命的规律，而以自己的意愿和意图取而代之。

在几千年的历史中，人们一直认为，如果不用棍棒就会宠坏孩子。不同国家的人用不同的手段惩罚儿童。在私立的学校里通常有固定的惩罚模式。这些惩罚可能包括：在儿童的脖子上挂一块羞辱他的牌子，把驴的耳朵竖在他的头上，或者使他面临每个过路人的侮辱和嘲笑。还有其他使儿童承受肉体痛苦的惩罚，其中有强制儿童面对墙角站数小时，裸露膝盖跪在地板上，或在众人面前受鞭打。现在的教育把这种野蛮的行为做了巧妙的改进。学校和家庭开始联合起来惩办儿童。在学校中已经受到惩罚的儿童，回家后还必须把他所犯的错误告诉父母，这样父母就会再次责备和惩罚他。

在这种情况下，儿童发现他不可能保护自己。他能向哪一个法庭求助呢？他在受到责备后，也无法找到诉苦处。教师和父母相信，只有他们联合起来对儿童进行惩罚才会有效。但是教师并不需要再次提醒父母去惩罚他们的孩子。

对儿童受惩罚的各种方式的研究显示，即使在现代，每个儿童在家中都会受到惩罚。他们被训斥、侮辱、扇耳光、关进暗室里，甚至被威胁说要对他们进行更严厉的惩罚。他们还会被剥夺跟其他儿童游戏或吃糖果之类的娱乐活动，而这些活动是他们唯一的庇护所，是他们在不理解中承受痛苦的唯一补偿。

虽然在有教养的人中，这类惩罚已逐渐消失，但也没有完全消失。他们仍用刺耳和威胁性的声调呵斥子女。成人认为惩罚儿童是他们的天赋权利。父母认为打孩子一巴掌是一种职责。

体罚由于在成人看来是一种对人的尊严的侮辱和社交上的耻辱，所以成人之间禁止体罚。但是，难道还有什么东西像侮辱、打骂儿童一样卑劣的吗？在这方面，成人的良心完全麻木了。

当今社会所迫切需要的是把儿童从危险的深渊中拉出来。人们应该为以下的做法感到良心不安：他们忽视、遗忘了儿童的权利，他们没有认识到儿童的价值、力量和儿童的真正本性。儿童创造了人类本身，他们的社会权利必须得到承认，社会应该慷慨地给予儿童最多的关怀，这样，反过来社会也可以从儿童那里获得新的能量和潜力。

因此，成人必须组织起来，为他们的孩子组织起来。他们必须为儿童的权利大声疾呼。尽管社会一直是儿童不可靠的监护人，但它现在必须正确地处理这件事情，把属于儿童的权利还给他们。

## 3. 孩子"脾气暴躁"的病根

也许有的家长已经注意到了，当儿童生机勃勃的活力受到干扰和阻碍时，他们就会表现出难过或愤怒，似乎孩子的性格就是这样的，特别容易发脾气。但由于人们不知道他为何有这种表现的原因，就认为他们是在无理取闹，或者以为他们只是想得到我们的抚慰而已，因此认为儿童在成长中所表现出的各种行为都是"任性"或"发脾气"。我们还把他们任何没有明显动机的行为，任何固执或无理性的行为当做反复无常。我们也注意到他们的某些发脾气的方式会更加恶化。而实际上它本身就表明,儿童的这些行为方式本身存在着某种原因,而且这一原因在持续不断地产生影响。显然,我们应该为此找到一种治疗方法。

敏感期,这一因素可以解释清楚某些孩子发脾气的原因。另外,儿童反复无常的举动,也是长期以来受到成人错误对待的结果。与敏感期的心灵冲突密切相关的各种任性的表现,就像敏感期本身一样是短暂易逝的。任性对在敏感期养成的禀性不会具有永久的影响,但是它会产生一种不良的作用,阻碍儿童心理的成熟。

儿童在敏感期发脾气是他们的需要没得到满足的外在表现,这表达了他们对某种危险的警觉,或对杂乱无序的反感。只要他们的需要得到满足或者危险被消除,他们就会平静下来。

儿童心理的发展不是偶然发生的,也不是外部刺激所引起的,而是受短暂的敏感性引导而发展的,也就是说,他受获得与其特性密切相关的暂时性本能的引导。虽然儿童的心理发展也是在一定的外界环境中进行的,但环境主要是一个场所,而不是一个原因,外界环境仅仅提供了心理发展所必需的手段,就像物质环境为身体的发展提供了食物和空气一样。

儿童不同的内在敏感性,使他能从复杂的环境中选择对自己生长适宜和必不可少的东西。内在的敏感性使儿童对某些事物敏感,而对其他事物无动于衷。儿童只对某种特殊的事物具有敏感性。那些能使儿童产生敏感的事物构成了儿童的整个世界。儿童不仅仅对某些情景和事物敏感,他还具有利用这些事物来使自身发展的独特潜力,因为他正处于敏感期,在此期间他所进行的心理调整,能使他适应环境或者日益轻松、准确地到处活动。

在儿童与环境之间的这种敏感的关系上,也许可以找到解开儿童心理发展疑团的途径。我们也许可以把这种奇妙的创造性活动,设想成一系列来自潜意识的充满活力的行为。当这些行动与环境相接触时,就产生了一个人的意识。它们最初是混乱的,然后将会清晰明了,最后达到能进行创造性思维的境地。

以儿童学习说话为例,我们就可以清楚地看到这一过程。当不同的声音杂乱无章地传入儿童的耳朵时,他们仿佛在顷刻间清晰地听到了某种有趣的吸引人的声音。

渐渐地，儿童的耳朵能辨别出不同的声音，他的舌头也运动得更加灵活了。

处于敏感期的儿童有若神助，他的心灵能得到一种神秘的激发。他的内心深处仿佛在上演一部充满爱的戏剧。这种激发正在儿童心灵的秘密领域里展现出来，有时甚至会完全占据儿童的心灵。这种在无声无息中默默进行着的激发不可能不留下高贵的品质，这些品质将伴随儿童一生。

只要儿童所处的环境能充分满足他的内在需要，所有这一切都将悄悄地发生，丝毫不需要人们去专门注意他。例如，"说话"是所有他要掌握的技能中最难的一种。儿童对于"说话"的敏感，还没有引起人们的注意。事实上，由于儿童周围都是成年人，他们之间的对话为这个儿童语言能力的发展提供了必要的条件。唯一能使我们了解儿童这种敏感性的，是他的微笑，这是他对人们用简短、清晰的词语对他说话时，所表现出的快乐。

当某些障碍阻止了儿童敏感性的正常发挥时，就会出现相反的情形，一旦出现这种情形，儿童的敏感性可能就会在他的激烈反应中表现出来——"发脾气"。但实际上它表现了一种内心的空洞，或者是由于需要没有得到满足而引起的紧张感。

发脾气本身可以表现为一种激动的和无目的的行为，我们可以把它比作发高烧。它会突然袭击儿童，可我们却没有找出相应的病理上的原因。正如我们所知道的，通常儿童生了小病，体温就会高得惊人，而这种病实际上并无大碍。儿童的发烧可能来得快，去得也快。同样地，儿童在心理水平上也会由于他特殊的敏感性而产生一种强烈的焦虑不安，而且还没有相应的外部原因。事实上，任性或发脾气在儿童身上表现出来，它们可以被认为是人类心理反常的证据。如果把每一种官能上的失调看做一种官能性的疾病，我们也就得把所有的心理紊乱称作官能性疾病。儿童第一次发脾气就是他心灵的第一次发病。

由于病理状态比自然状态更显著，人们已经注意到了"发脾气"这种情况。当孩子处于这种状态时，他从来不是平静地提出问题和要求得到回答，而是处于一种故障和失调状态。这不是自然的规律，而是对自然规律的违背。因此，几乎所有人都注意到了这种异常情况。伴随着这种表现的则是生命的创造力和保护创造力的举动，而创造力和保护它的本能却仍隐藏着。

儿童的心理疾病已受到重视，然而对他们正常心理的认识还处于朦胧状态。如果不给儿童提供帮助，如果忽视他所处的外界环境，那他的心理世界将处于持续的危险中。

因此，我们不能再无视儿童的心理发展。我们必须从一开始就去帮助儿童。这种帮助并不在于塑造儿童，而在于观察儿童心理发展的外在表现，在于能为儿童的成长提供必要的手段，因为这种手段单靠儿童自己的努力是办不到的。

# 4. 儿童的占有欲与破坏欲

对于儿童来说，父母可能会等待其心理各个部分的成型。通过观察可以发现，这一过程并不是教育的结果，而是自然规律支配的结果。这是一项儿童自己在无意识状态进行的创造工作，而不是教育工作。此外，另一个显著变化更能说明这一点，即受到某种阻碍，没有得到完全发展的儿童，在经过努力之后，逐步可以走向正常，并且他们消失了的性格特点又会重新显现出来。儿童的占有心理便是典型一例。

一个正常的儿童可以自由地选择他所喜欢的事情，这就导致了他不是把注意力集中在事物的本身，而是将注意力集中在事物所包含的知识上。因此，他的占有欲经历了一个变化过程。我们会很奇怪地发现：一旦儿童得到他们渴望得到的东西之后，就会丢掉或打坏这些东西，似乎儿童的占有欲和破坏欲是相伴而生的一样，但是既然没有东西能够永远引起人们的兴趣，儿童的这种行为也就不难理解了。以手表为例，手表是用来为我们指示时间的，这是它的价值所在。但对于甚至不知道时间意味着什么的儿童来说，在他拿到手表时就很可能把它摔坏。大一点的孩子可能知道手表是做什么的。拿到手表之后，他可能会努力想知道手表是如何做的。他会很小心地把手表打开，看一看齿轮和指针是如何工作的。但这也同时说明，他对手表本身已经不再有任何兴趣了。他的兴趣已经集中在了手表的工作原理上。儿童需要的不是物体本身而是对物体的深入了解。

努力了解物体的工作方式是占有心理的第二种类型：这可以有许多种表现形式。儿童摘花就是为了摘到之后把花扔掉或弄碎。在这种情况下，占有欲与破坏欲是同时存在的。但如果儿童对花已经很了解，知道花的每一部分是什么样的，他就不会摘花，也不会去弄坏它。他只会对花进行仔细研究。他的兴趣已经具有了一定的知识性，他想占有的是知识。同样，儿童可能会为了得到蝴蝶而把蝴蝶弄死，但如果他的兴趣集中在昆虫或昆虫在自然界的角色上，他就会对蝴蝶进行仔细的观察，而不是抓住它或弄死它。这种对知识的占有欲集中表现为儿童被周围环境中的事物所深深吸引。我们可能会说，孩子们"深深地爱上了周围的环境"。这种对周围环境的热爱使儿童非常小心、仔细地做每一件事情。

如果这种占有的热情是为了获取知识，那么它就会达到更高的层次，引领儿童打开知识的大门。同样，好奇心也会激发科学研究，是科学研究的动力。一旦儿童对某件事物有好奇心，这种好奇心就会发展到其他事物上。

历史上所有有成就的人都有追求美好的本性。他们会通过各种方式理解生命，进而保护和发展生命，最后通过他们的智慧对生命提供帮助。我们不能通过说教来防止孩子弄坏东西。如果一个孩子要得到一件东西只是为了不让别人得到，我们有必要对他们进行说教。但我们说教的有效性不会持续很长时间，不久之后他们还会重来。只有工作和集中精神的研究和探索，才能为儿童带来知识和爱，才能把潜藏于儿童内心深处的美好东西挖掘出来。对于我们来说，重要的不是物理学、植物学，也不是人类的手工作品，重要的是人类的意志和精神在不断地进行完善。儿童是人类精神的创造者，儿童在自由发展过程中如果遇到了成人的阻挠，产生了障碍，就会严重束缚儿童心理的正常发展。

# 5. 贪食、厌食与儿童心理失衡

贪食使儿童盲目地吃下过量甚至有害的食物。一旦他们出现了心理偏离，他们就失去了保护和确保自己处于健康状态的敏感性。儿童饮食习惯失衡，就是这一情况的一个印证。

心理偏离正轨会引起各种各样的情况。它们能影响身体功能的发挥，其中有些影响看起来是不相关的。现代医学已经彻底研究并证实了心理失调能引起许多身体疾病。甚至某些似乎只与身体状态密切相关的缺陷，最终也是由心理问题引起的。例如，有一种叫做消化不良的患疾，在儿童中是特别普遍的。活泼、强壮的儿童容易无法节制他们的食欲，这些儿童吃了过量的食物。尽管他们会因此而生病并需要医治，但他们无法满足的食欲仍然很容易被当做是"良好的食欲"。

从古代起，贪食就已被认为是一种恶习，它所带来的害处远大于益处。贪吃导致了一种正常的敏感性退化，这种敏感性可以促进一个人的食欲，同时也可以限制所需要的食量。

贪食使儿童盲目地吃下过量的甚至有害的食物。因此可以说，一旦出现了心理偏离正轨的情况，人们就会失去保护和确保自己处于健康状态的敏感性。我们可以在心理偏离正轨的儿童身上找到证据，他们很快就会出现饮食习惯失衡的情况。这些儿童一看到食物就被吸引住了，他们仅凭自己的味觉来选择食物。在"儿童之家"，使儿童恢复正常化的最惊人的事情之一，就是使儿童的心理不再偏离正轨，让他们处于正常的状态中，这样他们就不再贪吃了。每到吃饭的时候,年纪较小的儿童把他们的时间全花在了正确地铺餐巾,盯着他们的刀、叉、匙,并努力回想正确使用这些东西的方法上了,或者去帮助那些比他们年纪更小的伙伴。有时候,他们对这些事情是如此的细心,以致放在他们面前的美味食物变凉了他们都没察觉。那些没有被选中帮助上菜的儿童就会显得不太高兴。他们很想去帮助上菜,但却发现自己只被安排了一项轻松的工作,即吃饭。

  儿童的谦让态度,也可以证明饮食和个人心理状态之间的关系。这种儿童对食物常常表现出明显的和抑制不住的厌恶感。许多儿童拒绝吃任何东西,他们的拒绝有时是如此坚决,以致给家庭和寄宿学校带来了很大的困难。这种情况在为贫穷、弱小的儿童开设的教育机构中特别突出。人们希望他们在愿意吃的时候就可以吃饱。对食物缺乏兴趣,通常会使儿童处于一种抵制治疗的状态中。但是,对进食的这种抵触不应与导致儿童没有食欲的身体失调相混淆。相反,儿童拒绝吃东西是由于他们的心理状态。在某些情况下,这很可能是由一种自我保护机制引起的。例如,一个成人试图使这个儿童吃得快一点,但儿童有他自己的进食节律,因此拒绝接受成人的节律。儿科医生发现,儿童并不是把他们想吃的东西立即吃完,而是会在相当长的一段时间里停下来不吃东西。

  在断奶之前的婴儿身上可以发现同样的情况。他们在吃饱之前会停下来不吸奶嘴,这仅仅是为了休息一下,然后再用一种缓慢的、间歇的节奏吃奶。因此,儿童拒绝吃东西,也许是他保护自己的一种方式,以此来向强制他用自己的节律进食的成人表示抗议。然而,还有一些情况完全不同于以上的情况,我们必须把它们区别开来,并单独去寻找导致这些情况的原因。这类儿童长时期缺乏食欲。他们脸色苍白得令人绝望,他们缺乏户外的新鲜空气,也许阳光和海边的环境能治愈他们对食物的习惯性抵触。然而,根据进一步的调查,我们发现,在这样的小孩身边,有一个他极端依赖的成人,而这个成人完全支配了他的行动。只有一种方法可以治愈这样的儿童,那就是让抑制他的这个成人离开,并给他提供一个环境,在那里他可以自由地发挥主动性。

  一个人心理和身体之间的联系是可以看出来的,尽管身体现象,例如进食，似乎跟它无关。托马斯·阿奎那指出了贪吃和智力之间的关系。他坚持认为，贪食会削减孩子的判断力，并因此使他无法正确认识现实。但是，贪吃与判断力的因果关系恰好与此相反，是心理紊乱引起了贪吃。

心理分析学家已经间接证实了这一点，即贪吃是自我保护能力衰退的一种表现。人们在疾病的背后总能找到某些心理因素，因为人的身体和精神之间的联系是非常紧密的。但是，饮食的失调会给各种疾病打开方便之门。有时候，一个人可能只是做出生病的样子，实际上这种病是他想像出来的，是他的心理作用。心理分析学家为人们理解这种病作出了巨大的贡献，并向人们指出，一个人可能在疾病中找到一处庇护所。这种逃避并不是没有一点原因的。当一个人的体温偏高或功能失调时，就会发生这种情况，有时甚至显得很严重。然而，他并没有真的得病。潜意识的心理紊乱导致了这种病症，它成功地支配了一个人的生理规律。这个人能够借助这些疾病去摆脱不愉快的处境或职责。这类疾病抵制所有的治疗，只有当他逃脱了让他不愉快的处境时，这些疾病才会消失。当儿童被安置在一个能使他们以正常的方式生活和自由地活动的环境中时，他们的许多疾病和病态就会像许多道德缺陷一样自动消失。

# 6. 孩子的尊严同样不可忽视

我们应该更加了解孩子的人格。不论教养的是新生儿还是年龄大一点的孩子，教育者的首要责任是察觉孩子的人格，并予以尊重。当我们因为怕孩子吵而不让孩子和我们在一起时，我们所表现出来的就是对孩子的不够尊重。

举个例子，如果我们正在吃晚餐，孩子此时却在另一个房间里哭哭啼啼，他为何会哭？那是因为他被单独隔离在外，而我们对成人显然就不会用这么不尊重的态度把他一个人关在房里。就像对待任何其他人一样，我们应该觉得孩子能和我们坐在一起吃饭是我们的"荣幸"；我们应该乐于见到孩子，并让孩子和我们接近。

有一些人相信，让孩子在成人的吃饭时间吃成人吃的食物，对孩子的健康不利，但我们实在不必太担心这个问题。重要的是，如果我们忽视了孩子，我们就伤害了孩子，而我们却常常未向孩子致歉。

对儿童来说，擤鼻子并不是易事，由于他们屡屡遭成人责备，所以他们在这一点上十分敏感。孩子们听到的叫嚷和辱骂强烈地刺伤了他们的感情。更让他们觉得难堪的是，在学校里穿戴整齐后，还要把手帕别在引人注目的围兜上，以免手帕丢失。但很少有人真正教他们怎样擤鼻涕。一旦有人这样做时，孩子们便感受到了从前受的羞辱得到了补偿。他们得到了公正的对待，而且也使他们获得了新的地位。

长期的经验表明，事实的确如此：儿童是有着一种强烈的个人尊严感的。通常，由于成人没有意识到这一点，便使儿童很容易受到伤害和遭到压抑。而要在孩子与成人之间建立一种和谐的关系，作为强势一方的成人，就必须首先去尊重孩子，深入了解孩子的真正需要。具体说就是，父母、长辈或教师与孩子的关系应是互相尊重，时时想到对方的愿望。因此当遇到某个问题时，例如在家庭内部出现的问题，不论是做出什么行动，都应当征求孩子的意见。作为父母或教师，不只是努力做一个有道德的人，更要消除使孩子对他感到不可思议的那些无形的阻力。如果成人对于孩子的要求违反了他们内部发展的不可改变的规律，孩子就不可能服从。孩子的顽皮和不服从往往就是由于他建构自己的内部力量和不了解他与成人之间的矛盾造成的。

可以说，孩子的最大障碍正是成人的权威和骄傲。孩子虽然还意识不到这种不公平，但他会感觉到精神上受到压制，从而给孩子的个性和心理发展带来影响。假如成人能做到尊重和了解孩子，不粗暴地拒绝孩子的请求，并从他们心理发展的规律中受到启示，便会知道孩子的心理和成人的心理是完全不同的。

## 7. 儿童之家的"指导员"

在"儿童之家",教师必须经过专门训练,教师的作用主要是引导孩子的心理活动和身体的发展。因此,教师是指导员的角色。但这并不意味着其作用就此降低,相反,她指导的是孩子的生活和心灵。她要为孩子准备学习的环境,除了教会孩子知识,还必须是孩子的观察者和引导者。

实际上,教师的精神状态比技能更重要。教师的准备工作不能只靠学习,还必须具备道德方面的品质,如机警、稳重、耐性、爱心和谦逊,其中最重要的是,时刻考虑到孩子。传统教育的弊端就正是在于过多地考虑传授知识,而忽视了孩子的个性发展。为此,"儿童之家"的指导员应做到:

1. **尊重孩子,深入了解孩子的真正需要**

在教师和孩子之间建立互相尊重的关心。彼此关心、爱护,如同好朋友。

2. **用科学家的态度研究孩子**

一个好的教师应当是一个科学工作者。为了解释孩子的欲望必须科学地研究他们。因为孩子的欲望常常是不自觉的,是他们生活内部的呼声,是按照一种神秘的规律显示出来的,人们很少懂得这种显示的方式。应当在适宜的范围内任其自然发展,从而观察这种内部生活的表现。

教师不是为自然科学服务,是为生存的人类服务。她必须善于观察到人的内部生命,人的真实生活,看到孩子的精神状态并对观察过程有一种乐趣和贪婪的热情。要观察孩子的每一种欲望,每一种表现。从孩子身上，指导员将学习如何使自己成为一个好的教育工作者。

### 3. 相信并热爱孩子

生命的成长必须有爱的感觉，孩子的自觉性和自我认识是通过爱得来的。孩子正是因为爱他的周围环境才产生了一种冲动，在整个敏感期将自己和周围事物连接起来。这种爱不是一般理解的情绪感觉，而是一种内在力量，通过爱来吸取外界事物并且建构自己。正是这种爱，使孩子对周围环境有一种热情和细致的观察态度。

值得注意的是，孩子在情感上更容易趋向于常在他身边的成人。教师在学校所占的地位已像一个母亲在家里的地位，孩子很自然地求助于她，也需要从她那里得到爱。教师和孩子之间的积极关系，是教育唯一成功的基础。教师对孩子表示积极热情，有吸引力，孩子就会有信心地接近他们，并接受她们的教导。

作为指导员，对孩子的信心同样重要。我们对存在某种缺陷的孩子不能动摇信心。应当看到一个表现不同的孩子的精神状态，并相信当有兴趣的"工作"吸引他的时候，他会实现正常化。对于教师来说，从孩子那里得到的精神快乐，应该是一种极大的幸福。

### 4. 耐心等待，不要急于干涉孩子

教师不应以自己的智慧代替孩子的智慧，而要引导孩子自己进行活动，包括各种日常琐事。孩子需要发展自己的独立性，自己选择志愿，让孩子凭借自己的兴趣和意志力坚持下去。当孩子战胜了力所能及的困难时，他就会获得最大的快乐。

当然，对于孩子的有害的表现，应毫不犹豫地去制止。教师的责任不仅在于知道什么时候对孩子的活动应该加以禁止，而且要尽力避免这种禁止。这显然不是件易事，但并非不能很好地完成。对于进步慢的孩子，教师要有耐心，对他的成功要表现出热情。当孩子动作缓慢时，教师如果不是去帮助他实现他最重要的心理需要，而是代替孩子完成活动，就将成为孩子主动发展的最强大障碍。作为教育者，应记住的一句话就是："在观察的同时，耐心等待。"

## 8. 家庭里的"儿童之家"

"环境教育"是"儿童之家"非常重要的一个方面。我们并不需要所有的孩子都能去"儿童之家"学习和生活，只要能够提供为孩子的"有准备的环境"，并采取恰当的方式，"儿童之家"同样能在一个家庭里建立起来。当然，此时父母是孩子的同伴。

准备一个适合孩子安全活动的空间，提供给孩子与体格相当的、优质的、美好的实物，满足孩子喜欢使用和成人一样的物品的愿望。教具放在孩子可以自由取放的地方；图画、挂图等给孩子看的东西，挂在孩子视线所及处，而不是成年人所习惯的高度。

让孩子从小就过着有规律的自由生活。尊重孩子的选择，给孩子各种选择的自由。孩子遵守的规则，由家长和孩子一起共同制定。

父母亲要多与孩子谈话，并以正确的语言交谈。避免使用负面语言，不要轻率地使用"真笨"、"这样做不对"、"你怎么没记性"等指责性词语，这样容易使孩子有自卑感和失去进取心。家长应以称赞、鼓励、肯定、感谢等积极态度，耐心聆听孩子说话，即使孩子说得慢或出错，也耐心听完，然后用正确的语言复述示范，而不是用"你说的不对"来打断孩子；在孩子有话要说时家长要侧耳倾听：弯下腰或坐下来，与孩子保持同样的高度，而且眼睛还要和蔼地注视孩子。这样，孩子就能够与家长无所不谈。

尽量与孩子一起从事实际生活的工作。家长与孩子最好一起从事孩子所能承担的家庭实际生活的工作。衣服的穿脱、用餐、扫除、浇水、整理等，这些实际生活中的工作对于孩子来说是充满乐趣的。因此，孩子会兴致盎然地去做。对家务事的分派最好以建议的形式而不是以命令的形式进行。尽量多采取感谢、喜悦、礼貌、称赞、鼓励的态度。比如，托付孩子某件事情时，要把"把那个东西拿过来"的说法改为"请把桌子左边的红本子拿来给我"，清晰具体地表达物品的名称及所在地点。

在生活中尽量给孩子提供成功的机会，成人要以步骤清晰和放慢的动作向孩子展示每件事情的正确做法，并相应为孩子提供他易于使用的物品，这样孩子便会模仿运作，他体验着成功的喜悦，增进了自信，激发了自发性。在学习活动中，要注意到孩子的每一件事；在孩子学习过程中出现错误时，尽量创造机会让孩子自己纠错，而不是急于指出孩子的错误。不随意打断孩子正在进行的活动，即使是在有客人时，也不会为了成人的需要而影响孩子的正常活动。

鼓励孩子自己完成能胜任的工作，而不会为了加快速度而替孩子做。孩子的时间感觉差，动作尚不协调，所以做事速度自然缓慢，家长切记不要催促孩子，要尊重孩子的速度，给孩子充足的时间，让他按自己的速度行事，这将产生积极的教育效果。

在孩子发生错误时，家长要注意纠正错误的方法。容忍孩子的失误，放手让孩子再做尝试。

孩子以家长为学习的榜样而形成自己的人格，在家庭日常生活中家长的善与恶对孩子的人格形成都产生巨大的影响力，务必铭记在心。

要尽量给孩子选择的自由。要尊重孩子的个性，不要求孩子必须和其他小朋友一样。在日常生活中，要使他对事物能发挥判断、选择的能力。例如，问一下喜欢香草冰淇淋还是巧克力冰淇淋；出去玩时要穿红衣服还是蓝衣服；想去山上玩还是去公园。

多创造与其他孩子在一起接触的机会。一般3岁以前的孩子与其他孩子交往的机会很少，在这种情况下长大的孩子大多不会自动去寻找朋友，从3岁开始最好尽量提供孩子与其他孩子交往的机会。由此孩子能增长智慧并培养社交能力。在集体活动时，教孩子有秩序地一个一个去，而不是一拥而上。

## 9. 给为人父母者的建议

尊重孩子，是建立和谐家庭的一个基础，成功的家长都不是以孩子的"严父"态度居高临下地干预和安排孩子的生活，而是像好朋友一般倾听孩子的心声，了解孩子的脾性，并潜移默化地施加积极影响，从话语和行动中加以引导和教育。

（1）幼儿园不是孩子的游乐场所或托儿所，它是孩子人生成长的第一所学校，对身心的正常成长与发展影响极大。幼儿园各有不同的水准，要尽力选择优秀的幼儿园。

（2）经常了解孩子喜欢什么，让孩子感到在家里很快乐。

（3）无论任何时候都对孩子满怀希望。要经常鼓励孩子，当孩子遇到失败的时候，不泼冷水。

（4）当别人指出孩子的缺点时，不护短。

（5）要求孩子做到的父母首先做到。

（6）不在孩子面前争吵。

（7）不对孩子说祖父母（外祖父母）的坏话。

（8）如果自己有了错误，能向孩子承认。

（9）不在别人面前数落孩子。

（10）对孩子问的"为什么"，知之为知之，不知就承认，然后再去解决。

（11）每天都要和孩子一起谈话。

（12）经常带孩子到大自然中去玩。

（13）每天都给孩子自由活动的时间和空间。

（14）每天要带孩子到户外运动。

（15）凡是孩子能够自己做的，就要让他自己做。

（16）鼓励孩子主动做事，即使失败了，也认为是值得的。

（17）经常和孩子讨论各种问题。

（18）经常和孩子一起阅读图书。

（19）孩子有话对你说时，不管多忙也能耐心倾听。

（20）批评孩子时允许孩子辩解和反驳。

（21）不对孩子说："你看人家×××，每次都比你强。"

（22）不对孩子说："就你笨，什么都不会做。"

（23）一般不命令孩子，经常给他选择的机会。

（24）对孩子许诺的事，说到做到。

（25）欢迎孩子的小伙伴来家里玩。

（26）注意孩子的情绪变化，不恐吓孩子。

（27）在家里给孩子一块属于他自己的天地。

（28）让孩子学会自己收拾玩具，养成整洁有序的习惯。

（29）给孩子买玩具不宜过多、过于高档。

（30）给孩子买衣服尽量舒适简洁。

（31）与教师经常保持联系。

（32）不在孩子面前说老师的坏话。

（33）家中的事征求孩子的意见。

# 第十四章

## 性格的形成——如何让儿童成长为健康的社会人

凭借一种与生俱来的学习能力,孩子通常会对外在事物产生某种兴趣,并且非常愿意去主动做一些事情。这一点可以从孩子用来表达他自己的各种方式上得知。而成人,如果盲目、粗鲁、不适当地介入,就会把孩子的努力毁掉。因此必须允许孩子进行"自我塑造"。这是教育孩子的一个基本理念,也是教育方法的核心指导原则。

## 1. 儿童的性格发育特点

从法律意义上来说，作为孩子的监护人，成人的工作必须从儿童出生、他们的性格和个性还没有形成时开始，直到他们的性格和个性完全形成为止。

深深根植于人们潜意识中的自然规律无疑决定了人的心理发展，这对于所有人来说都是适用的。人与人之间的区别大都取决于他们后来生活的不同。因为人在后来的生活道路上会遇到许多障碍，这些障碍又会对人的心理产生各种各样的影响。

当然，这样一个理论必须能够对人从出生到成熟各个阶段的性格进行解释，但现在我们暂时将儿童的生活作为主要研究的对象，然后以此为依据，对个体的不同发展形式进行研究，这些发展形式是人在适应社会过程中逐渐形成的。

因此，我们通过对人们行为的研究来研究人的性格。

总体来看，一个人从出生到18岁，可分为三个阶段：0~6岁；6~12岁；12~18岁。每一阶段又可以分为两个小的阶段。如果我们分别对这些阶段进行研究就会发现，这些阶段典型的心理有巨大的差别，而且不同个体之间也存在着差别。

我们知道，0~6岁这一阶段是一个创造的阶段。虽然刚刚出生的婴儿没有形成性格，但性格的形成恰恰发源于此。对于婴儿，我们无法施加任何外在影响，而大自然则已经为性格的发展奠定了基础。这些婴儿没有好坏的意识，不受我们道德观念的影响。实际上，我们也不会说某一个儿童坏或不道德，而只用顽皮来形容他们。

在 6~12 岁这一阶段，孩子开始有了好、坏的观念，他们不但可以评价自己行为的好坏，也可以评价别人行为的好坏。能够区分好、坏是这一年龄儿童的主要特征。这一年龄的儿童也有了道德感，这种道德感最终会形成一种社会感。

在 12~18 岁这一阶段，孩子知道了爱自己的国家，知道了自己属于某一特定的族群，也有了对这一族群的荣辱感。

虽然每一阶段都与其他阶段有很大区别，但前一阶段又都为下一阶段打下了基础。想在第二阶段发展正常，就必须要求第一阶段发展良好。人是通过妊娠来孕育生命的，如果父母二人不酗酒或没有其他疾病，他们所生的婴儿就应该是健康的。儿童是否健康也取决于胚胎在妊娠期间是否受到了影响。后期的胎儿也可能受到影响，但这种影响只能来自环境，也就是母亲在妊娠期间的生活环境。如果胚胎的生活环境良好，出生的婴儿就健康。

## 2. 性格的形成取决于儿童自己

儿童性格及其形成，这一问题在孩子出生后的几年中非常重要。新式或老式的教育理论在这一点上走到了一起，即认为智力教育和实践教育还远远不够，还必须将性格教育包括在内。人们对许多美德非常看重，如勇气、责任感、交际能力等等，对性格的研究也集中在身体、道德、智力、意愿、人格和遗传方面。

通过对儿童行为的研究可以发现，只有通过儿童个人的一系列努力才能促进性格的发展。儿童们所做的努力主要取决于他们的创造潜能和他们在日常生活中所遇到的障碍。

0~6 岁的幼儿如同"软蜡"，在这一时期的孩子，他们可以适当地加以自我塑造。这种"自我塑造"是非常关键的一个概念，在许多成人看来，他们要做的不是让孩子去"自我塑造"，而是由他们来塑造。这显然违背了儿童发展的自然规律。

孩子必须塑造他自己。这就是教育孩子的一个基本理念，也是教育方法的核心指导原则。凭借一种与生俱来的学习能力，具有吸收力的心理，孩子通常会产生某种兴趣，并且非常愿意去主动做一些事情。这一点可以从孩子用来表达他自己的各种方式上得知。而成人，如果盲目、粗鲁、不适当地介入，就可以把孩子在自己的"软蜡"上画出的轮廓毁掉。即使成人并非有心要干扰孩子，但一个客观效果是，他们对孩子在内心建构起来的东西造成了强大的破坏。在成人不注意的时候，孩子会重新开始他的建构工作。可当成人再一次把它破坏殆尽时，孩子又会重新开始。孩子和成人之间的冲突就这样僵持，直到孩子完全投降，不再发表意见，不再做自己想做的事为止。

由此可见，在孩子这段如此敏感的时期，教育是何等重要，事实上，这个时期的教育工作，比接下来的任何时期都重要。为了避免成为阻碍孩子正常发展的阻力，成人一定要保持非常被动的态度，而且绝对不能盲目、不合时宜地干预孩子。身为父母，我们必须选择正确的途径，用我们的敏锐力去了解，什么样的行动才是帮助孩子发展所必需的。我们一定要控制自己的行为，以免造成破坏。创造者应该是孩子，而不是成人。

# 3. 强壮型与弱小型性格偏离

出生后的几年是非常重要的，出生后2～3年的儿童所受到的影响，可能会改变他的一生。在此期间，如果他受到伤害、暴力或其他障碍的影响，其个性就会发生偏离。也就是说，如果儿童在发展过程中遇到障碍，

# 第十四章 性格的形成——如何让儿童成长为健康的社会人

他的性格就会不正常；如果他能够自由发展，他的性格就能避免走上歧途。如果在受孕、妊娠、出生和出生后这一时期，我们能够采取科学的方法，儿童在3岁时就能发展成为一个正常的人。但这种理想的状态很难达到，障碍也往往无法避免。

同样是3岁的儿童，他们各有自己的特点。他们之间的不同不但取决于其不同经历，也取决于他们的年龄。妊娠期间胎儿所受到的影响比出生后婴儿受到影响的后果严重得多。

如果我们想对儿童0~3岁时所形成的缺陷进行治疗，那么我们就应该把重点放到3~6岁，因为在此期间，大自然还正在忙于形成和完善儿童的其他各种能力。

如果0~3岁时造成的一些缺陷不能得到改正，那么这些缺陷会一直保留下来，其影响也会愈来愈大。由此就会导致儿童到6岁时，身上仍然会存在0~3岁形成的人格偏离等缺陷，6岁之后，这些缺陷就会对第二个阶段产生影响，影响儿童对正确和错误的认识。

下面来考察儿童性格偏离的几种类型。我们想同时对儿童所有的缺陷进行讨论，并使用不同的方式对其进行治疗。但由于缺陷的种类太多，我们最好把它分成两类：一类是那些强壮儿童，亦即可以克服障碍的孩子所表现出的缺陷；另一类是那些弱小儿童，亦即在不利条件面前屈服的孩子所表现出来的缺陷。

强壮类型的儿童通常反复无常，并有愤怒和暴力倾向。他们的典型特性是不服从命令，就是"毁灭性的本能"。这些孩子通常有很强的占有欲，表现得非常自私和嫉妒，最终会表现为抢占他人的东西。他们的行为没有目的性，不能集中注意力，无法协调双手的活动，他们手里拿的东西很容易掉到地上摔碎。他们的心理错乱，并且充满幻想。这些儿童非常躁动，通常大喊大叫。他们喜欢打扰和取笑别人，对弱小儿童或小动物不友善。他们吃饭时通常也表现得很贪吃。

弱小类型的儿童则表现得很被动，他们的缺陷很消极。懒惰、懒散是这些儿童的主要特征。他们喜欢通过哭来乞求别人的帮助，总是要求成人服侍他们。他们希望别人取悦他们，并且很容易烦躁；他们对很多事情都感觉害怕，并且依赖于成人；他们经常撒谎（这也是自我保护的一种被动形态），喜欢偷东西（心理补偿的另一种形态），等等。这样的儿童通常会有一些由心理引起的问题。例如，他们拒绝吃饭，明显没有胃口或者没有吃饱的感觉，最后造成消化不良。他们经常做噩梦、怕黑、睡眠不好，甚至贫血（某些类型的贫血和肝脏问题确实是由心理问题引起的）。这些儿童的神经方面通常也有一些问题。这些问题大都无法用药物疗法解决。

某些条件对人格正常和健康的发展产生了影响，最终导致疾病和缺陷。这些疾病、缺陷对行为和性格的正常发展也会有很大影响。

成年人不喜欢这两种类型的儿童，尤其是那些强壮型的儿童更令父母大伤脑筋。这些孩子的父母总想摆脱掉他们，把他们托付给保姆或送到学校。他们成了有父母的孤儿。虽然他们身体健康，但他们的心理不正常，这无疑会对他们的行为产生负面影响。他们的父母努力想找到对付他们的方法，一些父母向别人讨教，另一些则自己解决问题。这些父母可能会对孩子要求更为严格，使尽各种各样的办法，打、骂，甚至不给饭吃，等等，但这只能导致儿童更加不服管教，引发更多问题。当父母们最后无计可施时，便只能听之任之了。

那些被动或消极型的儿童就不会引起人们这样的关注。他们的行为不是问题。他们的母亲会认为他是个好孩子，非常听话，因为这些孩子不会做任何错事。孩子的依傍也被认为是好事。母亲会说，孩子非常喜欢她，如果她不在，孩子就不会上床睡觉。但后来母亲会发现，孩子的运动和说话都非常迟缓，走路摇摇摆摆。这时母亲会说："孩子很健康，只是有些敏感，对任何事情都害怕。甚至对食物都没有兴趣。孩子的精神世界很丰富，吃饭之前必须给他讲个故事。这孩子将来可能会成为一名诗人！"但最后，她发现孩子确实病了，必须求助于医生了——最后确定，孩子有某些心理疾病。

以上两种性格偏离对儿童的心理和智力都会产生极大的影响。如果在孩子幼儿阶段出现了不利于儿童潜能发展的阻碍，儿童就会表现为学习困难，对于这样的孩子，6岁时他可能受前期缺陷的影响表现出一些不正常的特征。例如，6~12岁儿童所应具有的道德感等特征，在他们身上可能表现不出来，其智力水平也可能低于正常值。因此，这个儿童可能没有自己的性格，也无法学习。在最后一个阶段，他的这些缺陷还会造成其他更多的缺陷。

因此，有必要为每个孩子准备一个身体和心理方面的档案。这可以为教员或父母提供一些指导，因为如果我们了解孩子在每个阶段所受到的影响，就能估算出其心理问题的严重程度，进而采取适当的对策。

在档案中记录下儿童父母遗传疾病方面的信息、儿童出生时父母的年龄、母亲妊娠期间的一些情况，即母亲妊娠期间是否有什么意外情况或突然摔倒等等。档案中还会记录儿童出生过程是否正常、出生时是否健康、出生后是否缺乏活力等等。档案中还记录儿童家庭生活其他方面的一些问题，诸如，父母是否对儿童的期望值过高？儿童是否受到过惊吓？如果儿童的性格怪僻或反复无常，我们就可以通过档案找出其中的原因，并进行矫正。

## 4. 精神营养缺乏症

父母"无微不至"的关怀，导致孩子缺乏独立性训练，缺少创造性活动，使得孩子的精神需求得不到满足，从而长期患有"精神营养缺乏症"。相反，如果儿童能够自主决定自己的事情，完善自己的心理，就不会出现问题。

性格缺陷的形成与儿童所遇到的成长障碍有关。而这种障碍一方面是来自成人。在许多家庭，父母不仅替孩子包办饮食起居，甚至试图去包办孩子的精神和思想。儿童在性格上的许多缺陷都是成人对婴儿的一些错误做法造成的。如果我们在儿童0~3岁期间忽视了儿童，儿童没有机会为自己的大脑填充内容，大脑就会一片空白。这个饥饿的大脑也是许多问题的根源。

问题的另一个重要原因，是儿童缺少创造性活动。这种缺乏也是导致儿童精神饥饿的一大因素。这样的儿童很少能够找到充分发展的条件。这些儿童大多被留下来一个人独处，除了睡觉，很少做什么事情。或者是成人为他们做好了所有事情，完全代替他们去行动。这无疑就产生了严重的后果：这些孩子除了对手里的东西感兴趣外，对任何事情都不关心。虽然这些孩子主观上想做很多事情，但他们无法做到。一旦他们真的拿到了自己渴望的东西，却不知道怎样去玩，往往把它们弄坏。

儿童没有理由的恐惧也可以在他生活的早期阶段找到原因。

与此相反，在"儿童之家"的孩子，则生活在一个可以自由发挥的环境里，他们可以自由使用他们的潜能，从而促进了心理的发展。儿童的周围有很多有趣的东西，他们可以自主使用，每一样东西都可以吸引并集中他们的注意力。一旦儿童们达到这一程度，他们就可以集中精力做有趣的事情，他们身上的所有缺陷就会随之消失。以前不规律的变得有规律了，以前被动的变得主动了，以前顽皮的孩子变得懂事了。这一现象表明，孩子们的缺陷是后天获得的，而不是天生。孩子之间也没有太大的不同。所有那些性格缺陷和不正常现象都源于一个原因，那就是儿童的心理生活没有得到充分的滋养。

如果我们对儿童的创造性活动有所了解，那么这些问题就迎刃而解了。给父母或老师们的建议就是：让孩子在一个有意思的环境中生活！母亲不必为孩子提供不必要的帮助，一旦他们开始做某件事情的时候，我们不应该打断他们。和蔼、严厉、药物对于精神饥饿的孩子来说没有任何帮助。如果一个人挨饿受冻，我们说他是傻瓜，或者痛打他一顿，或者要求他心情好起来，这些都无济于事，他需要的是食物，其他东西都不起作用。儿童的心理机制也是如此。

严厉或和蔼都不能解决问题。人类是智慧的动物，他们需要物质上的营养，更需要精神上的营养，若精神上得不到充分的锻炼，不能从日常生活中吸取各种知识，乃至被剥夺了独立探索的权利，那么孩子就必然出现"精神营养缺乏症"。人毕竟远远不同于动物，因为人会主动建立自己的行为模式。

成人对儿童的威胁、利诱、说教都是没有用处的。父母应该做的，是为儿童提供一个正常的生活环境。

## 5. 儿童的社会生活同样重要

不管是成人还是儿童，只要把人根据年龄分隔开来，都是一件冷酷而不符合人性的事情。因为它会打断社会生活之间的联系，使人与人之间无法互相学习。

绝大多数学校首先根据性别，然后根据年龄进行分班。这是一个非常大的错误，而且是很多罪恶的根源。这是一种人为的隔离，它会严重阻碍儿童社会感觉的发展。

在"儿童之家"，不同性别的孩子通常安排在一起。当然，把男孩和女孩安排在一起实际上并不是最重要的，他们可以很好地进入不同的学校。年龄的不同才是最重要的。这一做法，使得"儿童之家"的孩子们之间建立起了一种牢固的团队感。这种团队感是以一种高尚情感为基础，它能促进集体的团结。这个例子足以告诉我们，在儿童的情感达到一个很高的层次时，他们就会感觉到一种吸引。年龄大的孩子善待年龄小的孩子就是这种情况的具体表现。相反，已经正常发展的孩子对待新来的孩子的方式，以及他们对待已经适应的孩子的方式都是这种情况的具体体现。

在"儿童之家"，不同年龄的孩子经常互相帮助。年龄小的孩子会对年龄大的孩子的行为进行观察，并且会要求年龄大的孩子解释一些东西。年龄大的孩子会为年龄小的孩子进行讲解。这种讲解是非常重要的，因为一个5岁孩子的思想与一个3岁孩子的思想比我们成年人与3岁孩子的思想接近得多，学习起来也更为容易。在不同年龄孩子之间有一种交流与和谐，这种交流与和谐很难在成人与孩子之间发现。

对于一个3岁孩子来说，有很多事情老师不能向他们传授，而5岁的孩子却能轻而易举办到。3岁孩子和5岁孩子之间有一种自然的心理联系。一个3岁的孩子可能会对5岁孩子所做的事情非常感兴趣，因为5岁孩子所做的事情与他们的能力相距不远。大一点的孩子可能就成了他们心目中的英雄或老师，令年纪小的孩子仰慕不已。

年龄小的孩子受年龄大的孩子的激发会模仿大孩子所做的事情。在其他类型的学校中，几乎所有孩子都处于同样的年龄，聪明一点儿的孩子可能可以教其他孩子，但几乎得不到老师的允许。这些较聪明的孩子唯一能做的就是，在不是很聪明的孩子回答不上老师问题时来替他们回答。结果是这些孩子的聪明引来了其他孩子的嫉妒。如果孩子之间有年龄差距就不会有嫉妒的情况出现。年龄小的孩子不会因为年龄大的孩子能够回答问题而感到羞愧，因为他们知道自己年龄小，将来肯定能够回答出这种问题。

在不同年龄的孩子之间有一种爱和敬仰的感觉存在，这是一种真正的兄弟之情。在现有的学校体系当中，升级的唯一办法就是竞争，但这却常常会引起嫉妒、怨恨和羞愧等感觉。这样孩子们就会变得自以为是，并且喜欢控制别人。相反，在"儿童之家"，年龄大的孩子认为自己理所当然地应当向年龄小的孩子提供保护。这样，一个班集体也就变得非常牢固。最后孩子们之间对互相的性格都有所了解，并且能够互相提供帮助。在现在这些学校的孩子们经常说"某某得了第一"或"某某最差"等等，人与人之间真正的感情是不会在这种环境下培养出来的。

年龄是儿童在环境中形成各种不同性格的重要因素。人们可能会担心，如果一个5岁的孩子为3岁的孩子进行讲解是否不利于儿童的成长。首先，他们并非把所有时间都花在了为年龄较小的孩子进行讲解上面。年龄较小的孩子对年龄较大的孩子的自由还是很尊重的。其次，讲解行为有助于年龄较大的孩子深入理解他们所学的知识。年龄较大的孩子在给年龄较小的孩子进行讲解之前，必须对自己所学的知识进行分析和整理。因此他的这种讲解行为并非没有任何回报。

3~6岁孩子的教室并非完全与7~9岁孩子的教室分开。6岁的孩子仍然可以从高年级的孩子那里学到东西。在"儿童之家"，班级与班级之间的墙只有成人的腰那么高，孩子们可以很容易地跑到另一个教室，不同年龄段的孩子可以互相进行交流。

每个孩子都有他固定的场所，但孩子们之间又不完全隔离开来。孩子们可以跑到其他教室学习新东西。一个 3 岁的孩子可能会发现一个 9 岁的孩子正在求解平方根。他可能会问那个 9 岁的孩子正在做什么。如果对得到的回答一点也不能够理解，他就会跑回自己的教室了。因为他们在那里可以找到自己感兴趣的东西。但 6 岁的孩子可能对 9 岁孩子所做的事情稍有理解，他可能会在 9 岁孩子的身边多呆一会儿，学习一些东西。儿童们在教室之间自由行动可以使他们对不同年龄之间理解能力的不同有所了解。

儿童的发展不仅仅依赖于他们年龄的增长，也依赖于他们是否有足够的自由进行观察。理解年龄大的孩子所做的事情会给年龄小的孩子带来兴趣，而年龄大的孩子又乐于向年龄小的孩子教授他们所知道的东西。孩子们之间没有高低贵贱之分，他们之间通过互相学习达到了健康成长的目的。

通过对这些儿童的行为以及他们在自由气氛中的关系进行研究，我们就会逐渐了解儿童的社会生活的重要性，也能了解这个社会的真正秘密。这些秘密非常微妙，我们必须从心理的角度进行仔细观察，观察它们，可以让我们进一步了解人类的本性。因此，我们可以把我们的学校看做一个心理研究的实验室。这个实验室不适于常规意义上的研究，它是一个对儿童进行观察的实验室。

从另一个方面来看，这种相互帮助和合作还能培养和加强孩子的社会责任感，从而达到道德教育的目的。整个社会就是一个大的体系，每个人都在其中发挥他的功能，从现代法律的意义上讲就是每个人既履行他的义务，也在享有他的权利。通过不同年龄段的孩子相互接触的方式，可以让孩子建立起一种爱心，从而也建立了一种义务与权利的内在思维模式。也可以说，正是这种接触，使孩子们明白奉献和获取的真谛，因为孩子们能够在相互帮助中体会到友谊与快乐。显然，不管是成人还是小孩，内心获得快乐，都是令人向往的。

# 6. 成人必须学会控制自己

　　成人必须学会控制自己的行为，在对待孩子方面，体现为不干涉孩子的举动，同时在生活方式上，减少乃至取消强制性措施，避免粗暴的命令、呵斥，甚至暴力威胁，而是要以和蔼的态度加以引导。显而易见，这样的态度是许多家长知道的，但他们并不见得就理解了其深刻的内涵。实际上，这跟儿童的发育和心理密切相关。

　　不难发现的一个情况是，当儿童长大到能够独立行动的时候，他与成人之间的矛盾也就开始了。当然，没有一个人能够完全控制儿童的视听，进而征服他的世界。但是当儿童开始独立行动、走路、触摸各种东西时，情况就另当别论了。即使一个成人确实爱他的孩子，但他的内心仍然会有一种自我保护的本能。正在成长的儿童与成年人各自不同的心态的确差别很大，如果双方不作一些调整，他们就无法和谐地生活在一起。我们不难看到，这些调整是对儿童不利的，儿童弱小无力，只好任人摆布。儿童的行为如果与成人的需要不一致，就会不可避免地遭到限制。尤其是当成人没有意识到自己的自我保护心态时，他们反而会相信自己确实给了孩子深厚的爱和奉献。

　　但是，成人的这种无意识的自我保护，并不是以它的真实面目表现出来的。成人具有一种贪婪的心态，这使他小心翼翼地保护自己拥有的任何东西。然而这种贪婪却被"有责任正确地教育儿童"的信条掩饰起来了。成人害怕儿童打扰他的安宁，就找来一个借口："为了保证儿童的健康，应该让他多睡些。"

　　成人会心安理得地说："儿童不应该到处乱走。他不应该碰不属于他的东西。他不应该大声说话或叫嚷。他应该多躺一会儿……"这个发号施令的人似乎不是家庭一员，对孩子也没有特殊的爱。那些懒惰的父母会选择最省力的方法，他们干脆打发自己的孩子去睡觉。

谁会在让孩子睡觉这一点上犹豫不决呢？但是，如果一个儿童是那么机灵和那么快地服从了，从本质上来看，他应该不是一个"睡眠者"。当然，他需要也应该得到正常的睡眠时间，但必须区分什么是适宜的睡眠，什么是人为强制的睡眠。一个强者可以通过暗示把自己的意志强加给弱者。一个成人如果强迫儿童超时睡眠，他就是在通过暗示的力量，无意识地把自己的意志强加给儿童。

成年人，不论他们是有学问的或没有学问的父母，还是照顾婴儿的保姆，都联合起来促使这个充满生气的、活跃的婴儿去睡觉。在富有的家庭里，甚至2岁、3岁或4岁的儿童都要被责令过量睡眠。然而贫困家庭的孩子却不是这样，他们整天在街上跑，没人让他们去睡觉，因为他们并不是母亲厌烦的根源。通常情况下，这些贫穷家庭的孩子，比富家子弟要更平和一些。

能够给予儿童心理发展的一个最大帮助，就是给他一张满足他需要的床，以及不让他的睡眠超过必要的时间。只有当他困了、累了的时候，才让他去睡觉。当他睡够了就醒来，想起床时就爬起来。

像所有有助于儿童心理生活的新东西一样，一张矮床是非常经济的。儿童需要的是简单的东西，复杂的东西往往更容易阻碍儿童的发展。在许多家庭里，常把小床垫铺在地板上，上面再盖一条大毯子，由此改变了儿童的睡眠习惯。这样，一到晚上儿童就可以自己高兴地去睡觉，早晨起床也不会打扰任何人。

这些例子表明，成人是怎样错误地将自己的意愿强加给儿童，并在照顾儿童上费力不讨好。实际上，由于他们自我保护的本能，使他们违背了儿童的需要。其实，这种本能是可以轻易克服的。

因此，成人应该努力去理解儿童的需要，这样就可以给他们提供一个适宜的生长环境，使他们得到满足。成人不应该把儿童当做没有生命力的物体，不应该在他小的时候随便支配他，在他长大以后又让他唯命是从。成人必须确信在儿童的发展方面，他们只能起一个次要的作用。他们必须努力地了解儿童，这样才能适当地帮助他们。由于儿童要比成人弱小得多，如果儿童要发展自己的个性，那么成人就必须控制自己，倾听孩子的心声。